中国金融四十人论坛

CHINA FINANCE 40 FORUM

致力于夯实中国金融学术基础，探究金融界前沿课题，

引领金融理念突破与创新，推动中国金融改革与实践。

渐行渐近的金融周期

彭文生 著

中信出版集团 · 北京

图书在版编目（CIP）数据

渐行渐近的金融周期 / 彭文生著．--北京：中信出版社，2017.6（2024.9重印）

ISBN 978-7-5086-7590-9

Ⅰ．①渐… Ⅱ．①彭… Ⅲ．①金融-经济周期分析-中国 Ⅳ．①F832

中国版本图书馆 CIP 数据核字（2017）第 085525 号

渐行渐近的金融周期

著　　者：彭文生
出版发行：中信出版集团股份有限公司
（北京市朝阳区东三环北路 27 号嘉铭中心　邮编　100020）
承 印 者：北京通州皇家印刷厂

开　　本：787mm×1092mm　1/16　　印　　张：26　　字　　数：290 千字
版　　次：2017 年 6 月第 1 版　　印　　次：2024 年 9 月第 18 次印刷
书　　号：ISBN 978-7-5086-7590-9
定　　价：65.00 元

“中国金融四十人论坛书系”专注于宏观经济和金融领域，着力金融政策研究，力图引领金融理念突破与创新，打造高端、权威、兼具学术品质与政策价值的智库书系品牌。

中国金融四十人论坛（CF40）成立于2008年4月12日，是中国最具影响力的非官方、非营利性金融专业智库平台，专注于经济金融领域的政策研究与交流。CF40的宗旨是以前瞻视野和探索精神，致力于夯实中国金融学术基础，研究金融领域前沿课题，推动中国金融业改革与发展。

自2009年以来，“中国金融四十人论坛书系”已出版50余本专著、文集。凭借深入、严谨、前沿的研究成果，该书系已经在金融业内积累了良好口碑，并形成了广泛的影响力。

序　一

十八大以来，党中央坚持以提高发展质量和效益为中心，推进供给侧结构性改革，实施积极的财政政策与稳健的货币政策，促进了经济平稳健康发展。同时，金融改革不断深化，金融体系、金融市场、金融监管和调控体系日趋完善。随着金融市场的发展与开放，我们也面临一些风险与挑战。党中央反复强调要把防控金融风险放到更加重要的位置，加强金融监管，防范和化解金融风险。

以应对全球金融危机为起点，我国银行信贷快速增长，在非金融部门，尤其是企业部门杠杆率显著上升。近几年，房地产价格过快上涨，影子银行大幅扩张，传统商业银行与证券投资等业务的边界变得模糊，金融风险上升。彭文生博士这本书在金融周期的分析框架下，聚焦房地产价格与信用扩张相互促进带来顺周期性，为我们分析与探讨经济金融问题提供了一个新的视角。在我看来，为了防控金融风险，促进金融服务实体经济，我们需要控制住货币信贷扩张的总闸门，同时改善金融结构，这涉及货币政策、审慎监管、法律法规等多个方面。

一、金融的结构与监管

改善金融结构，有利于央行有效调控货币信贷总量，也有利于投融资与实体经济活动更紧密地结合起来，促进金融服务实体经济发展。首先，要完善多层次资本市场，增加中小企业股本融资渠道，建立资本市场升级降级机制，让市场选择上市企业，积极发展场外市场，让所有股份制企业有一个合法股权交易的场所，减轻银行压力，减少非法融资。其次，要给公司以债务工具的选择，促进债券市场发展，应该控制发债公司的总体杠杆率，而非规定具体债务工具比例。同时，要加强对包括影子银行在内的金融中介的监管，让工具创新和服务创新真正满足实体经济需求。

金融结构的改善与风险防范离不开对金融的规范与监管。我国金融业按功能分为银行业、证券业、保险业和信托业四个板块。银行业是信用中介，创造货币并以支付为核心；证券业是融资中介，为筹资者和投资者搭建平台；保险业是经济补偿机制，以精算为中心；信托业则是代客资产管理，强调对客户的忠诚。目前市场对金融机构描述比较多的是“混业经营”，但我更倾向于使用“综合经营”来描述一个金融机构法人或集团同时经营多种金融业务。混业经营只是简单强调了多种金融业务之间的相互渗透，而综合经营则更多地体现了各个业务之间相互融合的同时仍具有功能的独立性。

从法律法规层面看，综合经营有不同的形式。欧洲实行的是法人综合经营，需要良好的法治环境，以限定法人的权利；而其他国家，比如美国，实行集团综合经营。集团综合经营有两种类型：一是纯控股型，母公司没有独立运营的业务；二是事业型，母公司有独立运营的业务。在我国，目前两种类型都存在，但由于严格的分业经营的发展历史，几乎所有银行都拥有全牌照的子公司，而其他机构也是如此，所以目前我国要走向纯控股不太容易，最后很可能走向事业型。事业型控股公司存在一定问题，比如实业集团会更多考虑实业自身便利而忽视金融综合发展，或者由于经验欠缺导致投资金融业务时缺少专业性。现有持金融牌照的金融机构走控股路线还比较好管理，但现在的最大问题是连实业企业都形成了控股集团，而我国法律还没有明确这类公司的法律地位，我们需要从法律上来规范事业型控股公司。

彭博士在书里分析了金融的不同板块相互融合渗透带来的问题，尤其是影子银行的扩张与商业银行对批发市场资金依赖的增加。这里面既有上述的法律法规问题，即如何规范不同板块的边界，也有在现有法规框架下监管的有效性问题。

从监管层面看，现行的“一行三会”体制已无法适应金融业综合经营的现实。我认为重点不在于监管是否分业，而在于监管是否按照功能来区分。过去的监管以机构监管为主，监管当局对于经营机构的设立、撤销、审慎经营等进行管理。在综合经营的大形势下，这种监管形式需要改变，更应该强化功能监管和行为监管，从单纯的机构监管走向机构监管与功能监管相结合。

事实上，从分业经营到综合经营不改变业务功能的本质，同一法人同时从事证券和银行业，不改变银行审慎监管和证券充分信息披露的本质，而在大数法则下，保险的经济补偿功能也不应由于同一法人经营不同业务而改变。无论金融机构采取哪种综合经营模式，均要取得相应的牌照。发牌照的监管当局对持牌经营行为进行同一原则监管，牌照分为法人牌照和单项业务牌照。监管机构的设置可以是分业的、综合的，但监管仍然是分业的、按功能区分的。所以，监管机构的综合是可以的，但是监管本身并不是综合的。

当前审慎监管的行为监管强调主动干预，强调信息透明度，直接监管金融机构的行为。但行为监管一定要基于功能监管，否则会导致职责不清。相同功能要坚持相同的监管原则，参与人员要遵守同样的行为准则。同时，监管要坚持实质重于形式的穿透式原则。现在很多所谓的金融产品创新，如果把其外衣一层层剥下，实际上是具有相同法律关系的产品。而在销售产品时，未认真界定产品的金融属性和法律关系是造成金融秩序混乱的重要根源。

其实，某个产品必须有固定的属性，比如存款、贷款、保险、股票、债券、集合投资计划。现有各式理财产品就可以分为两类：一类是变相吸收存款，或把标的物进行分拆，变相发行证券；另一类是集合投资计划，即公募或私募投资基金。其中集合投资计划的本质是资金信托、是证券，但对此还没有达成共识，这是当前金融监管面临的最大难题，也是金融市场和监管混乱的原因所在。没有对金融功能、金融产品法律关系的统一认识，只有监管机构的合并与拆分达不到提高监管有效性的目标。理念的转换和法治环境的改善是提高监管效率的治本之策。

二、基础货币投放与调控

改善金融结构之外，控制好货币信用总量的增长也有赖于货币政策对基础货币的调控。无论是从全球还是中国来说，货币宽松政策存在效率递减的问题：过多的货币供应和信贷投放即使在消费物价通胀上体现得不明显，也会在资产价格的快速上涨中体现出来，带来金融风险。银行不能总是要央行“放水”，而要致力于调整结构，让钱通过合法有效的渠道流入实体经济之中。

从央行的行为来看，投放基础货币的渠道发生了变化，但控制基础货币总量投放的本质没变，市场不应由工具的变化而对货币政策的取向做过度的解读。央行一般通过三个渠道投放基础货币：再贴现以及信用资产质押再贷款、央行买卖政府债券和外汇占款。

全球金融危机之前，我国国际收支双顺差，要维持汇率的相对稳定，中央银行被动吸纳外汇而投放了大量基础货币，对冲过多的流动性是当时货币政策的重要任务。人民银行基本是通过提高存款准备金率来对冲因外汇储备过多而投放的基础货币，这是一个中性的政策，不是紧缩。

2009 年之后，特别是从 2011 年开始，外汇占款逐渐下降，过去两年下降得更多，导致基础货币投放渠道发生变化。最近几年央行推出一些创新工具，包括短期借贷便利、中期借贷便利、补充抵押贷款等，通过这些方式向外提供基础货币，有时辅之以降低存款准备金率，补充基于正常需要的基础货币不足。

另外，我们需要准确理解央行买卖政府债券与基础货币投放的关系。在常规情况下，央行使用短期国债在公开市场上吞吐基础货币，作用等同于过去的央行票据买卖。不论使用哪一种操作手段，央行在确定了总量目标之后，操作方式只是不同工具的选择而已，工具本身不代表政策取向的改变。在非常规情况下，比如发达国家央行购买长期国债（量化宽松）投放基础货币，情况要复杂一些，因为财政的债务管理更多涉及中长期国债。但不管怎样，最终对流动性（基础货币）的总体把控必须是央行，以保持利率、汇率调控目标一致。

三、数字货币的能与不能

从货币的形式发展看，近年来社会各界关心数字货币的角色，彭文生博士这本书对此也有所涉及，我谈点自己的看法。当前我们所有的数字货币都用 0 和 1 的数字表达，这种数字表达的货币有一种是由法定货币转化而来的，我们把它叫作电子货币。还有一种不是由法定货币转化而来的，而是在一定网络社区内由发行者发行的数字形态的社区货币，比如 Q 币就是典型的代表。还有一种数字货币，没有发行者而是通过算法加密创造出来的，我们把它叫作算法货币。

现在很多人热衷于算法货币，认为其可以解决中央银行对货币供应掌握不是很准确、有人为干扰的问题，能解决长期以来人类面临的通货膨胀问题。但是算法货币能否成为货币，取决于参与者的认可以及币值的稳定。法定货币是中央银行靠国家信用建立的，算法货币靠加密解决了信用问题，但是不具备适应经济需求的供给调节机制，也就导致无法具备稳定的币值。历史上以黄金为代表的货币方式难以满足需求，因而产生了信用货币，货币政策的最大挑战是怎样让货币供应适应经济发展的需求。而算法货币的问题与黄金类似，并不能随着需求的变动而进行调整，因此无法解决币值的波动问题。一旦算法货币币值非常不稳定，就难以完成价值尺度的作用。所以我认同彭博士的观点，以比特币为代表的算法货币只能是私人货币，而无法成为一个真正的法偿货币。

有人说，可以通过算法技术来适应所有的交易需求就不需要有货币供给的调节机制，就是说一个社会的所有需求都可以计算出来，我们可以据此规划算法货币的供给，使得社会生产顺利进行，这恐怕是计划经济的思维。另外，算法的多样性必然产生多种算法货币，导致不同种类算法货币的汇率波动，也存在一个算法货币和现行的法定货币兑换的问题。上次全球金融危机除了经济结构以外很重要的原因就是国际货币体系的缺陷，单靠算法货币并不能解决这些问题。

虽然算法货币不是真正的货币，但信息技术进步可以改变法定货币支付功能的实现形式。目前法定货币的支付在境内和跨境的结算都采取了集中化网络的方式，但是开源共享的分布式信息技术提供了另一种可能，我们可以利用这种技术分布式地传递数字货币，低成本、高效率地完成价值传递。目前分布式支付的研发和应用还处于一种探索阶段，如何将算法货币的信息传导以及价值传导的低成本和高效率的优势，同当今金融体系结合起来，改进支付体系和支付清算服务，是值得我们研讨的方向。

一个方式是各国央行都在研究的央行发行数字货币。我国央行较早着手研究数字货币，并在 2016 年 1 月提出争取早日推出央行的数字货币。2017 年春节前，央行推动的基于区块链的数字票据交易平台测试成功，而央行旗下的数字货币研究所也将正式挂牌。目前央行数字货币的发行初步构想，仍基于现行人民币管理原则，按照

“中央银行—商业银行”的二元体系来完成，由中央银行负责数字货币的发行和验证监测，商业银行从中央银行申请到数字货币后，直接面向社会，负责构建提供数字货币流通服务的应用生态体系。

在这个框架下，央行发行的数字货币虽然通过商业银行的渠道，但实际上是100%的准备金。彭博士对央行发行数字货币的宏观含义做了一些分析，包括对银行业务模式的可能冲击。发行央行数字货币还有许多技术问题要解决，我们需要研究其在宏观层面的可能的影响。

最近习近平总书记在中央政治局第四十次集体学习时强调提高领导干部的金融工作能力，领导干部要努力学习金融知识，熟悉金融业务，把握金融规律。金融是现代经济的核心，所有关心经济发展的人，尤其是金融从业人员都应该加强对金融的学习和研究。彭文生博士的新书从金融的顺周期性视角分析宏观经济问题，结合金融和实体、需求和供给、总量和结构，提供了较有体系的图景，针对当前的一些热点问题也提出了不同于流行观点的看法。经济研究存在观点分歧是正常的，难得的是在一个逻辑自洽的框架下系统地分析问题。我曾为彭博士的上一本书《渐行渐远的红利》写过推荐语，很高兴看到他用框架性分析来研究经济问题的又一成果。

是为序。

吴晓灵

全国人大财经委副主任委员

中国人民银行原副行长

清华大学五道口金融学院院长

序　二

一个值得深入探讨的基本理论

彭文生先生的新书《渐行渐近的金融周期》将要出版，盛情邀我作序。我一向关注文生的著述，且赞同他的大部分观点，因而欣然应允。及至看到全书的目录并翻看了其中的几章之后，更觉得有必要写上几句，附丽文生之妙论。

一

如书名所示，这本书的主线是金融经济周期。然而，熟悉经济与金融理论的研究者都知道，这个主题的要义，是金融与实体经济的关系——金融若不能影响实体经济运行，则金融周期无从产生。于是，一个看似极其理论化的论题，便有了极大的现实意义。

金融与实体经济的关系，一向就是颇具争议的议题。在2007~2008年发生的全球金融与经济危机中，高债务和高杠杆的兴风作浪，更使这一论题成为全社会关注的热点。在中国，随着经济增速减缓，以及货币金融政策效率递减，人们也开始关注高债务和高杠杆问题。而且，对于高杠杆率的关注，很快便与中国本土产生的老问题，如M2占GDP比重过高、信贷增速过快、贷款难、贷款贵等结合起来。一时间，“金融应当服务实体经济”几乎成为所有文件、文章以及各类会议的箴言。近两年来，随着国内“经济发展新常态特征更加明显”，另一个与此相近且彼此应和的命题——制止金融“脱实向虚”，又在朝野不胫而走。

金融与实体经济的关系，涉及相当广泛的领域。在我看来，几乎所有的金融范畴，包括货币、信用，储蓄、投资，债务、杠杆，利率、汇率，原生（债务）、衍生（债务），通胀、通缩，等等，都与之有关，或者必须从两者关系中方能获得实在的解释。这一点，相信大家读了文生的这部专著后，会有更深刻的体悟。

二

传统的主流经济学对金融是不重视的。在古典经济学的眼界里，金融（更严格地说是“货币”）与实体经济的关系是一个宏观问题，尽管当时还没有用宏观经济学的概念来指称这种关系。古典经济学认为，货币与实体经济是彼此分离的，因而，货币无非只是罩在实体经济上的“面纱”，它决定的只是物价水平的高低。至于由货币衍生出的金融活动，也没有改变货币与实体经济之间的宏观联系，只是在资源配置这一微观经济运行的层面上，加入了一项成本要素（利率），从而对资源配置的效率产生一定影响。尽管如此，在古典经济学的框架里，货币金融对于实体经济而言，本质上是中性的，企图运用货币金融政策来影响实体经济运行，或可产生短期冲击，但长期终归无效。

在理论界，最早企图突破金融与实体经济“两分”框架的是瑞典经济学家维克赛尔。他致力于在“金融世界”和“实体（真实）世界”之间找到一座“由此达彼”的桥梁。在他看来，利率就是这座桥梁：通过货币利率和自然利率对应调整、前者向后者靠近的“累积过程”，导致储蓄和投资、供给（生产）和需求发生方向相反的变化，最终驱使均衡达成，进而决定经济活动的总体水平；而利率结构的变化，则可能影响资源配置的效率，进而影响经济活动的总体水平。凯恩斯继承了维克赛尔的分析思路，并将之发扬光大。不过，他的主要贡献，是将维克赛尔的天才思想引入了说英语的国家。然而，尽管凯恩斯开了宏观经济学的先河，但是在金融与实体经济的关系上，他并没有比维克赛尔走得更远。在此之后，尽管凯恩斯主义、“新凯恩斯主义”、“凯恩斯主义的反革命”、“货币主义的反革命”等，“你方唱罢我登场”，争论得不可开交，但在实体经济和金融的关系的研究上，能够称得上革命性的理论贡献，大约也只是“托宾 Q”。因此，虽然金融在人们日常生产和生活中显得极为重要，但是在主流经济学的理论体系中，囿于有效市场假说，金融因素始终未被系统性地引入宏观经济学一般均衡模型框架，从而一直委屈地在经济学家族中居于“庶出”地位。

20 世纪 60 年代，金融中介理论的异军突起，开辟了探讨金融与实体经济关系的新路径。这一理论从实体经济运行不可或缺的要素入手，循着交易成本、不对称信息、中介效率、分配效率、风险管理和价值增值等方面入手，层层考察了金融与实体经济的关系，阐述了两者间相互关联和相互影响的关系。如今，金融中介理论已经发展成一个大家族，然而，作为其创始者，格利和肖的贡献不可忽视，尤其是当我们分析金融与实体经济的关系时，切不可忘记两位学者有关“内在货币”和“外在货币”的分析。在格利和肖看来，货币资产有不同的类型，这些不同类型的资产来源于不同的途径，有的来自政府，大部分则来自实体经济。重要的是，不同类型的货币资产的名义扩张或收缩，对实体经济活动的运行会产生不同的影响。一般而言，可以充当货币的资产可分为两类：一是政府债务，二是私人金融机构的债务。由政府购买商品、劳务或转移支付而产生的货币资产可称作“外在货币”，因为它们代表政府对私人部门的债务净额。由于存在外在货币，价格水平的变化便会影响财富在私人和政府部门之间的转移，此即通货膨胀的再分配效应。与之对应，由私人部门债务组成的货币资产可称作“内在货币”，因为它们代表基于实体经济活动、产生于私人部门的资产和负债（初级证券）。一般来说，金融机构的债务只是在它们购置实体部门产生的初级证券的过程中，因而，由此形成的货币供应以私人部门的内部债务为基础，它们与货币间接证券的总和，恰与企业的初级债务正相平衡。基于这一分析框架，格利和肖否定了古典经济学和货币理论的“两分法”。他们认为，传统经济学的分析方法只考察了经济中的“外在货币”及其对一般物价水平的影响，而忽视了内在货币的存在及其引起的财富转移，以及进而产生的对劳动力、当期产出和货币的总需求的影响。简而言之，基于内在货币和外在货币的分野，格利和肖完美地揭示了金融与实体经济之间相互关联、彼此渗透的关系，从而对古典主义的“两分法”给予了最致命的否定。

三

20世纪70~80年代，信息经济学、新增长理论和新金融发展理论兴起，进一步打破了传统金融研究的僵局。从金融功能的角度研究金融发展对经济增长的影响，为现代金融发展理论的形成和发展奠定了基础。2007 年全球危机以来，经济学界重构宏观经济理论和金融理论的努力获得了新的刺激，从而有了一些新的进展。努力的基本方向，就是将金融作为内生性体系纳入（刻画实体经济的）动态随机一般均衡模型。在这方面，伯南克和格特勒做出了重要贡献。

入手之处，是在宏观模型中引入企业资产负债表效用。在伯南克和格特勒看来，引起经济波动主要因素的投资水平，高度依赖于企业的资产负债表状况。具体而言，企业现金流的多寡、资产净值的高低，对于投资有直接或间接的正面影响。如果企业资产负债表是健康的，其现金流充裕，资产净值也高。这种状况的直接影响是，增加了企业内源融资的来源，降低了企业的融资成本；间接影响则在于，充裕的现金流和高净值为其进行外源融资提供了更多的抵押品，从而降低了其外源融资的成本。当企业遭受到经济中的正向冲击或负向冲击，其净值随之升高或降低时，经由信贷市场的作用，这种冲击对经济的影响会被放大，出现“金融加速器效应”。简而言之，存在这样的逻辑链条：企业资产负债状况的改变能够引起投资的变化，投资的改变会进一步引起下一期产量的变化，从而造成经济波动。另外，随着金融创新的不断推进和金融自由化的不断深入，金融市场波动日趋剧烈，而且显示出强烈的顺周期性和“超调”的特征。这种状况与资产负债表效应彼此呼应，相互强化，使得实体经济呈现出“繁荣—萧条”的新的周期特征，即金融经济周期。如此，金融因素及其变化便被纳入主流经济分析模型之中。

四

值得注意的是，当主流经济学的探讨徘徊于从实体经济的立场来解释实体经济与金融之间的关系时，实践却把这一命题引向了另一个方向——实体经济的金融化。用一般人的眼光观察，可以看到，金融作为一个服务行业，在人类生产和生活中已经无处不在，金融业增加值在各国 GDP 中所占的比例越来越高，金融从业人员的收入在社会各类人群中名列前茅，金融对宏观经济政策、社会生活、文化乃至意识形态的影响都日益增大。

然而，在理论层面讨论经济的金融化，则须有更为专业的分析视角，经济的证券化率（各类证券总市值/GDP）、金融相关比率（金融资产总量/GDP）不断提高，证券市场年交易量、信贷余额、年保费收入、外汇日交易量等对 GDP 的比率稳步上升，贸易相关的资本流动与非贸易相关的资本流动的比率的逆转（20 世纪末已达 1∶45），都使得金融上层建筑日益膨胀，并进一步改变了人们之间的经济关系，使得债权/债务关系、股权/股利关系、风险/保险关系等金融关系占据了统治地位。

在一般人看来，货币金融与实体经济是泾渭分明的。然而，经过专业训练的经济学者都清楚地知晓：货币金融与实体经济之间的界限从来就不是非此即彼的。马克思早就指出："货币是和其他一切商品相对的一般商品。"［《马克思恩格斯全集》（第 46 卷），第 90 页。］这就从起点上揭示了货币和实体经济（商品）的同源性。在人类历史上，货币的确曾固定地由某些商品（如黄金）来充当，但是，自从货币被信用化之后，金融活动日趋多样，货币金融与实体经济的界限更为模糊。尤其是近几十年来，经过层出不穷的金融创新和持续不断的金融自由化，实体经济已不同程度地被“金融化”或“类金融化”了。

在实体经济金融化的过程中，发挥关键作用的是金融的一个基本属性——流动性。在货币金融世界里，一种资产是否是货币，是依据其流动性高低来确定的。所谓流动性，指的是一种资产转换为交易媒介的难易、快慢和受损失程度。一种资产有了流动性，就有了一定程度的“货币性”。货币当局总是将定期存款、储蓄存款和外币存款等合称为“准货币”，根据就是：它们较其他资产具有较高的流动性，因而可称作“货币”；但较之现金和活期存款，其流动性较低，因而只是接近货币（准）而已。

一种资产流动性的高低，由该资产的市场状况决定。一种资产的市场如果具有较高的密度（tightness，即每笔交易价格对市场中间价格的偏离幅度较小）、较大的深度（depth，即较大规模的交易都不会对市场现行价格产生显著影响）和较大的弹性（resiliency，即由交易引起的价格波动向其均衡价格收敛的速度越快），则称该资产具有较高的市场流动性。资产的流动性越高，其货币性越强。根据这一说法，现钞、活期存款等我们常见的货币，无非只是拥有最高流动性的资产而已。

显然，一种资产的金融化，是通过提高该资产市场的流动性而产生的。问题恰恰在于，近几十年来的金融创新，其不懈的动力和客观的结果，就是提高了所有资产的流动性。举例来说，房地产历来是流动性最差的资产，但是经过一级又一级的证券化和信用增级，基于庞大的市场交易规模，与房地产相关联的金融资产如今获得了很高的流动性。正因如此，在危机之初，美联储才将用于投资的房地产归入金融一类，将之与实体经济相对立。

如今，在普通投资者资产配置的选项里，其“实体性”不容置辩的大宗产品，霍然就与其“金融性”毋庸置疑的固定收益产品和汇率产品等量齐观；时下稍具规模的投资机构，都会在旗下专设 FICC 部门，即将固定收益（Fixed Income）、货币（Currency）和商品（Commodity）统一在一个逻辑框架下加以运筹。仅此一端就告诉我们，如今讨论金融和实体经济的关系，根本的难点之一，在于缺乏清晰的概念界定和不含糊的分析前提。要解决这一难题，恐怕需要另辟蹊径，从实体经济的金融化入手，将实体经济和金融经济同炉熔炼。

五

通过以上简单的回顾便可看出，“金融服务实体经济”这一命题并非像一望之下的那么简单明了。事实上，它几乎包含了经济金融活动的所有主要方面，因而，在学术上，它几乎涉及所有重要的经济和金融理论。正因如此，我们在阐释、落实这一命题时，切忌大而化之。我们需要的是如同文生这样的结合实际、有理有据的细致分析。正是在这个意义上，文生博士的这部新著值得一读。

李　扬

国家金融与发展实验室理事长

中国社会科学院原副院长

2017 年 5 月 1 日于紫竹公寓

目　录

导　论

本书定稿在2017年二季度初，此时一系列宏观经济指标，包括GDP（国内生产总值）、工业生产、企业利润等企稳反弹，在此前一年原材料价格大幅上涨，周期类股票跑赢大市。这是一个短期反弹还是趋势性反转呢？社会各界对中国经济走势的看法有较大分歧。有观点认为，在经历长达七年的持续下行后增速已经见底，新周期来临。这种观点明显过于乐观，忽视了经济企稳背后持续累积的金融风险，包括高房价和高债务的不可持续性。二季度开始，金融监管持续加强，中国经济未来的走势又将如何呢？

另外，在美国次贷危机十周年来临之际，全球经济改善迹象明显，美、欧、日复苏动能加大，信贷扩张，CPI（消费者价格指数）尤其是PPI（生产者价格指数）通胀上升，同时新兴市场经济呈现向好态势。美联储在2015年12月与2016年12月两次提高联邦基金利率后，在2017年3月再次提升政策利率，货币紧缩节奏加快。未来美国经济复苏有多强劲？这一轮美联储加息幅度有多大？这些对我们看中国经济的前景有重要意义。

分析经济的走势，我们需要抓住系统性重要问题或者说主要矛盾。在这个时间点，什么是影响未来几年宏观经济的既重要又颇具争议的问题呢？房地产和债务问题，应该是看未来的关键点。本书以金融周期为分析框架，把信用和房地产结合起来，联系金融和实体、总量和结构，试图提供一个从金融看宏观经济的完整图景。

这本书可以说是2013年出版的《渐行渐远的红利》[①]的姊妹篇。《渐行渐远的红利》分析人口结构变动如何影响经济增长、经济结构、通胀、房地产、货币信贷、汇率等宏观经济变量，提供了一个从人口角度看经济的框架。从顾虑人口太多（控制生育）到担心人口结构不平衡（全面放开二孩），主流思想的转变花了很长时间。本书取名《渐行渐近的金融周期》，经历过去十年的繁荣后，房地产价格和债务已然过度上涨，金融周期的下行调整在逼近，虽然争议仍很大，但我们认为主流认知终将达成共识，带来包括税制和金融结构在内的结构性改革。

一、为什么要看金融周期

经济活动呈现周期波动的特征，没有永久的繁荣，也没有持续的衰退。有玩笑说10个经济学家有11个不同的观点，看经济波动的规律自然有不同的视角。近几年，在经济分析中被应用的有基钦周期（以库存变动为主线，持续时间为3~4年）、朱格拉周期（以设备投资为主线，持续时间为8~10年）、库茨涅兹周期（建筑业的发展周期，平均在20年左右）、康德拉基耶夫周期（50~60年一次的长周期）和熊彼特提出的创新长周期。另外还有一些因素，比如上面提到的人口结构变动对经济有类似长周期的影响。

这些看周期波动的不同视角，哪个更符合现实呢？应该没有一个放之四海而皆准的规律。区分短期和长期是一个重要抓手，但人

① 彭文生. 渐行渐远的红利——寻找中国新平衡[M]. 北京：社会科学文献出版社，2013.

口结构对经济的作用在短期也有体现，库存调整也受技术进步等慢变量的影响。我们也要区分统计分析与经济行为分析，从事统计分析以准确、及时判断经济周期拐点而在美国甚至是一个小行业，但这只是周期研究的一小部分，虽然统计分析捕捉数据的规律，但不是背后的驱动机制。

不同的周期理论反映当时的社会经济环境与主流思维，比如上述的基钦周期、朱格拉周期、库茨涅兹周期反映的是 100 年前工业化经济的状况，主要从实体经济的角度看周期波动（包括库存和设备投资等）。更极端的是 20 世纪 80 年代兴起的实际商业周期理论，将经济周期波动归因于人口、技术进步等实体基本面因素，认为与货币和金融无关。

总体来看，不同的周期视角都有一定的道理，但在一个时间点上这些因素并不能发挥同等的效力，主要的推动力量可能就是一个或两个因素，取决于当时的内外部经济基本面、制度安排、政策取向等。研究者的任务就是找出主要矛盾，但这并不容易，人们认识世界的理念和方法有差异，同一个现象，不同的视角，得出的结论可能不一样。

回到美国经济复苏动能有多强的问题，这取决于是什么原因导致金融危机后增长持续低迷。两个观点影响比较大：一个观点是以美国前财长萨默斯（Larry Summers）为代表的长期停滞论（secular stagnation），认为人口老龄化、贫富差距等结构性因素导致持久的增长乏力，尤其是当利率降到零下限后货币政策放松的空间受到限制。另一个观点则关注金融的影响，国际货币基金组织（IMF）前首席经济学家罗格夫（Kenneth Rogoff）从超级债务周期看危机后的经济疲弱，类似的分析是国际清算银行（BIS）研究人员倡导的金融周期理论，把债务和房地产结合起来分析顺周期性对经济的影响。近两年房地产和信贷反弹伴随着美国的经济复苏，金融角度的解释似乎说服力更大些。

金融周期关注信用和房地产相互强化带来的顺周期性，也就是繁荣时向上动力强，转向衰退后向下的动力也大。近几年，在讨论宏观经济问题时，房地产周期、信用/债务周期是经常被提到的词，金融周期把房地产和信用结合在一起看。这是因为房地产是信贷最常见的抵押品，房地产泡沫和信用过度扩张紧密相连。

对不少人来讲，金融周期是一个比较陌生的概念，[①] 它听起来似乎是一个技术分析工具。为什么要重视金融周期呢？因为相对过去几十年的主流思维它是一个新的分析框架，是一个观察经济的新理念，更重要的是契合当下的社会经济环境：我们处在金融自由化与金融高度发展的时代，“金融是现代经济的核心”。我们可以从经济学两大流派和相关政策框架的演变来看这个问题。

二、金融周期的理论渊源

从宏观分析看，经济学基本可以分为两派：古典经济学和凯恩斯主义。前者强调市场有效配置资源，政府干预弊大于利；后者认为市场有时候失灵，需要政府干预。古典经济学注重供给、长期、

---

① 《渐行渐远的红利》中关于货币信用的讨论已经是对传统货币数量论的反思，笔者以“金融周期”为标题的研究报告于 2015 年初发布，应该是国内研究中较早地应用金融周期的分析框架。参考彭文生《金融周期看经济》（中信证券宏观专题报告，2015 年 1 月 30 日）与《金融周期看财政》（中信证券宏观专题报告，2015 年 2 月 27 日）。

结构和实体，认为经济增长由人口、技术进步等实体基本面决定，金融有效地把储蓄转为投资。古典经济学有一个形象的比喻："经济像小孩的摇篮"，外部推力停下来就会回到原点，经济周期波动是短暂的，长期会回到均衡点。凯恩斯则强调需求、短期、总量和金融，市场配置资源失灵和货币金融有关。凯恩斯把经济比喻为大海里的一条船，即使台风停下来，如果没有外力的干预就不能回到原点。

每个人的世界观和理念不同，对经济学两大流派的认知自然也不一样，没有绝对的对和错，但一段时期内的社会主流思维反映了当时经济面临的主要矛盾。在过去的上百年间，基本上是古典经济学与凯恩斯学派各领风骚几十年。在 1929 年美国股市崩盘、大萧条之前，古典经济学占据主导地位，强调小政府和自由市场。20 世纪 30 年代的大萧条使得市场有效论难以自圆其说。从"战后"到 20 世纪 70 年代初，凯恩斯理论占主导地位。70 年代西方国家出现高失业和高通胀并存的滞胀情形，促使人们反思政府干预的利弊，经济学思潮又回到古典主义，即所谓的新古典经济学兴起。

新古典经济学驱动了 80 年代开始的市场化改革，包括金融自由化，全球经济在一段时间出现较快增长和低通胀的组合，和 70 年代的滞胀形成鲜明的对比，被称为"大缓和"（the Great Moderation）时代。2008 年的全球金融危机再次引发对自由市场内在不稳定的反思，钟摆就又往凯恩斯主义的方向偏了一些。但这一次没有出现 30 年代大萧条后"一边倒"的情况，这在如何看待金融的问题上体现得比较明显。

2013 年诺贝尔经济学奖授予三位对资产价格实证研究有突出贡献的经济学家，其中两位——法马和席勒教授对金融有截然不同的观点。法马的市场有效论认为，资产价格反映了基本面的最新信息，难以预测，也就没有套利空间，其思想对过去30年的金融自由化和金融市场发展起到了很大的促进作用。21世纪初美国金融衍生品的快速增长被认为有利于投资者分散和管理风险，背后是市场有效论的逻辑。席勒认为，人的行为并不总是理性的，资产价格的短期走势可能是“非理性繁荣”的推动，也就是有泡沫的存在。这两个人观点不同，却同时获得诺贝尔经济学奖，凸显出全球金融危机后思想界缺乏共识。

实际上，对金融角色的争议可以追溯到两大流派的本源。古典经济学分为两部分：一是一般均衡论，解释商品之间的相对价格，市场竞争形成相对价格体系，促进资源有效配置；二是货币数量论，解释商品的货币价格，强调货币的支付手段功能，商品的货币价格和货币的量成正比例关系，货币发行多，物价则会随之上升。古典经济学认为资源配置是由相对价格决定的，货币数量只影响商品的货币价格，货币是中性的，不影响实体经济。延伸到金融，就是市场有效论，认为金融能有效地把储蓄转化为投资。

凯恩斯认为人的行为有时候由动物精神（animal spirits）驱动，是本能的反应，难以用理性来解释。信心下降影响投资和消费，导致需求相对供给不足。信心下降通过什么渠道影响需求呢？凯恩斯的货币观提供了一个解释。凯恩斯的流动性偏好理论强调货币作为储值工具和记账单位的功能，为投资者提供了流动性资产。流动性资产虽然利率低，但保证了即时可变现的购买力。人们对未来没有信心时会追求货币资产来储值，对货币的需求增加导致对实体物品的需求下降，带来经济衰退。

两派的分歧突出地体现在对萨伊定律的态度上。萨伊定律认为供给创造需求，有供给就不要担心没有需求，背后的假设是货币经济和物物交换经济没有本质差别，在物物交换的经济中，人们总能找到一个相对价格完成商品的交换，不存在生产过剩的问题。凯恩斯的理论建立在对萨伊定律的批判之上，其最具有影响力的著作《就业、利息和货币通论》就体现了凯恩斯是从货币经济的角度来解释30年代的大萧条。在凯恩斯之前，马克思对资本主义生产过剩危机的解释也是基于对萨伊定律的批判，背后也是货币非中性的观点。

货币非中性在金融的延伸就是金融周期和金融不稳定论。这几年我们在讨论资产泡沫和金融风险时经常提到的一个词是“明斯基时刻”，描述了资本主义市场经济中金融体系过度扩张，信用导致债务负担最终不可持续，金融周期的拐点出现金融危机等。明斯基的理论在20世纪80~90年代不是主流，但在全球金融危机后受到了极大的关注。

货币非中性还有一个结构视角，这就是奥地利学派从货币供给和结构失衡看经济的周期波动。在现代金融体系下，信贷创造货币不是均匀的，信贷投放有先有后，先获得贷款的占有资源利用的先机，而能提供抵押品的房地产行业具有优势。信贷扩张导致某些行业比如房地产过度扩张，挤压其他行业，总量的繁荣在一段时间掩盖了结构的失衡，但资源错配最终不可持续，调整导致经济衰退，直至新的周期开始。

三、政策框架演变的影响

对金融认知的差异影响政策设计，实际上，金融周期可以说是过去几十年金融自由化政策的结果，历史上的金融波动并不是在所有时期都有明显的周期规律并对经济产生较大影响。回顾宏观政策框架的演变有助于我们理解这个问题。

大萧条前的自由化

在20世纪30年代大萧条之前，自由市场经济的一个重要体现是金融自由化，对内是银行业务受到较少的限制，对外是资本的跨境自由流动。金本位制是维护内部物价稳定、金融稳定、国际货币体系稳定的机制，依靠的是市场竞争的约束。在部分准备金制度下，银行对存款的备付不是100%的黄金储备，如果一家银行的信贷扩张过快，坏账增加，存户担心在银行的存款不能兑换黄金，就可能发生存款挤兑。19世纪美国小的银行危机频繁发生，限制了银行的风险偏好，降低了系统性金融危机发生的概率。在国际层面，一国的国际收支逆差越大，黄金流失就越多，利率随之上升，导致国内需求下降进而带来对逆差的纠正。

大萧条促使金本位制退出历史舞台。凯恩斯认为黄金作为货币是野蛮时代的遗产，不符合现代金融体系的需要，人们对流动性的需求波动大，黄金供给的限制成为经济和金融不稳定的因素。奥地利学派则认为，正是政府干预削弱了金本位制，尤其是1913年成立的美联储作为最后贷款人，降低了银行面对的市场竞争约束。结果是小危机发生的频率下降，但一旦发生危机就是系统性的。针对大萧条开的药方，凯恩斯主张加大政府的干预力度，奥地利学派建议恢复金本位制，让市场竞争约束发挥作用。最终，历史选择了凯恩斯。

战后金融压抑

战后西方国家的宏观经济政策框架基本上遵循了凯恩斯的“大政府、大银行”的主张。“大政府”是指政府对经济活动的参与增加，尤其体现在财政收支对GDP比例的上升方面。“大银行”是指中央银行的作用增加，体现在央行支持财政扩张，维护货币金融稳定的重要角色，而商业银行的活动则受到管制，被称为金融压抑。国际货币治理机制是所谓的布雷顿森林体系，美元和黄金挂钩，其他国家的货币和美元挂钩，表面看有金本位的影子，实际上不一样。在布雷顿森林体系下，对内是金融压抑，对外是资本账户管制，加上国际货币基金组织的准最后贷款人角色，和金本位制下市场约束机制有本质上的差别。

金融压抑的一个标志性事件是1933年美国国会通过的《格拉斯-斯蒂格尔法案》(Glass-Steagall Act)，也称为《1933年银行法》，将投资银行和商业银行业务严格分开，禁止商业银行包销和经营公司证券，只能购买美联储批准的债券，以保证商业银行避免证券业务的风险。《1933年银行法》还建立了联邦存款保险公司，其代价是政府加强了对商业银行活动的管制，实际上把银行的金融服务看成具有一定的公共品性质，通过增加政府的干预以维护稳定。战后的金融压抑最终体现在对资金价格（利率）和量（银行信贷）的行政性管制上。

在这个政策框架下，“大银行”（中央银行）从属于“大政府”(财政部)，在不少国家，央行行长由财政部部长任命并向其汇报。需求管理主要通过财政操作，货币当局配合，可以说是财政主导的宏观政策。西方发达国家在20世纪50~60年代的经济繁荣，在当时被认为是凯恩斯理论和政策的成功所赐。

但随着时间的推移，政府干预经济活动的弊端日益明显。从 20 世纪 60 年代末开始，通胀成为一个问题，到了 70 年代出现滞胀，1975 年美国的通胀率达到 13%，失业率达到 9%，需求刺激只会带来物价上升而不能降低失业。弗里德曼提出著名的自然失业率概念，指的是有一部分失业反映了人口、技术进步、找工作的摩擦成本等实体因素，和货币没有关系，需求管理不能降低自然失业率。

滞胀使得凯恩斯理论和政策的信誉破产，西方国家从 20 世纪 70 年代末开始，推进市场化改革，减少政府对经济活动的干预。在英国，撒切尔夫人推动国有企业私有化。在美国，里根总统推动供给学派改革，通过减税以鼓励私人部门增加供给的积极性。他的一句话成为人们广泛引用的经典："英文里有九个字最让人害怕，这九个字是'我来自政府我来帮你'①。"宏观经济政策则以反通胀为首要目标，虽然金本位制没有恢复，但政策的理念似乎回到了 30 年代大萧条之前的自由化。

20 世纪 80 年代重启自由化

从 20 世纪 80 年代开始，到 2008 年的全球金融危机，全球逐渐形成了由以下几个方面组成的宏观政策框架。一是稳健的财政政策，强调财政中长期可持续性，弱化其短期需求管理的功能；二是中央银行主导宏观政策，财政和货币政策分开，财政赤字货币化在很多国家（包括中国）被法律禁止，央行独立性大幅提升；三是控制通胀成为货币政策的首要目标，不少国家比如英国实行通胀目标制

① I'm from the Government and I'm here to help.

(inflation targeting);四是金融自由化，对内放松对金融的管制，对外资本账户开放，自由化的终极标志是 1999 年美国国会废止《格拉斯-斯蒂格尔法案》，重回金融混业经营；五是浮动汇率制度，布雷顿森林体系在 1971 年崩溃后，固定汇率制时代结束。

在这样的政策框架下，稳定宏观经济的逻辑和机制是什么呢？首先，物价稳定代表宏观经济稳定，市场竞争环境下价格有足够的灵活性在中长期实现资源有效配置，短期由于价格黏性带来摩擦，导致经济波动，但这是暂时的，而且降低价格黏性带来需求波动的最佳方法是避免物价大起大落，为消费者和投资者提供一个稳定的预期。

其次，金融体系有效地把储蓄转化为投资，金融自由化和金融创新有助于我们在时间和空间两个维度管理和分散风险，从而缓解消费（经济）的波动。

最后，在国际层面上，主流的观点是如果每个国家管好自己的事，也就是维持国内物价稳定，浮动汇率制就能有效调节国际收支不平衡。也就是说，维持国内物价稳定的货币政策加上浮动汇率制就能避免全球经济的持续失衡，国际货币体系不需要在制度层面的协调安排。在浮动汇率制下，财政政策的有效性大打折扣，财政扩张增加国内需求，但由此带来的利率上升与汇率升值降低了外部需求，总需求增加可能有限。与此对照，货币政策是更有效的调控总需求的手段。

金融周期与危机回归

这样的政策框架成功地实现了物价稳定，发达国家的通胀率在 20 世纪 80 年代快速下降并从此维持在低水平，新兴市场国家的通胀率在90年代也开始显著下降。但2008年全球金融危机带来的经济大衰退表明，物价稳定不能保证经济稳定。实际上，在金融自由化的过程中，已经有其他国家发生金融危机，包括80年代的拉丁美洲债务危机、90年代初的北欧银行危机、1997年的亚洲金融危机，但主流观点认为这些仅仅是个例，不是主要发达国家的问题。

全球金融危机对过去40年逐渐形成的宏观政策框架带来了巨大冲击。为应对危机，美国等发达国家财政大幅扩张，主要央行实行量化宽松、负利率等非常规货币政策，加强对金融的监管，美国通过了《多德-弗兰克法案》（Dodd-Frank Act），对银行的经营、利益冲突和保护客户权益做了严格的规定。经济大衰退后历史的钟摆向政府干预的方向有所回移，只不过幅度是温和的。财政扩张力度在危机带来的系统性风险稳定下来后显著下降，货币放松成为刺激总需求的主要甚至唯一手段，但极度宽松的货币政策也带来对金融稳定和贫富分化的担心。另外，《多德-弗兰克法案》被认为过于复杂，导致监管成本过高。

总结起来，过去一百多年，经济学思维和政策存在几十年一个轮回的周期规律（见图0.1）。在20世纪初，自由化占主导地位，带来的问题是资产泡沫、金融危机、贫富分化。凯恩斯理论和政府干预主导了战后的经济格局，在20世纪50~60年代，金融危机消失了，但通胀逐渐成为主要问题，并在70年代达到了顶点。[①] 从80年代开始，市场化、金融自由化再次成为主流，提高了效率，但也带

---

① 罗格夫总结过去几百年的历史，发现只有在20世纪50~60年代金融压抑严重的时期没有出现金融危机，参考 Carmen M. Reinhart and Kenneth Rogoff, This Time is Different, Princeton University Press, July 2011。

来了资产泡沫、金融危机、贫富分化问题。全球金融危机带来对主流经济学的反思和政策调整，包括加强金融监管，以法国经济学家皮凯蒂的《21 世纪资本论》成为畅销书为标志，贫富分化受到越来越多的关注。

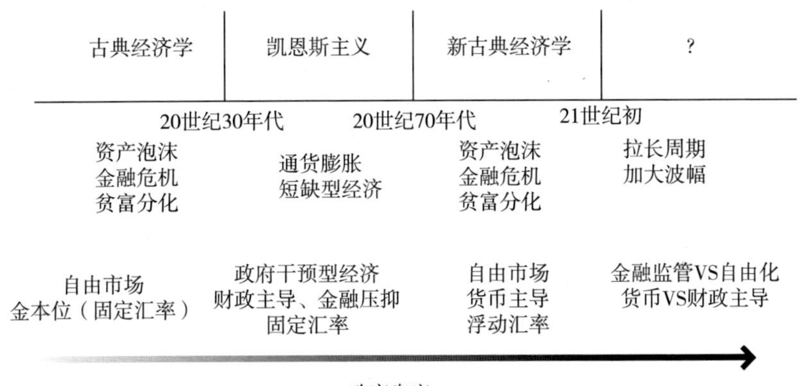

图 0.1 经济学两大流派和政策框架的演变

资料来源：作者整理

上述大周期的轮回在东方也有体现。战后在东方体现为苏联和中国等社会主义国家的计划经济，和西方的政府干预型经济的大方向是一致的，只是程度不同。计划经济的弊端凸显后，20 世纪 70 年代末邓小平开始在中国推行改革开放，其他计划经济尤其是苏联更是消失了。市场化改革带来了中国经济的快速发展，人民生活水平得以极大的提高，但随着时间的推移，资产泡沫、金融风险、贫富分化的问题日益凸显。党的十八届三中全会提出改革的目标，让市场在配置资源中起决定性作用，同时强调让发展成果更多更公平地惠及全体人民，这是现阶段经济面临的问题在政策层面的体现。

基于以上的梳理，我们可以说金融周期是金融自由化的产物，没有对金融管制的放松，金融就不会有足够大的周期波动来冲击经济。但这又不是简单的管制放松的结果，政府的显性和隐性担保也起到了促进作用。从 1913 年美联储建立到 1933 年推出存款保险机制，再到 20 世纪 80 年代开始的金融自由化时代，金融并不是完全受市场竞争规律的约束，金融机构接受政府的监管，获得的是公共资源不同层级的担保，带来道德风险。过去 40 年，金融深化和政府担保的结合带来激励机制扭曲，金融危机发生的频率增加，金融周期的重要性上升。

四、中美金融周期分化

在详细的分析展开之前，我们先对金融周期的特征、现阶段在主要经济体的体现做一个概览。金融周期最核心的两个指标是信用和房地产价格，前者代表融资条件，后者反映投资者对风险的认知和态度，而房地产又是信贷的重要抵押品，两者相互促进，导致自我强化的顺周期特征。从宏观层面看，抵押品的角色使得房地产价格上升的过程就是经济加杠杆的过程，房地产价格下跌与去杠杆联系在一起。

金融周期比经济周期长，波动幅度更大，一个金融周期可以包括多个经济周期。以 GDP 增长和通胀为代表性指标的经济周期一般持续 1~8 年，而一个金融周期可持续 15~20 年。当经济周期和金融周期叠加时，经济扩张或收缩的幅度都会放大。国际清算银行的研究显示，金融周期下行时的经济衰退比金融周期扩张时的经济衰退幅度更大、时间更长。从过去 50 年来看，金融周期下行时，经济增长平均会下降 3.4 个百分点；而金融周期扩张时，如果经济出现衰退，经济增长则平均下降 2.2 个百分点。[①] 同理，同样是经济周期的扩张期，GDP 增长在金融周期上半场超过下半场。

发达国家的经验显示，在金融周期上半场的早期，杠杆率较低，信用扩张对经济增长的拉动较大。到了繁荣期的后半段，信用刺激增长的作用下降，但通胀压力或对资产泡沫的担心会促使央行加息，宏观层面呈现“宽信用、紧货币”的态势，美国在 2004~2006 年和日本在 1988~1990 年就是这样的情形。利率上升最终促使债务调整，金融周期进入下半场，体现为房价下跌、信用紧缩。去杠杆带来信用紧缩，可以是市场机制的结果，比如银行惜贷，或者房地产抵押品价值下降导致非银行部门负债能力降低，也可以是政策主动调控的结果，比如监管加强。

从非金融部门（负债方）来看，去杠杆需要削减开支，降低消费或实体投资需求，带来经济增长下行压力。这同时也意味着储蓄超出实体投资，过剩储蓄导致均衡利率下降，央行有必要放松货币引导市场利率趋向均衡水平。另外，财政扩张有利于增加总需求，体现为政府支出增加和减税对私人部门需求的刺激。金融周期下半场的宏观环境呈现“紧信用、松货币、宽财政”的特征，银行信用投放货币下降，央行支持财政扩张，比如美联储或欧央行购买政府债券，政府信用投放货币增加。

在总量的视角之外，金融周期还影响经济结构。在金融周期上半场，房地产市场繁荣拉动房地产开发投资和相关的上下游行业，

① Drehmann, M., Borio, C. and Tsatsaronis, K. (2012). Characterising the Financial Cycle: Don't Lose Sight of the Medium Term! BIS working paper, No. 380.

刺激需求增长。但是，从供给角度来看，土地价格和房价上升增加其他行业的运营成本，信用扩张有利于金融部门占用更多的社会资源，两者对制造业和实体服务业的挤压效应随着房价上升而日益严重，恶化经济结构。同时，房价上升和信用扩张加大社会的贫富差距，抑制总体消费和阻碍人力资本积累。到了金融周期下半场，这个过程反了过来，虽然房价下跌和信用紧缩降低总量经济增长，但经济结构改善，有利于中长期的可持续发展。

美国在新一轮金融周期上升阶段

我们使用国际清算银行的方法估算主要经济体的金融周期。① 根据 BIS 的研究，实际信贷、信贷对 GDP 的比例以及实际房价指数是度量金融周期的较好指标，对这三列数据分别使用滤波提取周期项，然后取平均值获得度量金融周期的指数。金融周期指数上升，反映的是房价上涨和信贷扩张；金融周期指数下降，反映的是房价下跌和信贷放缓。我们的估算显示，金融周期发生的频率低，繁荣和衰退期超过 GDP 增长衡量的经济周期波动。从中、美、欧、日主要经济体来看，金融周期呈现明显的分化态势。

自 20 世纪 70 年代以来，美国经历了两轮完整的金融周期，顶点分别在 1989 年和 2008 年，间隔 18 年（见图 0. 2）。两个顶点都伴随金融危机，第一次是储贷危机，第二次是次贷危机，后者冲击力更大，导致全球金融动荡。危机后美国经历了去杠杆的痛苦调整，在衰退结束后增长持续低迷。但近两年美国似乎处在新一轮金融周

① 彭文生，诸建芳，张文朗，等. 环球不同步，历史不往复[R]. 中信证券宏观专题报告，2015-04-27.

期的上升阶段，房价和信贷显著反弹，经济复苏动能加强，美联储开始加息。在新的金融周期上升阶段，私人部门加杠杆可持续性较高，是未来经济增长和美联储加息的重要推动力。

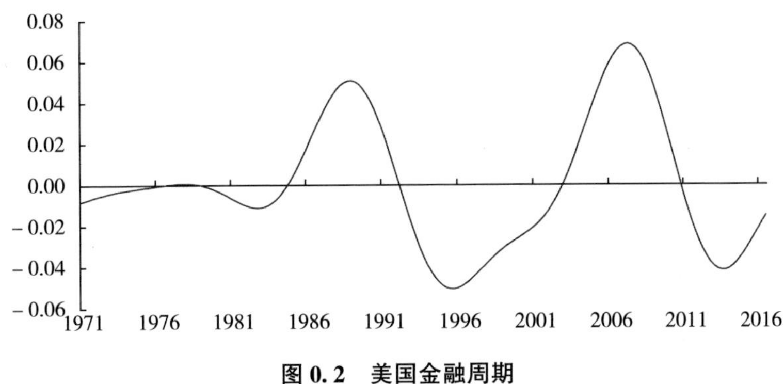

图 0.2 美国金融周期

资料来源：BIS，CEIC，作者估算

我们综合德国、法国、意大利、荷兰、爱尔兰、比利时、西班牙和芬兰八国的数据测算欧元区的金融周期（见图 0.3）。与美国类似，从 20 世纪 90 年代末开始，欧元区处于金融周期的上升阶段，但与美国不同的是，欧元区此轮金融周期于 2010 年 10 月才见顶转向。欧元区金融周期的拐点和欧债危机联系在一起，南欧包括希腊、西班牙等国房地产泡沫破裂，银行体系坏账大幅上升，并通过政府对银行的救助而导致主权债务危机。过去几年在金融周期下行调整中，欧元区经济低迷，2016～2017 年经济有改善迹象，信贷也有所反弹，但是否意味着金融周期已经触底还有待观察。

日本上一个金融周期的顶点是在 20 世纪 90 年代初（见图 0.4）。房价于 1991 年中见顶回落，泡沫破裂，银行体系通过追加贷款掩盖不良资产，“僵尸贷款”延缓了信贷见顶的时间，信贷对 GDP 比例于 1993 年底才出现拐点，之后日本的房地产和银行体系步入了漫长

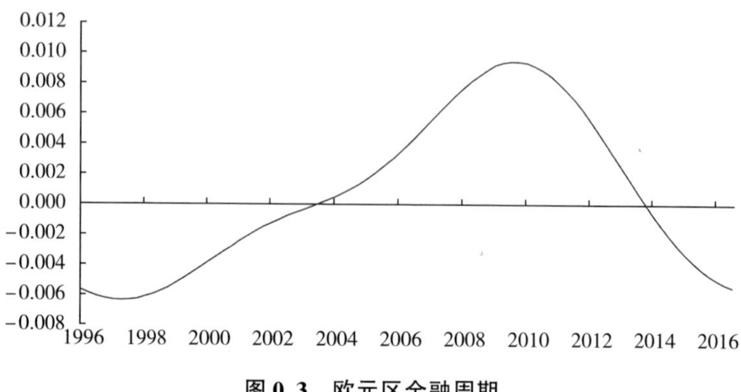

图 0.3　欧元区金融周期

资料来源：BIS，CEIC，作者估算

的调整过程，经济持续低迷并伴有通缩压力。经过十多年的调整之后，银行信贷于 21 世纪头十年的中期开始反弹，但房价直到 2015~2016 年才小幅上涨，日本新一轮金融周期只呈现温和上升的态势，主要由信贷驱动，对经济增长的促进作用不大。

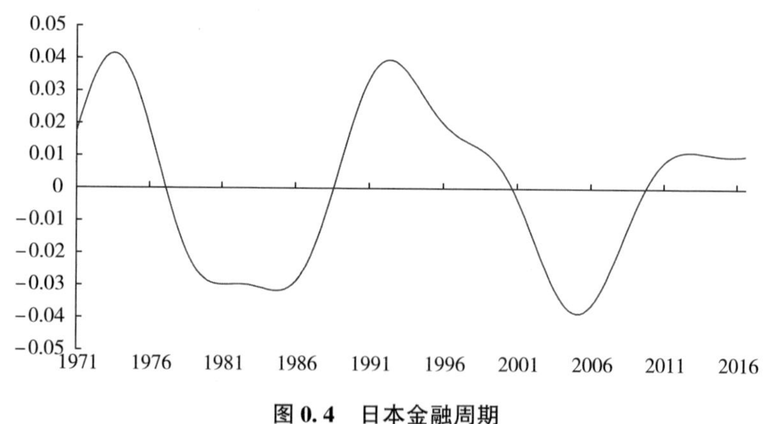

图 0.4　日本金融周期

资料来源：BIS，CEIC，作者估算

以上例子似乎显示，很多经济体在金融周期的拐点都伴随某种形式的金融危机，但实际上并不是所有经济体都如此。瑞士、挪威和澳大利亚等国在最近一轮金融周期的顶点前后并没有发生金融危机，这可能和其小型开放经济体的灵活性有一定关系。虽然没有发生金融危机，但房价下跌、信用放缓，导致这些国家的经济增长也经历了一段时间的下行压力。

中国第一个金融周期在接近顶部

为什么说中国在经历第一个金融周期？在改革开放的过程中，金融的改革比实体部门慢，直到20世纪90年代银行贷款仍然带有很强的行政色彩，90年代末政策主导坏账处理并开启银行改制，大型银行逐步上市，建立了现代企业的公司治理制度，银行贷款的商业性特征才逐渐提升。2008年全球金融危机前，因为外汇占款投放的流动性较多，政策对银行贷款的限制力度较大，所以信贷增速并不快。全球金融危机后，外汇占款显著下降，同时应对外部冲击的政策刺激了信贷高速增长。另外，1998年住房制度改革后，住房市场发展起来，信贷和房地产的联系日益紧密。

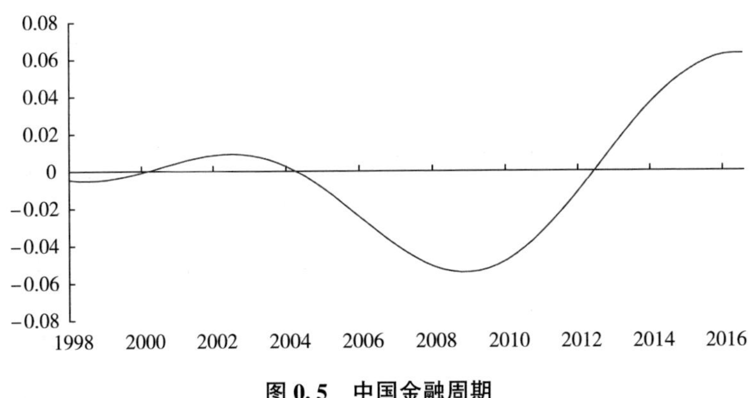

图0.5 中国金融周期

资料来源：BIS，CEIC，作者估算

从2008年到2017年，中国的金融周期经历了近十年的繁荣期（见图0.5）。房价翻了几番，信贷扩张使得非金融部门的杠杆率大幅上升。金融周期似乎在接近顶部，各方面都在关注高房价对经济结构的扭曲和对社会分化的影响。但房价似乎只有一个方向，越来越多的人甚至开始质疑房价能否出现显著的下降。

房价真的不会下跌吗？未来哪些因素可能触发金融周期下半场的调整？对经济有什么影响呢？要回答这些问题并不容易。就拿房价来讲，受需求和供给、内在和政策多方面因素的影响，在一个时间点看空和看多都能找到很多理由。信贷扩张如何影响经济，债务的极限是什么，去杠杆的路径会是怎样，对这些问题也有很多不同的看法。本书试图在一个逻辑自洽的框架下提供一个完整的分析。

五、故事叙述的架构

关于高房价的一个共识是货币太多了，但为什么货币“超发”没带来CPI高通胀，更多体现在房价上涨呢？这些货币是怎么投放出来的呢？第一章从货币理论谈起，说明过去几十年占主流地位的货币数量论的偏差所在，阐述货币非中性观点的起源和宏观含义。第二章阐述信贷扩张创造货币的机制，以及其影响经济总量和结构的渠道。信贷具有鲜明的顺周期特征，银行不仅是金融中介，也通过贷款创造货币而获得铸币税。这两章可以说是金融周期作为一个分析框架的理论基础。

作为货币信用的价格，利率是金融周期传导机制的重要部分。利率由市场资金供求决定，自然受金融周期的影响，在周期的不同阶段呈现不同的特征，但央行是流动性的最终提供者，由货币政策调控的利率又反过来作用于金融周期。第三章阐述利率在金融周期中的角色，探讨利率未来的走势及其宏观经济含义。就中国而言，利率市场化是过去十几年的一个特殊因素，影子银行的发展既起到了推动作用，也是一个结果。第四章梳理影子银行活动对信贷扩张的影响。

土地供应有限被认为是房价高企的原因之一，但供给弹性低的商品也不少，为什么只有土地价格持续上升呢？第五章阐述土地作为一种生产要素和一般资本品的差别，土地价格如何成为经济加杠杆的载体，中国的土地制度尤其是地方政府的土地财政如何加大了金融的顺周期性。

金融周期不仅和经济总量的波动相关联，对经济的结构也有重要影响。一个渠道是汇率的波动。第六章超越传统的贸易视角，注重汇率的金融属性，阐述汇率在金融周期中的作用，尤其是对经济结构的影响。汇率的金融属性和资产价格联系在一起，汇率和房地产价格的关系也是这一章讨论的重点。

第七章分析金融周期在更广层面的结构含义，信贷投放有先有后，先得者占有资源使用的先机，土地和房产所有者因能提供抵押品而具有优势。信贷扩张和房地产价格持续上升使得金融和房地产对实体部门的挤压日益严重，加大收入与财富差距，扭曲经济结构。尤其需要关注的是信贷与贫富差距的相互促进作用，信贷增长加大贫富分化，而贫富分化反过来驱动信贷扩张。

如前所述，金融周期和政策框架的演变相关。第八、九、十章分别讨论货币政策、宏观审慎管理和财政政策在金融周期中的角色。

全球金融危机及其带来的经济大衰退对传统的货币政策传导机制和工具带来挑战，主要央行采取包括量化宽松和负利率政策在内的非常规措施。和美国相比，中国处在金融周期的不同阶段，对货币政策的要求有差异，但近几年中国央行的政策工具创新同样值得关注。加强宏观审慎监管是全球的新趋势，其工作的机制和效果仍有待观察，对中国来讲，技术层面之外的关键问题是政策如何在不同宏观目标之间取得平衡。全球金融危机也带来对财政政策的反思，从经济周期和金融周期来看，财政是顺周期还是逆周期与相关的制度安排有关。

未来如何发展？什么因素将触发房价和信贷进入下半场的调整？第十一章分析金融周期演变在经济周期中的体现，提出“类滞胀”是金融周期接近顶部的阶段性现象，结合对房地产泡沫和金融风险的担心，导致货币政策紧缩和监管加强，可能是触发金融周期转向的力量。

第十二章讨论金融周期下半场去杠杆的路径，分析一些流行观点的误区所在。从宏观层面来看，去杠杆必然和房地产价格下跌联系在一起。

第十三章回到什么是货币的基本问题，探讨货币体制可能的演变与改革方向，以限制金融的顺周期性，促进金融服务实体经济。在全书分析的基础上，最后我们提出一个框架性的政策建议。

第一章　货币是非中性的

当别人特意说某事和金钱无关时，这事儿往往就和金钱有关。

——H. L. 门肯（1956）

怎样看待货币作用是经济学一个亘古不变的话题，它影响着我们分析经济波动的规律和政府政策的效果。全球金融危机之前，占主流地位的货币数量论认为货币是中性的，货币只影响物价，只要通胀不出大的问题，我们就无须担心货币量的扩张。然而全球金融危机促使人们重新反思货币的作用。一种极端的观点甚至认为现在的货币体系就是一个大骗局，是经济肌体上的毒瘤。

在中国，货币持续多年的快速增长也引起很多担心与争议。如何理解货币和实体经济的关系？货币在经济运行中到底扮演什么样的角色？本章回顾主要的货币理论的演变，为思考货币和金融问题提供一个框架。

一、什么是货币

对于什么是货币、货币从何而来，按经济学的观点基本可以划分为两大流派：金属货币说（metalism）（或商品货币说）认为货币是市场交易和竞争的产物；国家货币说（chartalism）则认为货币来源于政府的法规。两大流派的观点有迥然不同的经济金融含义。

金属货币说

“金属货币”的名字源自对黄金、白银和其他金属制造的硬币的描述，货币的形式可以是黄金或白银本身，也可以是可兑换为贵金属的凭证（如金本位制下的纸币）。金属货币学说强调货币的价值首先是其所依据的商品（如黄金）的购买力，独立于其作为交易媒介的角色。也就是说，货币先有其作为商品的价值，在此基础上才能承担交易媒介（方便其他商品交易）的功能。

经济学教科书描述货币的来源，演示了一条货币市场竞争的路径。人类社会先是物物交换，种玉米的人要想把自己消费剩下的玉米换成羊，必须找到养羊的人同时也需要玉米。物物交换效率低，随着剩余物品的增多，商品交换的需求增加，逐渐地一种或几种商品成为交易的中间媒介（货币）。历史上很多商品起过这种交易媒介的作用，包括牛、贝、盐、铁、铜，最后落到黄金和白银，因为贵金属具有稀缺、可分割、携带方便等优势。

在货币的三大功能中，金属货币说强调货币作为支付手段（交易媒介）的功能，认为记账单位和储值工具是附带和衍生的两个次要的功能。货币作为支付手段极大地便利了商品交易，使得社会分工和专业化生产成为可能，提高了经济运行的效率。“劣币驱逐良币”讲的就是货币作为支付手段的故事，当一个国家同时有两种货币流通，当货币之间比价固定而实际商品价值偏离这个比价时，实际价值较高的货币则被人们收藏起来，而实际价值较低的劣币则充斥市场。显然，作为储值工具，应该是良币驱逐劣币。

强调支付手段功能的金属货币说是货币数量论的基础，影响我们对很多宏观经济问题的解读。虽然现在是没有贵金属支撑的纸币时代，但稀缺性仍然被认为是货币的价值所在，控制货币供给非常重要。没有限制的供给导致货币的价值不断下降，最终威胁其作为交易媒介的功能。金属货币说认为纸币超发带来的通胀最终会导致现行货币体系崩溃，供给有限的商品如黄金将重新扮演货币的角色。

国家货币说

国家货币说则认为货币是法律的产物，是政府法规指定的用于结算合同的工具，货币不是市场交易竞争的产物。凯恩斯是国家货币说的代表性人物之一，他认为“国家货币”至少已经存在了4000年。从近代来看，某些时段“国家货币”是黄金，另一时段则是白银，中间的转换都有政府的背书，金本位制度下每单位货币（比如1美元）等同于多少重量黄金也是政府规定的。在“二战”后的布雷顿森林体系下，他国货币与美元挂钩，美元与黄金挂钩（一盎司黄金值35美元），显然也是政府间协议的产物。随着布雷顿森林体系的垮台，货币与商品（黄金）最后的一点联系也不存在了，国际货币体系进入法定纸币（fiat money）的时代。

但国家货币说对货币的解读并不限于法律确定货币（legal tender）视角，更重要的是政府作为经济活动参与者本身行为的影响，政府在其交易行为中愿意接受的支付手段就是货币，它可以是黄金、白银、纸币或电子记账单位。政府在收税时只接受人民币付款，在支付公务员和国有部门工作人员的工资时只发放人民币，政府的税收和支出而不是法律的规定才是国家货币的根本来源。政府在现代经济活动中占有举足轻重的地位，其交易行为对非政府部门也当然具有重要影响，但这本身还不能充分反映政府法定货币在整个经济中的作用。

国家货币说还强调货币的记账单位功能。凯恩斯认为货币理论的首要概念是计价货币（money of account），即双方当事人在合同中用来计算买卖价格（当期支付）和清偿债务（延后支付）的货币单位。因为买卖价格和债务债权首先要以计价货币来表述，因此计价货币是支付手段和储值工具的前提和基础。凯恩斯认为政府决定什么是计价货币，加上政府在本身的交易行为中决定接受何种支付手段，使得货币具有鲜明的政府作为的特征。

举个例子，澳门特别行政区只有65万人口，经济规模是香港特别行政区的15%，是中国内地的0.4%，澳门与香港以及内地经济活动往来密切，港币和人民币在澳门的贸易和金融交易中被广泛接受，但澳门元作为货币并没有消失。为什么呢？因为澳门政府规定税收必须以澳门元交纳，政府给公务员发放的工资也是澳门元，政府部门的交易行为与交易合同也是用澳门元来计价与结算的。澳门币的存在是政府行为作用的一个例证。

银行货币

国家货币说强调政府决定什么是货币，但政府的行为难以决定货币的量。财政收支的赤字才能带来货币的净投放，显然不能满足整个经济活动对货币的需求。凯恩斯已经认识到银行贷款创造购买力，支持消费和投资支出。明斯基①把凯恩斯的国家货币说拓展到银行货币，把不同形态的货币比喻成一个金字塔，在顶峰的是政府和中央银行的负债，其货币性最强，中间的是银行的负债（存款），底层的是非银行机构和个人的负债。银行之间的结算通过其在中央银行的存款账户进行，对于银行来讲，在央行的准备金存款就是货币

① Minsky, H. P. (1986). Stabilizing an Unstable Economy. New Haven, CT: Yale University Press.

(也称基础货币);对于一般个人和企业来讲,其在银行的存款是货币。任何人都可以通过负债创造 IOU(金融要求权),只要有人愿意接受就可成为货币。

银行的特殊性在于银行享受某种程度的政府担保,中央银行为银行之间的交易提供清算服务,并且央行扮演最后贷款人角色为银行提供流动性支持。另外,很多国家的政府对银行的负债(存款)提供显性或隐性的担保。这些都提升了银行存款作为货币的可接受度。从这个意义上讲,银行货币是国家货币说的延伸。但银行毕竟还是商业机构,其创造存款的贷款是企业和个人的负债,而这些负债有可能得不到偿还,最终带来明斯基论述的金融不稳定(第二章将阐述银行信贷在金融周期中的重要角色)。

以上简要回顾了两大货币学说的截然不同的观点,总体来讲,有三大分歧。一是货币的起源,把历史演变的争议放在一边,国家货币说强调政府的作用显然更符合现代的情形。二是货币的内生性和外生性,在商品货币时代,货币的供应由黄金的产量决定,显然是外生的,现在的货币创造虽然受货币政策等外生因素的影响,但和银行以及非银行部门的经济活动紧密相连,有很大程度的内生性。三是货币的三大功能中哪一个是首要的,国家货币说强调的记账单位功能在现代经济中,包括在复杂的金融交易中,扮演重要角色。对这些问题的认知对我们理解货币和实体经济的关系至关重要。

二、中性论的起源——货币数量论

金属货币强调货币的支付手段功能,其延伸就是货币数量论,该理论认为货币的量与一般价格水平存在正比例关系，决定资源配置的商品之间的相对价格和货币没有关系，这是货币中性论的基础。那么，怎么理解支付手段功能隐含的货币中性观点呢？

支付手段功能

货币和商品有一个根本性的差别，即一般商品的供应增加，意味着社会财富增加，这是因为这些物品能满足人们的消费需求。粮食增加可以养活更多的人，手机增加可以提高通信的效率，一些投资品比如机器设备虽然不能满足人们的即期消费，但可以生产消费品来满足人们未来的消费。货币的增加是否意味着财富增加呢？当然，对个人来讲，钱越多越好，但这里我们实际上混淆了货币的储值和支付功能。作为储值工具，钱的增加意味着我们有更多的财富，但支付手段的增加并不意味着财富的增加。

我们可以想象一个情形，社会总体商品和服务的量没有变化，只是支付工具的供应增加了，整个社会的财富是否增加了呢？显然没有，比如春节期间流通中的现金多了，并不代表居民财富增加了。但支付工具的量增加了，有什么影响呢？在货币和商品的量之间存在一个交换的比例关系，决定了货币作为支付工具的购买力。货币的量多了，则这种比例关系就会发生变化，体现为商品的价格上升，货币的购买力下降。货币量的增加只提升商品的货币价格，不改变商品的量，这就是货币是中性的逻辑。[①] 还是以春节期间现金增加为例，我们往往观察到一些物品的价格上升，但这是暂时的，春节后

① 货币作为支付手段，便利交易，促进社会分工，有利于经济的发展。但我们这里不是比较有货币与无货币（物物交换）两种情形，而是在给定货币的支付手段存在的情况下，货币量的变化有什么影响。

现金回笼，相关的价格就会回落。

强调货币的支付手段功能是古典经济学的货币数量论的起源。在16世纪的欧洲，人们发现，随着美洲新大陆生产的黄金被源源不断地运回，欧洲物价有明显的上升。苏格兰人大卫·休谟（David Hume）的著作《货币论》（*Of Money*，1752）就特别描述了商品的货币价格和货币数量之间成正比例关系的现象。

价格灵活性

行文至此，细心的读者可能已经意识到，货币数量论导出货币中性的一个重要假设是商品的价格是灵活的，货币供应的变动带来价格及时的变化。货币供应多了，价格同比例上升，降低了单位货币的购买力，而总体货币的购买力不变，其支持的对商品量的需求不变。如果货币供应少了，价格同比例下跌，单位货币的购买力上升，总体购买力仍不变，对商品量的需求也不变。按照货币中性理论，任何货币量的增加都被物价上升抵消，人们的实际购买力没有变化，对实体经济自然没有影响。

现实生活中，没有绝对灵活的价格调整，古典经济学强调，虽然一些摩擦因素导致某些商品的价格不会及时变动，但这个过程持续的时间较短，商品的相对价格在受到货币供应变化冲击后较快地回到均衡状态，后者取决于人们的偏好、技术、生产效率等实体因素。因此，货币的变动对资源的配置不会带来持续的影响；在市场竞争的环境下，经济有自我修复的功能，不会有持续的资源闲置或非自愿的失业。

货币数量论在多大程度上与现实相符呢？我们可以从大家熟悉的交易方程式来看这个问题：

$$M \cdot V = P \cdot Q$$

其中，M 是货币存量；V 是货币流通速度；P 是物价水平；Q 是商品的交易量。货币数量论的精髓是货币中性，M 的变化不影响 Q，只导致 P 的变化，这里 V 是给定的，取决于当时的支付技术、社会习惯等。

简单地考虑，商品交易主要是当期生产的商品和服务交易，因此等式右边可以视作名义 GDP 的值，代表货币需求，左边的 M 是货币供给，相对于货币需求来讲是外生的。按照这个等式，任何 M/GDP 的上升只是暂时的，给以时间，超发的货币带来通胀，体现为名义 GDP 上升，最终 M/GDP 会随之下降，回到超发前的均衡水平。也就是说，按照货币数量论，M/GDP 虽然有波动，但应该呈现均值回归的态势。

在我国，M2/GDP 的比例长期以来呈现上升的趋势，也就是说偏离了货币数量论。对改革开放后至 20 世纪 90 年代的 M2/GDP 呈上升趋势，解释主要集中在“货币化”进程：随着计划经济向市场经济转轨，越来越多的经济活动从实物交易转变为通过货币的媒介来实现，在农村地区尤其明显，也就是人们的支付习惯发生变化，货币流通速度下降，结果是货币需求速度超过了名义 GDP 增长。① 这种解释应该说比较合理，符合当时经济发展的状况。

“货币化”观点的一个含义是当货币化基本完成后，M2/GDP 比例不应该持续地上升了。但如何解释 M2/GDP 的比例在过去 20 年的大幅上升呢（见图 1.1）？一个技术上的解释当然还是货币流通速度下降了。不过货币流通速度为什么会下降？随着信息科技和支付系

---

① 易纲. 中国的货币化进程[M]. 北京：商务印书馆，2003.

统的改善，货币流通速度应该是上升的。实际上，货币流通速度是一个在金融不发达的货币体系下的概念，在商品货币（黄金）时代，货币的形态比较单一，人们支付习惯的变化也比较慢，货币流通速度的波动小。在现代金融体系下，货币形态多样，支付和清算技术变化快，我们计算的货币流通速度上下波动幅度大。货币流通速度变成一个黑盒子，在解释货币和经济的关系上，没有实际意义，已经是一个过时的概念。

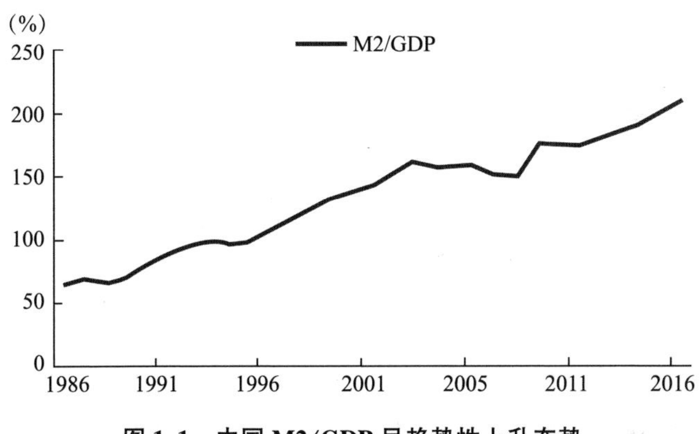

图 1.1　中国 M2/GDP 呈趋势性上升态势

资料来源：Wind，作者整理

在货币流通速度波动这个技术因素之外，对 M2/GDP 持续上升的另一个解释就是对货币数量论的否定，也就是货币方程式本身就是不成立的，即货币不是中性的。在讨论货币非中性之前，我们先阐述货币中性论的现代版本，比交易方程式更接近现实些，但精神没变。

三、货币中性的现代版本

导论提到，从 20 世纪 70 年代末开始，主要发达国家反通胀，古典经济学的思想回到主流地位。按照新古典经济学提出的实际商业周期理论，就业的波动反映人们对工作时间的自愿选择，① 试图抹平经济周期波动的总需求，管理政策短期内也不能改善一般民众的福利。在这个模型中，货币甚至是不存在的，货币政策当然也不能影响经济周期的波动。

货币政策短期有效

但这种完全否定政府的逆周期操作功能的观点不能被所有人接受，于是出现了一个所谓的“新凯恩斯”经济学，借用古典经济学的微观基础，试图把货币糅合到解释实体经济波动的模型中，强调市场体系中有一些摩擦，导致经济有暂时的不平衡。② “新凯恩斯”经济学假设价格不能及时调整，使得货币这个名义量的变动在短期内对总需求产生影响。另一种假设是信息不透明和不对称，市场中一部分人正确地认识到货币量的变动，从而接受商品价格的上升（作为消费者）或提高产出品的价格（作为生产者）；但另一部分人误判形势，维持原有价格不变，导致货币总量的变动对需求产生影响。

虽然认为货币在短期不是中性的，但新凯恩斯经济学并不主张央行用货币刺激政策来促进总需求增长，而是把货币政策作为逆周期调控的工具，以达到把通胀维持在一个温和水平的目标。在新凯恩斯经济学的模型里，货币是一个内生变量，反映总需求波动带来

---

① Kydland, F. E. and Prescott, E. C. (1982). Time to Build and Aggregate Fluctuations. Econometrica, 50.

② “新凯恩斯”经济学这个名字有一定的误导性，其精神更符合古典经济学，认为经济的不平衡是短暂的，与凯恩斯的“长期我们都不在了”的思想是相违背的。

的货币需求的变化，货币的量不会对经济的其他部分有超越利率的独立的影响，最多是提供一些领先的信息，帮助我们更准确地判断经济的走势。

因为货币的量是内生性的，央行的货币政策通过控制短期利率，来影响中长期利率和资产价格，试图把总需求控制在经济的潜在产出水平附近，以维持物价总水平的稳定。这是现代版的货币中性论，只要通胀温和，货币量的多少无关紧要。在这个模型里，金融部门基本上有效地把储蓄变为投资，宏观经济的不平衡主要体现在通胀上，只要把通胀控制好，经济就不会出大的问题，人们往往把潜在增长率等同于通胀在温和水平时的增长率。

建立在“新凯恩斯”经济学基础之上的发达国家中央银行的政策框架，对我国的货币政策也有较大影响。虽然我国货币政策的目标是多方面的，包括物价稳定、经济增长、国际收支平衡等，但随着市场化程度越来越高，控制通胀相对更重要些。在政策的操作和传导机制中，货币信贷总量起到中间目标的作用，部分反映利率的传导渠道不畅通。但随着利率市场化的推进，利率在货币政策的操作和传导中的角色更加重要。实际上，从学术界到政策层面，主流的观点都认为货币政策调控应从数量型工具转变为价格型（利率）工具。[①]

“大缓和”时代终结

“新凯恩斯”经济学的政策框架成效如何？从 20 世纪 80 年代中

① 胡志鹏. 中国货币政策的价格型调控条件是否成熟？——基于动态随机一般均衡模型的理论与实证分析[J]. 经济研究，2012（6）.

期到21世纪初，西方发达国家经历了一个所谓的“大缓和”的时代，通胀率处在相对较低的水平，增长处在相对较高的水平，或者更准确地讲，为控制通胀而牺牲的经济增长比过去小了，而且波动降低了。[①] 政策当局，尤其是中央银行为政策的成功自我表扬，凯恩斯已经成为遥远的历史。但全球金融危机改变了一切，西方发达国家经历了30年代大萧条以来最大的衰退，“大缓和”时代结束了。

金融危机的冲击促使学界、市场和政策当局检讨过去的主流思想和政策框架，其中一个就是反思货币和信用量的重要性。针对危机前的情况，在通胀温和的情况下，货币和信用量的扩张是否都是合理的，或者说对实体经济是否是中性的，是否带来长远的负面影响？针对危机后的政策应对，在短期利率逼近于零的情况下，美联储采取量化宽松、增加货币的量，其影响对经济机制是怎样的？在支持短期消费和投资需求的同时，可能会对中长期带来什么样的扭曲影响？中国为应对全球金融危机的冲击，也采取了大幅扩张货币信用的手段，短期的稳增长效果明显，但业界和学界对中长期影响的看法颇具争议。

对这些问题的反思归根结底还在于如何看待货币和实体经济的关系，货币量的扩张中长期是不是中性的。在近几年的讨论中，人们重新审视凯恩斯的流动性偏好理论，强调货币的记账单位与储值功能，按照凯恩斯的思想，其实货币在短期和长期都不是中性的。另一个反思是从结构的视角看货币扩张的影响，也就是奥地利学派的货币理论。这两个货币非中性的理论对我们认识当前的国内外货

① Blanchard, O. and Simon, J. (2001). The Long and Large Decline in U.S. Output Volatility. Brookings Papers on Economic Activity, No. 1.

币环境和政策都有参考意义。

四、非中性之总量视角

与古典经济学把货币和实体经济分割开来不同，凯恩斯认为货币是资本主义市场经济内在的一部分。在《就业、利息和货币通论》里，凯恩斯描述了一个货币经济：货币进入人们经济行为的决策，从而影响市场配置资源的效率，进而作用于实体经济的波动。[①]

货币经济

凯恩斯把（非自愿）失业归咎于货币的存在，认为是货币让市场经济有时候不能充分使用现有的资源。与货币数量论强调支付手段功能不同，凯恩斯强调货币的记账单位和储值功能。作为记账单位和储值手段，货币是市场经济运作不可缺少的一部分，正因为这样的独特角色，所以货币不是中性的。

在凯恩斯的货币经济里，我们可以想象两种情形。一种情形是商品之间相对需求的变动，比如人们决定减少购买汽车，改乘高铁。汽车需求减少导致该行业的工人失业，这是否导致总体的失业率上升呢？不一定。如果汽车需求下降是因为人们的偏好发生变化，对乘坐高铁旅行的需求增加，则高铁的建设和运营带来新增的就业，总体失业不会上升。另一种情形是人们对货币作为储值手段的需求增加，比如人们对未来的信心下降，减少消费支出，增加货币持有

① Keynes, J. M. (1936). The General Theory of Employment, Interest and Money. London: Macmillan.

作为储蓄。

高铁建设和增加货币持有都代表推迟当前的某种形式的消费，把这部分收入转化为投资，以满足未来的消费。建设高铁是一种生产性投资，需要增加工人和其他投入来进行，但货币不一样，增加货币供给来满足需求不会带来就业的增加。在古典经济学的实体经济世界里，货币是支付手段，是支持人们消费和投资的润滑剂，不影响消费和投资行为。在凯恩斯的货币经济世界里，货币是人们投资的工具之一，对货币需求的增加减少了生产性投资。而与其他商品不同，满足货币需求不会带来就业，因为货币供给的成本很低。在凯恩斯眼中，对货币的需求不是有效需求；相反，其所谓的有效需求不足就是货币需求上升导致的。

流动性偏好理论

这就产生一个问题：人们为什么把追求货币作为一种投资呢？货币在时间上承载购买力，并把今天的购买力推迟到明天，是一种储值手段。其他的资产如股票、地产等也能起到类似的储值作用，但货币是一种记账单位，是记录所有其他商品和资产价值的标准。1元人民币的价值永远是1，而其他商品和资产的价格可以变化，一家公司的股票的价格可以从10元涨到100元，也可能跌到1元。

我们一般讲的物价上升带来的货币贬值，实际上是其他商品对货币升值。记账货币在市场经济的交易、合同、仲裁等活动中起到一个基准单位的作用。正是这种特殊的记账单位的功能，使得货币作为一种储值手段，其流动性比其他资产高。也就是说，货币可以转化为即时购买力而使得其持有人不受损失，其他资产要转化为即时购买力，需要先变现为货币，在这个过程中价格可能下降，给持有人带来损失。这就是凯恩斯流动性偏好理论。

流动性偏好与人们对于未来的认知和预期紧密相关。在一个完全确定的世界，人们对未来的不同时间的各种支付需要有明确的认知，可以据此规划各种投资（包括实体的投资和金融资产的持有），使得未来的收入和支出无缝对接，在这样的完全确定的世界里，货币是多余的。当然，现实世界充满了不确定因素。

凯恩斯强调的不确定性不是一种可以通过数学模型来量化的不确定性。他提到的一些例子包括发生战争的前景、未来 20 年的铜价和利率等，这些变量难以在科学分析的基础上计算不同情形发生的概率。不确定性使得人们的经济行为在相当大的程度上被预期所左右，而这种预期主要是一种心理现象，是动物精神。人们对未来的预期可能长时间乐观，也可能长时间悲观，后者可能导致对流动性偏好持续增加，使得生产性投资降低。

凯恩斯的货币理论和古典经济学在宏观含义上有很大的差别。古典经济学认为首先有产出，其次是消费和储蓄决策，最后是储蓄转化为投资需求，所以产出总是可以转化为需求，经济本身有自我稳定的机制。在过去 30 年的所谓新凯恩斯模型里，价格黏性使得货币的变化短期对总需求和就业有影响，货币短期不是中性的。在凯恩斯的货币经济中，货币作为储值手段有其特殊的作用，影响人们的投资行为，其对大萧条的解释是在资产泡沫破裂后，人们的流动性偏好上升，对货币的需求大幅增加，导致利率上升，投资下降，有效需求不足，失业增加。

凯恩斯针对大萧条的政策主张是中央银行增加货币供给以满足私人部门的流动性需求，降低利率，从而增加投资。英格兰银行在

1945 年被国有化可以说是凯恩斯思想影响的一个结果。但凯恩斯认为货币供给的增加不一定能赶上私人部门货币需求的变化，尤其在名义利率降到零以后，难以通过货币供给增加来降低实际利率，导致货币政策促进有效需求的效率不高。基于此，凯恩斯主张大幅增加政府的支出，尤其是增加政府在基础设施和公共服务领域的投资，以弥补私人部门需求的不足。

“二战”后的政府支出大幅扩张一般被认为是美国经济最终走出萧条的主要原因，而政府对经济活动的干预也成为战后的常态，战后欧美政府支出占 GDP 的比例和战前比大幅上升。2008 年全球金融危机后，西方主要经济体陷入所谓的大衰退，为此中央银行大幅放松货币政策，尤其是美联储、英格兰银行等采取了量化宽松措施，通过购买政府债券投放货币。财政方面，在危机后的头几年，各国政府大幅增加赤字，支持总需求。

五、货币扩张如何影响资产配置

凯恩斯的货币理论产生于大萧条时期，为经济的持续萧条提供了一个解释，其增加货币供给的政策主张也是针对当时的私人部门流动性偏好大幅上升的情形。这就带来一个问题，即凯恩斯的货币非中性的理论是不是只针对特殊情形，而不具有一般性呢？凯恩斯自己把它看作针对普遍情况的一般性理论，所以他的书取名为《就业、利息和货币通论》。

流动性偏好是资产配置理论

按照货币作为储值工具和流动性偏好的逻辑，在货币供给增加而社会流动性偏好（货币需求）不增加的情形下，会出现什么结果呢？答案是人们会增加风险资产的配置，包括实体资本投资与金融资产。我们可以用以下公式来描述流动性在资产配置中的角色：[①]

$$M2 = b \times W$$

其中，W 是社会总的财富（总资产）；b 是流动性资产占总资产的比重，取决于人们的流动性偏好。这个公式的右边代表人们对流动性资产的需求。假设开始时，W=100，b=0.2，M2=20，人们的流动性偏好决定了 M2 占比的均衡值为 20%。然后，假设在流动性偏好不变的情况下，货币政策操作使得流动性供给（货币）增加到 40，流动性资产的占比上升到 40%，超过了流动性偏好的水平。这种情况下，短期利率下降，人们重新配置资产，都用货币资产去交换风险资产比如房地产，结果使风险资产价格上升。但已经发出的 M2 总量不会减少，只是从某一个房产的买家转到此房产的卖家，大家都竞购风险资产，资产价格上升，财富的货币值上升，当 W 上升到 200 时，资产配置回到均衡点（b=0.2）。

上述例子中，在私人部门给定的流动性偏好下，央行增加流动性，利率下降，资产重新配置提升风险资产（如房地产、股票、公司债券等）的价格，后者改善私人部门的融资条件，有利于投资，并通过财富效应刺激消费需求。在这个框架下，宽松的货币政策最终会影响物价，但中间首先影响利率和资产价格，然后是私人部门

① 在凯恩斯的流动性偏好理论中，人们在流动性（货币）与债券（风险资产）之间选择，如果预期利率上升，人们愿意持有更多的流动性，降低债券的持有量（因为利率上升将导致债券的价格下跌），而流动性的供给由央行控制，如果供给不增加，利率就会上升。在现代金融体系中，风险资产的选择范围大，不局限于债券，还包括股票、房地产等。

的消费和投资行为，当总需求超过经济的供给能力时，价格才会上升。

基于流动性偏好理论，在凯恩斯的货币政策框架里，政策操作的标的首先是短期利率，央行公开市场操作一般是通过短期工具（比如短期国债或者央行自己发行的票据的买卖，或者以其为标的回购/逆回购）来进行的。当流动性供给大于需求时，短期利率下降，促使私人部门增加对风险资产的需求。当短期利率降到零时，就有所谓流动性陷阱的问题，这时央行投放流动性只能通过购买长期国债和风险资产，促使长期利率下降。凯恩斯当年强调中央银行应该通过购买长期国债甚至风险资产来增加流动性供给，满足私人部门的流动性偏好，以应对大萧条。

从资产配置理解 M2/GDP 上升

上文提到的 M2/GDP 比例大幅上升，难以用货币数量论解释，但符合凯恩斯的流动性偏好理论。图 1.2 显示美国的 M2/GDP 比例在金融危机后大幅上升了 10 个百分点，但 CPI 通胀率维持在低水平，似乎违背了货币数量论的逻辑，流动性偏好理论有助于我们理解这个现象。

金融危机后，美国私人部门流动性偏好（货币需求）上升，风险偏好降低，从资产配置的比例来讲，流动性资产占比上升。在这种情况下，如果流动性供给不相应增加，风险资产价格将大跌，因为大家都想卖掉风险资产，换成流动性，但因后者有限，风险资产的货币价格必须下行，总需求将更弱。美联储量化宽松和扭曲操作都起到增加流动性的作用。首先，美联储购买私人部门持有的长期国债和资产支持债券，投放了货币，M2 增加；其次，在隔夜利率接

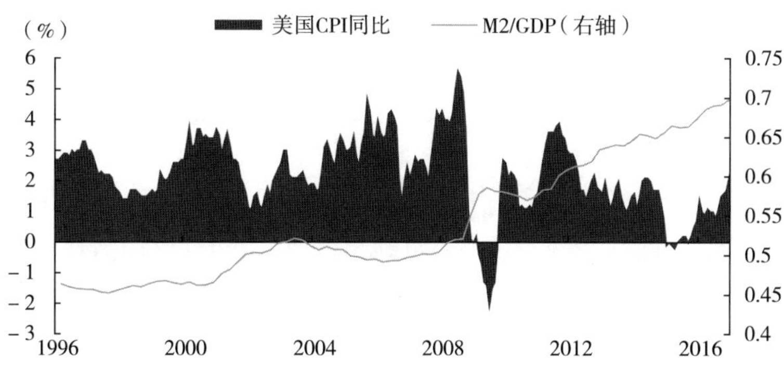

图 1.2　美国 M2/GDP 比例上升，但 CPI 通胀维持低水平

资料来源：Wind，作者整理

近于零的情况下，短期国债的流动性和货币差不多，联储的扭曲操作（卖出短期国债、买入长期国债）使得私人部门流动性资产的增加比 M2 显示的还要大。

流动性偏好理论强调货币的储值功能，以及利率、资产价格在货币政策传导机制中起重要的作用。而货币数量论强调货币的交易功能，和商品价格的关系更直接，应该说流动性偏好理论比朴素的货币数量论更贴近现代经济和金融的现实。但两者并不是不可调和的对立，弗里德曼的货币理论实际上是两者的结合。弗里德曼的货币理论往往被认为是复兴了古典的货币数量论，但他的货币理论的重要一部分来自凯恩斯的思想。弗里德曼强调货币供给超过货币需求，就会带来通胀问题，和货币数量论的精神是一致的，但其货币需求理论和凯恩斯的流动性偏好理论紧密相连。①

具体来讲，弗里德曼阐述的货币需求取决于三大类因素：人们

① Friedman, M. (1969). The Quantity Theory of Money: A Restatement. In: Friedman, M., editor, Studies in the Quantity Theory of Money. Chicago: University of Chicago Press.

的总体财富（永久收入），决定资产配置的债券利率和预期的股市回报率（持有货币的机会成本），以及预期的商品和服务价格通胀率。最后一点是弗里德曼的货币理论与流动性偏好（资产配置）理论的差别，预期的通胀率代表持有商品的回报率，所以当货币政策放松，通胀预期上升时，人们不仅购买风险资产，还购买耐用消费品，直接增加对商品的需求。所以在弗里德曼的理论里，货币供应多了一个影响总需求，进而影响通胀的渠道。弗里德曼提倡中央银行按照固定的速度增加货币供给，在精神上更符合凯恩斯的货币理论，而不是古典的货币中性论。

回到上一节提到的问题，分析我国的 M2/GDP 的大幅上升的含义，不能用朴素的货币数量论（货币多了，通胀就会上升）的简单逻辑，还要考虑货币的储值功能，也就是资产配置的视角。流动性偏好理论包含资产价格的传导作用，比货币数量论更贴近实际。M2 大幅扩张之所以没有带来恶性通胀，是因为作为流动性资产其供给增加促使人们更多地配置风险资产，尤其是房地产，其结果是房价上升，而不是一般商品与服务价格衡量的通胀。当然有观点用货币数量论来解释房价上升，把货币方程式中的 Q 从 GDP 拓宽到房地产，M2 增加导致价格上升，包括产出和资产价格。但是这个逻辑有问题。假设未来房价下跌，按照资产配置视角，总财富缩水加上风险偏好下降，人们的流动性需求上升，利率上升，增长下行，商品价格有通缩压力。按照货币作为支付手段的视角，房价下跌，给定货币流通速度，货币需求下降，商品价格上升。显然货币作为储值工具是 M2/GDP 趋势性上升的更合理解释。

六、非中性之结构视角

凯恩斯的流动性偏好理论从总量和货币需求的角度看货币和实体经济的关系。经济学还有一个流派也认为货币不是中性的，但是从结构和货币供给的角度看货币和实体经济的关系，这就是奥地利学派，其观点是货币供给的变动改变商品的相对价格，进而影响资源配置。20 世纪早期发展起来的奥地利学派商业周期理论认为，货币扩张带来的相对价格变动扭曲资源配置，而市场力量使得这种资源错配最终不可持续，从而带来经济活动的周期波动。①

货币投放的分配效应

在“二战”以后的几十年中，受凯恩斯理论的影响，宏观经济研究越来越偏重总量分析，而以结构分析为导向的奥地利学派在政策和学界都不占据主流地位，甚至被人遗忘。全球金融危机后，人们开始反思主流的理论和政策主张，奥地利学派的思想重新受到人们的关注，尤其是其强调结构和再分配的视角。

其实货币供应增加影响经济结构的思想在经济学发展的早期就存在，在 18 世纪早期，有一个苏格兰人理查德·坎蒂隆（Richard Cantillon）参与了法国在 1716~1720 年的纸币发行，这次发行是为了应对战争导致的法国公共财政的巨大赤字，却带来了股市泡沫，

---

① 奥地利学派的商业周期理论由 Ludwig von Mises and F. A. von Hayek 在 1912~1933 年发展起来，代表作有 Hayek，F. A.（1967，first published in 1931）. Prices and Production. New York：Augustus M. Kelly。

而泡沫的破裂对法国经济造成了巨大冲击。坎蒂隆后来写了一本书[①]，其中分析了货币扩张的种种影响。他强调货币供应增加不是每个人一夜间都收到同等数量的货币，而是总有部分人先得到货币。

这部分先得到货币的人实际收入增加，因为商品的价格还没有变化，可以低成本购买其需要的商品用于消费或投资，这些商品的价格面临上升压力，因此商品的相对价格发生变化。等到货币流转到后面的人，其想购买的商品价格已经上升，这部分人的实际收入没有增加反而下降。按照这个逻辑，货币供应的增加改变收入分配，影响相对价格和资源配置，对实体经济的影响不是中性的。

那么什么行业、企业、居民先拿到货币呢？这和货币的供应机制有关。在金本位制度下，贸易部门、出口行业及其从业人员最先得益于货币增长，因为贸易顺差带来货币流入，贸易逆差导致货币流出。21 世纪的头几年，中国加入世界贸易组织（WTO），加上人口红利，使得贸易顺差大幅扩张，我国货币增长的主要来源是国际收支顺差，出口行业最先受益于货币的增长。如果货币扩张来自政府支出（赤字）增加，则政府最得益，这就是我们一般讲的铸币税和通货膨胀税。如果货币来自银行信贷，则银行和相关的信贷的获得者最得益。全球金融危机后，我国贸易顺差显著缩减，而银行信用（包括传统的银行信贷和影子银行的融资）大幅扩张，[②] 受惠于货币增长的主要是地方政府、房地产行业和国有企业等。

---

① Cantillon, R. （1728~1730）. Essay on the Nature of Trade in General. London：Frank Cass and Co. , Ltd.

② 伍戈，李斌. 货币创造渠道的变化与政策的应对[J]. 国际金融研究，2012（10）.

结构扭曲导致周期波动

上述的货币增长的不平衡影响可能导致某些部门在一段时期快速扩张，社会资源过度配置到这些行业，使得经济结构失衡。在一段时间内，扩张行业的繁荣支持整体就业和需求，带来较快的经济增长。当失衡的经济结构越来越偏离基本面（包括资源禀赋、人们的偏好、技术进步等因素）所决定的均衡状态时，市场回归均衡的力量使得过去过度扩张的部门和行业进入调整，抑制总需求和就业，带来经济周期的下行。

货币供应变化导致的经济周期长短、上下波动幅度取决于货币供应的弹性。在弹性越低的机制下，比如严格的金本位制度下，因为黄金的生产有成本，货币供应增速有限，一个国家的贸易顺差和逆差不可能持续很长时间，由此带来的经济周期波动的频率较高但幅度有限。在政府发行纸币的机制下，财政主导货币增长的速度，货币供应伴随财政赤字扩张，带来经济增长上升、物价上涨，最终通胀迫使财政紧缩、货币紧缩，经济增速下降，失业增加，这是发达国家在20世纪60~70年代面临的问题。

奥地利学派的结构分析对我们反思过去30年全球范围内温和通胀和宏观经济稳定的关系有帮助。全球金融危机前，主要央行的货币政策以稳定物价总水平为导向，温和通胀情况下的货币政策被认为是好的或者稳健的政策。物价总水平一般以一个价格指数比如CPI来衡量，物价稳定一般被定义为CPI增速在2%以内，近几年我国控制通胀的目标是CPI上涨率在3%~3.5%，其他新兴市场国家也基本以温和的通胀率为政策目标。实践证明这样的政策目标基本实现了，但低通胀不一定代表宏观经济稳定，CPI低通胀可以和资产泡沫和金融危机联系在一起。

为什么会这样？结构视角的解释是价格指数可能掩盖了经济结构的变化和失衡。我们可以想象一种情形，经济中一部分人和企业的风险偏好下降，货币需求增加，他们减少消费和投资支出以累积货币，为了抵消由此带来的总需求下行压力，央行增加货币供应。理想的结果应该是增加的货币供应正好落到货币需求增加的这一部分企业和个人手里，相互抵消，与其相关的商品价格不变，物价指数不变。但现实中，增加的货币供给往往不能对应货币需求。

在信用货币机制下，一方面，风险偏好下降的企业和个人的信贷需求下降；另一方面，信贷供给一般是锦上添花而非雪中送炭，相对于财务状况比较好、抵押品价值比较高的企业和个人，那些面临财务困难的不容易获得银行贷款。结果是增加的货币供应落到增长已经比较快的行业（如泡沫上升期的房地产），带来相关的需求和价格上涨压力。这部分支出扩张可能抵消那些支出减少的行业和个人的影响，总需求不变，价格指数不变，但相对价格变化了，经济结构恶化了。结构扭曲最终不可持续，导致周期下行。

本章回顾了经济学主要流派对货币中性这个重要问题的思想渊源，为探讨货币和实体经济的关系提供了一个分析框架。过去30年，在新古典经济学和新凯恩斯主义的影响下，主流的观点是货币起码在长期是中性的，只影响物价总水平，而不是相对价格和资源配置。我们分别从总量和货币需求（凯恩斯的货币理论）以及结构和货币供给（奥地利学派）两个角度阐述为什么货币在短期和长期都不是中性的，前者强调货币需求（流动性偏好）影响资产配置，后者强调货币供给扭曲收入分配和经济结构。

在这里我们对不同流派的对错不做绝对的评判，任何理论都来源于实际，都针对当时的社会经济环境，只不过因为时空的变化，人们的关注焦点改变了。回顾这些理论的演变对我们理解和分析当前形势有帮助，货币非中性的不同视角和传导机制将贯穿本书的其余章节。在现代的金融体系里，广义货币主要是由银行信贷创造的，分析货币非中性离不开理解银行信贷增长的机制和运行规律，我们将在下一章论述货币供给的机制。

第二章　致第一个信用周期

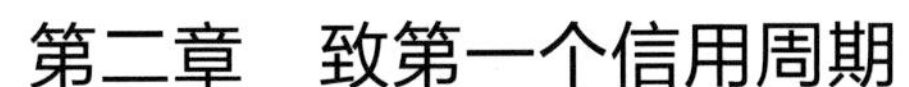

一个“好”的银行家，不是那些提前看见风险并成功躲避的人，而是那些当他被摧毁时，是和他的同类一起以平常的方式被摧毁，而没有人指责他个人犯错的人。

——凯恩斯（1931）

在第一章我们已经提到，虽然政府定义什么是货币，但在现代金融体系里，流动性（货币）主要源自银行对非银行部门的信贷投放，信用货币自有银行以来已经存在了300余年。信用是现代经济发展不可缺少的一环，起到平滑消费、便利投资、管理风险的作用。但信贷也意味着债务，债务总量过大带来发展不可持续的问题，信贷投放也可能扭曲结构，导致经济的周期波动。

自20世纪80年代以来，信用周期在全球范围内明显放大，这是因为金融自由化和全球化带来了金融深化，信用快速增长，银行业的规模大幅扩张。在此期间，金融危机发生的频率增加了。在这之前，即"二战"后的30余年里，金融受到管制（金融压抑），经济周期的波动主要和通胀联系在一起。而再往前，金融自由化和全球化也和信用快速扩张联系在一起，最终导致1929年的美国股市崩盘。回顾西方过去100多年的经济发展史，金融危机或者由金融波动导致的经济大起大落，更多发生在金融自由化的时代，一个重要的载体就是信用。

在我国，随着市场经济的发展，信用的作用越发重要。为了应对全球金融危机的冲击，银行信贷扩张成为宏观政策放松的主要载体，导致一个重要的转折点，使得银行信贷在过去十年成为广义货币增长的主要来源。信用增长对应债务负担上升，企业部门的高杠杆成为现阶段的金融风险点。面对经济增长下行压力，信贷在 2015~2016 年再次超预期增长，一个新的特点是住房按揭贷款占新增贷款的比重提升，债务和房地产的联系更加紧密了。

驱动信用波动的机制是什么？对宏观经济有怎样的影响？本章从信用投放货币的视角入手，解释区分信用和货币的重要性。过去几十年的一个流行误区是把信用等同于货币，很多对宏观经济和金融问题的认知偏差即源于此。另外，和一般经济周期波动相比，信用的周期波动有其特殊性，体现在总量和结构两个层面上。

一、信用不同于货币

人类学研究中有学者认为，信用在原始部落内部交易中的作用比货币出现得更早。[①] 现代金融体系中，货币和信用紧密相连，以至于在很多语境里，人们把货币和信用等同起来。但货币与信用有重要的差别，影响我们对金融和实体经济关系的理解。2015~2016 年中国的银行信贷大幅扩张，不少评论认为这加剧了货币超发的问题。这对经济的含义是什么呢？我们应该从信用还是货币的角度来分析这个问题呢？

货币需求与信贷需求的差异

从货币的储值功能看，货币在时间上转换购买力，货币需求增加意味着把现在的购买力推迟到以后。对个人和企业来讲，增加货

① Graeber, D.（2011）. Debt: The First 5000 Years. Brooklyn, NY: Melville House Publishing.

币的持有量需要通过减少当前的消费和投资或者变卖现有的资产来实现，广义货币需求增加往往和消费以及投资疲弱联系在一起。

当然，还有一种可能，经济活动扩张，对货币作为支付手段的交易需求增加。这更多体现在现金与活期存款增加上，也就是 M1 增速加快。因为活期存款利息低，M1 扩张主要反映交易需求（而不是储蓄需求）。2016 年以来 M1 增速超越 M2，引起很多讨论。总体来讲，两者的“剪刀差”反映了交易活跃度的提升，这种交易需求既可以是消费和实体投资，也可以是资产和金融交易（见图 2.1）。

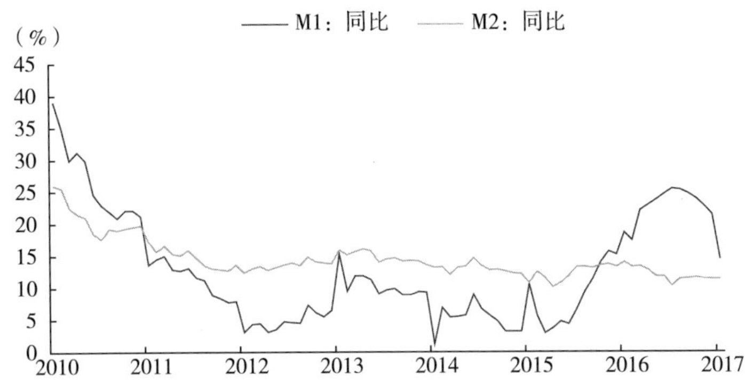

图 2.1 中国 M1 与 M2 增速 2016 年出现“剪刀差”

资料来源：Wind，作者整理

从信用的角度看，贷款把未来的购买力转换为当期的购买力，贷款需求反映了投资和消费支出计划，很少有人借贷款就是为了把钱存在银行（贷款的利率比存款的利率高）。从这个意义看，信贷和 M1 快速增长发出的信号是一致的，都反映了交易活跃度的提升。但是信贷的前瞻意义更强，因为贷款获得的资金一般不会马上花完，可能被用来支持未来几个月甚至更长一段时间的支出。2016 年信贷大幅扩张对 2017 年的经济增长有支撑作用。但是，贷款也意味着债务负担增加，消耗未来的购买力，不利于中期（2018~2019年）的增长。

本位币与信用货币的差异

广义货币有两部分：流通中的现金（一般是政府或者央行发行的硬币和纸币，也就是本位币）和非银行部门（家庭和企业）在银行的存款（本位币的衍生品）。本位币是政府（央行）的负债，银行存款是银行的负债。在现代金融体系里，现金只占广义货币的一小部分。截至2016年底，广义货币M2总量为155万亿元人民币，其中流通中的现金只有6.8万亿元，占总量的4.4%。在部分准备金制下，贷款创造信用货币，后者占据广义货币的大部分。

那么本位币和信用货币（存款）有什么差别呢？首先是兑换上的差别。政府发行的货币是不可兑换的，其本身就是记账单位，1元纸币永远都是1元。我们不能因为担心货币要贬值而找中央银行把纸币换成商品，纸币的贬值只能体现在物价上涨上。但银行存款有兑换问题，正常情况下银行存款与政府发行的本位币是可以相互兑换的（比如从银行提取现金），但如果银行破产了，存款持有人就不能把存款足额转化为本位币。2013年3月塞浦路斯发生银行危机，最后只有小额存户受到保障，大额存款持有人遭受损失。也就是说，政府发行的本位币太多，通过其购买力下降（通货膨胀）来消化，而信用货币投放太多，可能通过信用货币名义值的消失来消化，后者可能和金融危机联系在一起。

其次，我们需要关注政府财政投放货币与银行信用投放货币对需求影响的差异（见图2.2）。政府的支出一般是用于当期的消费或实体投资（建设新的资产），财政过度扩张意味着占用太多的资源，导致物价上升。“二战”后，西方国家政府采取金融压抑的措施，包括利率水平管制、资本账户管制和流动性比例要求促使商业银行持有政府发行的债券，货币通过政府支出投放到市场，为财政扩张创造了条件，带来通胀问题，这在一些发展中国家尤为突出。①

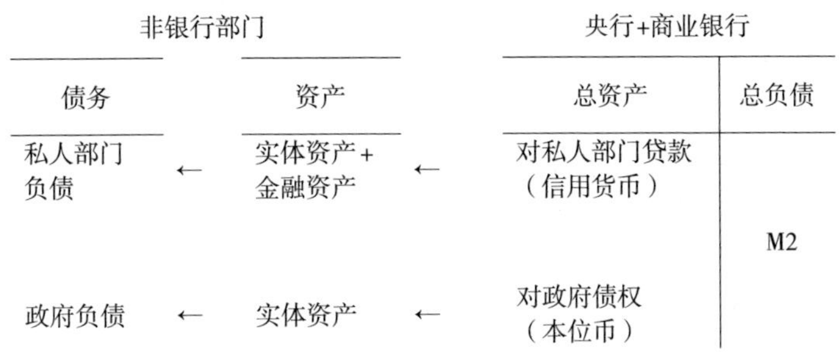

图 2.2　财政与信贷投放的不同含义

资料来源：Wind，作者整理

经历 20 世纪 70 年代的高通胀后，财政赤字货币化受到限制。在金融自由化推动下，商业银行对私人部门的信贷逐渐成为广义货币增长的主要来源。私人部门从金融机构借的钱不一定都用于当期的消费和新建资产的投资，也可能用于已有资产的二手交易，比如购买土地、房产、股票等。信贷扩张带来的不一定是通胀，可能体现为资产价格的上升。过去十几年美国的信用扩张和资产泡沫历程是一个典型案例，而其他国家也都存在类似的问题。

最后，本位币和信用货币的差别还在于对私人部门净资产的影响。政府发行的本位币是政府的负债，私人部门的资产，其扩张代表私人部门净资产增加，银行创造的信用货币（银行存款）虽然是

① Sikken, B. and Hann, J. (1998). Budget Deficits, Monetization, and Central Bank Independence in Developing Countries. Oxford Economics Papers, Vol. 50, Issue 3, pp. 493-511.

家庭和企业部门的资产，但贷款是家庭和企业的负债，信用货币的增加不带来私人部门净资产的增加。这种差异意味着，与信用货币相比，本位币投放带来的通胀风险较大，而金融风险较小。

净资产视角的延伸就是货币供给的内生性与外生性之争。①信用货币受经济活动以及金融机构的行为的影响较大，其内生性体现在三个方面。一是虽然央行可以通过改变银行的超额准备金来调控银行体系的可贷资金，但其对银行信贷的影响可能被其他因素抵消，比如经济疲弱的时候，信贷需求弱或者银行惜贷。二是私人部门的货币需求主导货币量的变化，央行被动地满足私人部门的货币需求。假设私人部门风险偏好下降，流动性需求上升，这时候央行如果不增加货币供给，利率就会上升，不利于增长。三是央行的最后贷款人角色，使得其在控制货币供应的量上受制于维护金融稳定的考虑。

总结以上的讨论，基本的结论就是通过政府支出投放货币，可能带来通胀问题，信用货币投放太多容易带来资产泡沫与金融风险，这是因为信用货币的可兑换性比本位币低，其扩张不增加私人部门的净资产，政策对其的可控性较低。在讨论货币的内生性时，人们往往强调货币供应不受央行控制，有的甚至把这和央行是否应该对货币信用过度扩张负责联系在一起。实际上，货币内生性凸显的是信用创造货币的复杂性。这意味着经济分析和政策设计需要充分考虑金融体系在经济中的作用，而不是像古典经济学那样把金融和实体分割开来。

---

① Gurley and Shaw（1979）提出，内生性货币是由私人部门持有的、不能对其净资产做出贡献的货币项目组成，外生性货币是由私人部门持有的、能对其净资产做出贡献的货币项目组成。

二、高储蓄导致信用扩张？

有了信用货币的视角，回到第一章提到的问题，我们可以更完整地理解中国近20年的M2/GDP持续上升。按照货币数量论，货币流通速度下降导致M2/GDP上升，但比较牵强，另一个解释是信用/债务扩张。这是否意味着债务负担带来金融风险呢？2016年底，M2/GDP的比例约为210%是否太高？有两派针锋相对的观点。

一派认为M2源于信贷扩张，其背后的含义是债务问题、金融风险问题。另一派认为这个问题不严重，中国的M2/GDP比例高有两个原因：一是储蓄率高，把储蓄转化为投资时，部分通过债务实现；二是我国是银行占主导的金融体系，储蓄转化为投资，主要靠间接融资（银行），而不像美国主要是靠资本市场。高储蓄加上间接融资（银行系融资），中国的M2/GDP比例高也就不足为奇了。

从表面来看，后一派似乎有道理，但存在对金融体系与实体经济关系认知上的偏差。高储蓄导致高负债是物物交换经济的逻辑，当没有货币时，一方的储蓄通过借款形成债权，同时另一方的负债增加，在这种债务的背后有实体储蓄的支持。举个例子，假设甲把自己吃剩下的玉米借给乙，乙的负债是和甲的储蓄对应的。如果乙把借来的玉米吃了，整个社会的净资产就没有增加，因为总储蓄没有增加，但债权/债务关系仍然存在；如果乙把借来的玉米用作种子，种植明年的玉米，则整个经济的净资产增加了（储蓄多了）。在这两种情况下，供给必然对应需求，储蓄对应投资，不存在生产过剩，也不存在投资过度，信用对应实体资源的转移，也就不存在过度负债的问题。

在现代金融体系，债务不是由储蓄创造的，而是由银行信贷创造的，银行发一笔贷款给客户，在其资产负债表上登记为资产端的客户贷款、负债端的客户存款，和实体资源的变动没有必然联系，可以说是凭空创造出来的。从整个经济来讲，信贷的量可能与储蓄相符，也可能与储蓄不符。相符是偶然的，脱节则是必然的，一段时间信用过度扩张几乎是市场经济不可避免的规律，这是因为信贷创造的货币在短期内会造成一个假象，使人们相信自己所处的经济环境确实是由储蓄增加带来的。在个体层面，短期内难以区分是银行贷款还是真实的储蓄导致房地产价格上升、股票价格上升或投资需求增加。当然，脱离实体资源的债务累积最终不可持续，过度信贷的后果往往是信贷紧缩，这就是信用周期。

总之，高储蓄和间接融资导致 M2 高的观点是典型的物物交换经济的思维。那为什么在金融高度发达的时代还有人这样思考问题呢？实际上，过去几十年新古典经济学占主流，把货币金融看成实体经济的面纱，在宏观经济分析中占主导地位的动态随机一般均衡模型（DSGE）就没有金融体系的模块。在 20 世纪 90 年代，一些学者开始重视“信用渠道”在货币政策传导机制中的作用，认为信用起到金融加速器的作用。[①]但这部分文献也只是强调信用放大了利率作用于经济的效果，信用本身不是独立于利率影响经济的渠道。

全球金融危机后人们反思信用在经济中的角色：信用不仅起到放大器的作用，其本身就是导致经济波动的因素。这当然不是什么

---

① Bernanke, B. S. and Gertler, M. (1995). Inside the BlackBox: the Credit Channel of Monetary Policy Transmission. Journal of Economic Perspective, Vol. 9, pp. 27-48.

新的思想，在新古典经济学之前，经济学就有强调信用的独特作用的传统，代表性的人物包括早期的熊彼特、哈耶克、凯恩斯以及明斯基，这些学者在经济学其他方面可能有根本性的观点分歧，但其共同点是认同信用的重要性，认为信用周期波动导致经济波动。①

简单来讲，信用周期理论包含几个要素。第一，信用可以和实体经济脱节，信贷由银行凭空创造出来。这和古典经济学对银行的认知不同，古典经济学用“可贷资金模型”来描述银行的行为，即银行是把储蓄转化为投资的中介，实体资源是信贷扩张的自然限制。第二，信用创造的货币不仅可以支持消费和实体投资，也可以用作购买资产，其速度扩张既可能体现在通胀上，也可能导致资产价格上升。第三，资产负债表的平衡意味着信贷带来债务，而债务不能无限增加，其不可持续性最终形成债务通缩压力。信用带有顺周期性，起到延长经济周期的效果，在这个过程中，银行的角色很特殊，理解银行在现代经济中的功能是关键。

三、顺周期性和银行的特殊角色

顺周期性是指在时间维度上，信贷与实体经济之间的动态正反馈机制，放大繁荣和衰退的波动幅度。这种顺周期性体现在贷款的供给与需求两个方面。

顺周期的机制

从需求看，贷款受经济景气程度的影响。经济景气的时候，人

① Gilchrist, S. and Zakrajsek, E. (2012). Credit Spreads and Business Cycle Fluctuations. American Economic Review, 102 (4), pp. 1692-1720.

们预期收入增加，贷款把未来增加的收入转化为现在的购买力，支持当前的消费。同理，经济好的时候，企业利润率增加，给定资金成本利率，可以通过贷款投资来扩大生产规模，增加利润。另外，销售收入增加改善企业的现金流，降低违约概率，减少外部融资的风险溢价。经济不景气的时候则相反，消费和投资需求下降，对融资的需求也下降。

从信贷供给看，经济环境的变化影响银行对风险的认知和定价，进而影响贷款的能力和意愿。贷款违约率具有明显的周期性，在经济高涨期，贷款违约率较低；而在经济衰退期，贷款违约率较高。贷款违约率的变化影响银行对风险的评估，进而影响坏账拨备和资本充足率的变化。拨备针对的是可预期的坏账损失，资本充足率针对的是不可预期的损失。从更广层面看，银行贷款质量评估依赖于银行的内部评级体系、外部评级和信贷风险模型，而这些都存在顺周期、短期性的特征。美国次贷危机爆发后，几大国际评级机构因在繁荣时期对违约风险的低估而饱受诟病。

很多国家的经验显示，在经济繁荣期，银行对坏账的拨备下降，利润上升，同时，资本充足率上升，提高银行放贷的能力和意愿。银行的盈利水平及经营状况改善，也降低其外部筹集资本的成本，放大贷款资金的来源。在这种情况下，银行的信贷标准放松，贷款的可得性较高，银行要求的利率较低；而在衰退期，相关要求正好相反。通俗地讲，顺周期性就是指银行更愿意做的事是锦上添花而非雪中送炭。

信息不对称问题

当然，很多行业都有顺周期的特征，但有几个因素使得银行信贷的顺周期性更为特殊。

第一，信息不对称，对一个投资项目的可行性的认知，贷款人（银行）相对于借款人来讲处于劣势，结果是贷款的额度受到限制。[①] 怎么降低信息不对称带来的限制？借款人向银行提供抵押品，如果贷款还不了，银行处置抵押品起码可以减少损失。抵押品起到了替代信息的作用，但一个问题的解决是以另一个问题的出现为代价的，那就是抵押品价格波动影响借款人的借款能力和银行的贷款意愿，加剧了银行信用的顺周期性。

第二，由于信息的缺乏，银行的行为有羊群效应的特征。投资者难以判断银行的财务健康状况，比如估算银行的坏账率永远是一个难题。有不少人认为官方的数据低估了中国银行体系的坏账率，但外界又没有任何人有足够的信息可以进行准确测算。其他国家也存在同样的问题，次贷危机前很少有人认识到美国银行体系遇到的大麻烦。信息不透明加上竞争压力促使银行采取策略性的行为来提高市场声誉，比如通过扩张资产负债表规模来增加利润。从单个银行来讲，这种行为是理性的，但如果大家都这样做，加总起来就是非理性的了。

在经济和市场繁荣的时候，所有银行都不愿意落下，大家都扩张规模，到经济不好的时候又挤在一起处理坏账，紧缩信贷。在美国的泡沫破裂前，花旗银行时任总裁查克·普林斯（Chuck Prince）在 2006 年的一次讲话中说，“音乐还在响，你得站起来跳舞，我们还在跳舞”，就是对这种羊群效应的描述。个体理性行为带来不好的

① Bernanke, B. S., Gertler, M. and Gilchris, S. (1996). The Financial Accelerator and the Flight to Quality. The Review of Economics and Statistics, 78 (1), pp. 1-15.

外部性，加大总量的信用周期波动。

铸币税的刺激作用

另一种形式的外部性和银行贷款创造货币有关。投资者和消费者有流动性偏好，银行贷款创造的流动性资产满足了这种需求。传统的理解是，银行的功能是把储蓄转化为投资，背后的假设是先有储蓄，通过金融中介把它转化为投资。但从信贷创造货币的角度看，现代金融体系是反过来的，银行先创造信贷，信贷转化为老百姓手中的存款，即流动性资产。按照储蓄转化为投资的模式理解，银行赚取的利差（贷款利率高于存款利率的部分），是银行识别风险、寻找好项目所获得的报酬。

按照信贷创造流动性的模式，利差不仅是银行识别贷款风险的回报，还包括银行提供流动性获得的收益，大众为了把一部分财产放在安全性和流动性高的资产上，愿意接受比较低的利率，因此放弃的收益就由银行获得了。这实际上是一种铸币税，传统意义上的铸币税，即发行现钞的铸币税由政府获得。银行存款（广义货币）的铸币税是被银行体系拿了，导致银行有不断扩张信贷获得更多铸币税的冲动。

但个人和企业的流动性资产（货币）就是银行的流动性负债，而银行的资产期限较长，导致期限错配问题。也就是说，在信用周期中，银行的特殊角色在于使用贷款创造货币，银行的资产负债表扩张意味着期限错配增加，银行体系起到期限转换的作用，而正是这个角色使得银行的行为呈现顺周期性并带来金融不稳定风险。怎么解决上述外部性的问题呢？其中一个办法是政府的公共政策干预，对银行存款提供显性的或者隐性的担保，代价是银行必须接受政府的监管。也就是说，银行创造的流动性带有一定的公共品性质，在政府担保的情况下，银行作为商业机构必须接受监管。监管越放松，银行受到的管制越少，越容易发生金融危机。

四、信用周期的总量视角

信用的顺周期性如何影响宏观经济呢？以凯恩斯的货币经济理论为基础的明斯基学说从总量的角度阐述信用周期的内在机制：信用和资产价格通过资产负债表把金融和实体经济联系起来，信用有过度扩张的趋势，而其最终的萎缩对金融体系和更广的经济产生很大的冲击。危机后美国经济学家海曼·明斯基的名字成为大众媒体的热点。这是因为明斯基的“金融不稳定理论”似乎是美国次贷危机的完美预言，他认为资本主义市场经济内生金融不稳定，金融危机难以避免。这和危机前30年的主流学说“市场有效论”形成了鲜明的对照。

从凯恩斯到明斯基

明斯基认为他的研究是对凯恩斯《就业、利息和货币通论》精髓的解读，主要包含在其两本代表作里——1975年出版的《凯恩斯》和1986年出版的《稳定不稳定的经济》。明斯基深入分析了泡沫和金融危机发生的机制，认为经济的周期波动不是源自外部冲击，而是源自内在波动。而内在波动方面，他强调信用（负债）在经济中的核心地位，经济的不稳定主要来自金融的不稳定。

明斯基的学说建立在凯恩斯的货币理论基础之上。如第一章所述，凯恩斯强调货币作为记账单位和流动性在资产配置中的作用。

在这个模型中，实体和金融资产都产生收益，也有持有成本，具有不同程度的流动性，资产价格取决于其未来产生的收入和现在具有的流动性的相对价值，流动性越高的资产其价格越低。人们在做资产配置（包括实体资产）时，面临不确定的环境，心理预期（动物精神）使得个体追求最大利益的行为有时候在总体上呈现为过度乐观或过度悲观。

资产/负债关系实体与金融

明斯基从资产负债表出发，把凯恩斯的货币非中性理论放在了一个条理分明、传导机制清晰的分析框架之下。他把经济划分为家庭、非金融企业、金融机构和政府四个部门，其资产负债表相互联系。负债代表对支付的承诺，资产代表预期收入，用负债购买资产，负债的利息就是持有成本，资产的收益是其产生的现金流。过去累积的负债带来现在和未来的现金支付，过去累积的资产带来现在和未来的现金收入，这些现金收入与支出和四个部门对商品和服务的需求/供给联系在一起。资产负债表把昨天、今天、明天联系在一起，把金融和实体联系在一起。实体经济和金融不可分割，这和新古典经济学的实际商业周期理论形成了鲜明的对比。

在这个框架下，信用导致资产和负债存量变化，在流量上可以看作今天的“货币”（流动性）和未来的“货币”的交换。如果一个资产产生的现金流不能抵消相关负债带来的支付要求，坏账就会产生。明斯基区分三类不同的债务人，对冲型（hedge）、投机型（speculative）和庞氏型（ponzi）。对冲型或稳健型债务人，其资产产生的现金流（加上其他来源的现金流，如工资收入）足以覆盖负债带来的现在和未来的利息和本金偿付。

投机型债务人的现金流足以支付债务的利息，但不足以偿还本金，此类债务人需要依靠债务展期（refinancing）即借新还旧来维持债务的可持续性。借新还旧的条件取决于当时的市场状况，所以有一定的不确定性。银行是典型的投机型债务人，其负债和资产的期限错配使得其现金流有一定的不确定性，所以需要一个机构（通常是中央银行）承担最后贷款人的功能，在某些情况下给在市场再融资有困难的金融机构提供流动性支持。

庞氏型债务人的现金流不仅不能覆盖本金的偿还，而且连支付利息都不够，需要借新债覆盖全部或部分利息（也就是利息的资本化）。明斯基列举的一个庞氏型债务人的例子是房地产开发金融，其现金流在项目完成销售后才产生，在这之前，往往需要用新的负债带来的现金流偿还旧债的利息，如果项目不能及时完成或者销售不理想，就会带来很大的麻烦。房地产开发企业虽然可以通过发新债来维持利息偿付，但其净资产会随之下降，也就是说，对债权人的保障下降，其通过融资将利息资本化的空间会越来越小。在私人部门，庞氏融资是有限度的、脆弱的。

稳定带来不稳定

在一个经济体，如果对冲型（稳健型）投资者的比例越高，其系统的稳定性就越高。相反，如果投机型和庞氏型融资的比例越高，经济体系就越趋向不稳定。结合上述的银行信贷和资产价格的顺周期动力，市场经济体系有内在的不稳定机制，也就是早先的稳定必然导致后来的不稳定。

在繁荣的初期，经济中的融资以对冲型（稳健型）为主，随着投资获利的增加，人们变得更乐观，更愿意通过负债获得资产，信用和房地产价格相互促进，经济中投机型和庞氏型融资的比例提高，整个体系的脆弱性增加。一旦融资成本（利率）上升，可能是因为政策紧缩或者其他外生的冲击，则投机型融资变成庞氏型，而原本庞氏型债务人的净资产很快蒸发。在这种情况下，债务人被迫减少开支、抛售资产以还债，导致资产泡沫破裂（称破裂的时刻为明斯基时刻）、信用紧缩，经济步入衰退期。

明斯基的理论是对凯恩斯解释大萧条的理论的衍生和升华。在1929年美国股市大崩盘之前，越来越多的人借钱炒股票，庞氏型投资者快速增加，整个社会的投机气氛很浓，美联储加息成为泡沫破裂的导火索。明斯基的理论对解释美国20世纪80年代末的储蓄和贷款危机以及90年代初的北欧国家的银行危机都具有启发意义，但因为这些危机对全球经济的冲击不是很大，所以没有引起主要经济体政策当局和市场的足够重视。在21世纪头几年的美国房地产泡沫形成过程中，次级房贷以及影子银行活动涉及的一些不稳健的融资工具过度扩张，信用和房地产价格相互促进，最终以泡沫破裂和债务危机收场。

五、信用周期的结构视角

全球金融危机后从结构的角度探讨金融导致经济不稳定的机制的奥地利学派被重新审视。实际上，信用周期（credit cycle）这个词首先出现在奥地利学派的文献里，是其经济周期理论的重要组成部分。奥地利学派强调信用投放货币是不平衡、有先有后的，带来商品的相对价格变化，影响收入分配和实体经济的资源配置。

信贷影响商品的相对价格

假设经济原本在一个均衡（资源有效配置）状态，生产结构反映了消费者的时间偏好，后者决定资源如何在生产消费品和投资品（为了生产更多的未来的消费品）之间分配。然后，假设其他条件不变，银行信贷扩张，一部分企业用获得的流动性购买机器设备和中间产品，增加投资。这个时候商品的价格还没有变化，这些得到银行信贷的企业占得先机，用增加的资金竞争资源，结果是原本用于生产消费品的资源部分被引导到生产投资品。投资需求增加带来投资品价格上升，而消费品价格不变甚至下降，投资品相对于消费品的价格上升。

与此对应的是再分配效应，银行得益于贷款带来的利息和相关费用，拿到贷款的企业和行业实际收入增加，相关的生产投资品的行业也有所收益，但下游的行业，尤其是生产消费品的行业的实际收入下降（因为它们要在更高的价格购买生产需要的原材料和中间产品）。在一段时间内，投资拉动 GDP 增长，经济呈现繁荣的景象。

在这个过程中，消费者的时间偏好并没有变化，储蓄率也没有变化，银行贷款给企业家带来储蓄增加的假象，提升投资。随着时间的推移，由于投资占用了生产消费品的行业的资源，消费品供应不足，消费品价格开始上升。进而由于消费品供应减少，人们的时间偏好增加，更注重当前的消费而不是未来的消费，也就是储蓄率下降，均衡利率上升。储蓄率下降、消费品价格上升开始引导资源回流消费品行业，投资品行业呈现产能过剩。

在中国，有一个现实的例子，房价的上升可能促使部分年轻人减少消费、增加储蓄，以购买住房，但这可能违背了其时间偏好

（真实的消费需求）。高房价带来越来越多的强迫储蓄问题，从长远来看，这种资源配置扭曲难以持续。

以上描述的是一个结构视角的信用周期的基本机制，一段时间的信贷扩张增加了投资，虽然加快了总体经济增长，但带来扭曲的产业结构和收入分配。这些结构扭曲违背了消费者的时间偏好，最终是不可持续的，经济体有内在的纠错机制，导致投资放缓、经济衰退。不断的信贷扩张会阻碍或者放缓经济内在的调整，延长繁荣的时间，但信贷刺激的时间越长，累积的扭曲就越大，最终的衰退也就越剧烈。

对大萧条与大衰退的解释

奥地利学派的信用周期理论的形成期在 20 世纪前 30 年里，其对 1929 年股市崩盘和其后的大萧条的解释是银行信用在 20 世纪 20 年代过度扩张，导致经济结构失衡，虽然在一段时间内经济呈现繁荣的状态，但这是不可能持续的。两个因素支持了美国当时的信用扩张。

第一，第一次世界大战重创欧洲，美国得益，黄金大量流到美国，在金本位体制下，这意味着美国的基础货币（本位币）增加，在部分准备金机制下，导致银行信用扩张。

第二，在 1913 年成立的美联储使得美国有一个中央银行发挥最后贷款人功能，为银行的流动性提供了新的保障机制，使得银行降低准备金率，而不必担心存款人挤兑。当时，有乐观的观点甚至认为，美联储的建立彻底消灭了银行危机。基础货币的增加和准备金率降低结合在一起导致银行信贷快速增长，带来过度投资和经济失衡。最后，存款人开始担心银行尤其是小银行的健康，兑换黄金的需求增加，银行被迫紧缩信贷，形成一个向下的恶性循环。

过去30年，时空环境发生了很大变化，布雷顿森林体系在20世纪70年代初崩溃后，全球货币体制演变成以政府发行的纸币为本位币的体系，基础货币供应的弹性大幅增加，同时央行的最后贷款人角色、存款保险制度或政府担保不断完善强化，使得银行的流动性风险下降，提高了银行扩张信贷的能力。这些货币体制的变化增加了中央银行与政府通过货币放松刺激经济的空间，结果是靠信贷支撑经济繁荣的时间比过去长了，但累积的失衡也比过去深了，这是现代的奥地利学派对全球金融危机后经济大衰退的解释。

两派之争

总体来讲，比较奥地利学派与凯恩斯、明斯基的信用周期理论，有三个方面的差异值得关注。

首先，明斯基强调信用（负债）和资产价格的相互促进，资产泡沫及其破裂对金融体系和经济产生很大的冲击，而奥地利学派更多强调实体经济不同部门之间的失衡和与此相关的资源配置的失效。如果对照中国的情况，冒着过度简化的风险，我们可以说明斯基学说注重房地产泡沫和背后的负债的可持续问题，而奥地利学派强调过度投资、无效投资、产能过剩等结构失衡问题。

其次，凯恩斯强调货币需求（流动性偏好）变化影响资产配置的传导机制，货币供给更多地被看作外生变量、政策变量，而奥地利学派强调货币供给机制对经济的不平衡的影响。这个差异和两派世界观的根本分歧有关，凯恩斯认为市场有可能持续偏离均衡，需要政策（包括货币供给）的干预，奥地利学派认为问题就出在货币供给方面。这两派观点如此对立，谁对谁错呢？其实没有绝对的对与错。这两个理论在不同程度上都有助于我们分析金融体系对经济可能带来的扭曲影响。

最后，奥地利学派认为下半场的调整是市场出清，主张政府不应该阻碍这个过程。大萧条带来大量失业，甚至威胁到资本主义体制的生存，在这个大背景下，主张政策不作为显然不受欢迎，这也是战后的几十年中，奥地利学派受到冷落的原因。奥地利学派近几年反对美联储等主要央行在危机后大幅放松货币政策的做法，认为其不能解决根本问题，只会加剧收入分配差距和资源配置的不平衡，不断的货币刺激的最后结果将是通胀失控甚至纸币货币体系的崩溃。虽然奥地利学派应对金融危机的政策主张有很大争议，难以被现今的各国政府接受，但其关于信用和货币投放扭曲经济结构的理论对我们分析当今的经济问题仍有借鉴意义。

六、中国信用周期的总量与结构含义

在金融压抑的时期，信用周期不存在或者不明显。在计划经济为主的年代，中国人民银行既是中央银行又是商业银行，其资产负债表扩张是货币增长的唯一来源。不仅流通中的现金，居民和企业的银行存款也是中央银行的负债，对应的是政府的信用债权。这个时期当然不存在信用周期，也不存在金融风险，但有政府投放货币超过实体资源供给的问题，导致通货膨胀。

全球金融危机开启中国的信用周期

在经济体制改革和开放的过程中，中国版的金融自由化可以说是从商业银行和中央银行功能分离开始的。在早期，商业银行的信贷行为还是和政府紧密相连的。从 20 世纪 80 年代开始，国有企业的外部资金来源由财政拨款逐渐改为银行贷款，目的是增加国企的预算约束。那个时期，银行对国有企业的贷款有相当一部分是支持国企改革的结果，还谈不上是真正的商业行为。

到了 20 世纪 90 年代中期，贷款形成的债务成为国企的沉重负担，贷款坏账也成为威胁银行体系转型的重要障碍。政府成立了四大资产管理公司剥离和处理银行的坏账，[①] 当时，国企和银行都是国有独资的经营主体，对政府来讲是左口袋和右口袋的关系，处理起来相对比较简单，减轻了国企的债务负担，同时改善了银行的财务状况。那一次的银行信贷扩张，坏账形成到处理还算不上真正意义的信用周期，因和果都是由政府和国有部门主导的。[②]

从 20 世纪 90 年代末开始的一系列重大经济和金融改革极大地促进了中国经济的市场化，包括加入世界贸易组织，从福利分房到货币购房的住房制度改革，银行和国有大型企业改制上市，利率市场化和资本账户管制的逐步放松。这些改革使得市场因素在贷款的需求和供给中发挥了越来越大的作用，促进了经济运行效率的提高。同时，市场环境下驱动信用周期波动的力量也在增加。

在 21 世纪初的头几年，一个特殊的因素抑制了银行信贷的扩张，外汇占款投放的货币贡献了 M2 增量的一半左右，为了控制广义货币总量的增长，央行采取政策措施控制信贷扩张。全球金融危机后，外汇占款大幅放缓，信贷扩张成为支持总需求和货币投放的主要渠道，信贷快速增长，中间虽然有所放缓，但 2015~2016 年再次

① 黄志凌. 当前中国资产管理公司的若干关注焦点[J]. 金融研究，1999（9）.

② 易纲，宋旺. 中国金融资产结构演进：1991~2007[J]. 经济研究，2008（8）.

加速。可以说我们处在第一个真正意义上的信用周期中，这个周期始于 2008 年应对全球危机带来的信贷扩张。

总量视角

我们可以从中央银行和商业银行的资产负债表的结构变化来观察银行信用的演变。把中央银行和商业银行的资产负债表并表，我们可以得到整个银行体系的资产负债表（见表 2.1），在此基础上，M2 对应的资产可以归为三大类：对家庭和企业部门的债权（简要讲就是银行发的贷款），对政府的债权，持有的境外资产也就是外汇占款。

表 2.1　银行体系的资产负债表

存款性公司（央行和商业银行）	
总资产	总负债
对非金融私人部门债权（信贷）	M2（广义货币）
对政府债权	
——美国危机后投放货币的重要渠道	
对外资产	资本金
——中国过去投放货币的重要渠道	

资料来源：作者整理

2009 年之前外汇占款和贷款对 M2 增长的贡献平分秋色，在这之后推动 M2 增长的主要因素变为银行信贷。外汇占款的下降反映了全球金融危机后经常项目顺差减少和资本流入放缓。银行贷款则从 2008 年的不到 5 万亿元增加到 2009 年的接近 10 万亿元，2010 年后信贷增速下降并回复至历史平均水平，但近几年又反弹到高位。

上述的变化在中央银行和商业银行的资产负债表上可以体现出

来。反映外汇占款的影响，中国央行的总资产对 GDP 的比例在 21 世纪头几年持续上升，在 2009 年达到顶点，随后转向并持续下降。而商业银行体系总资产对 GDP 的比例在 2009 年之前的几年维持在约 200%的水平，从 2009 年开始上升，在 2016 年达到 290%（见图 2.3）。

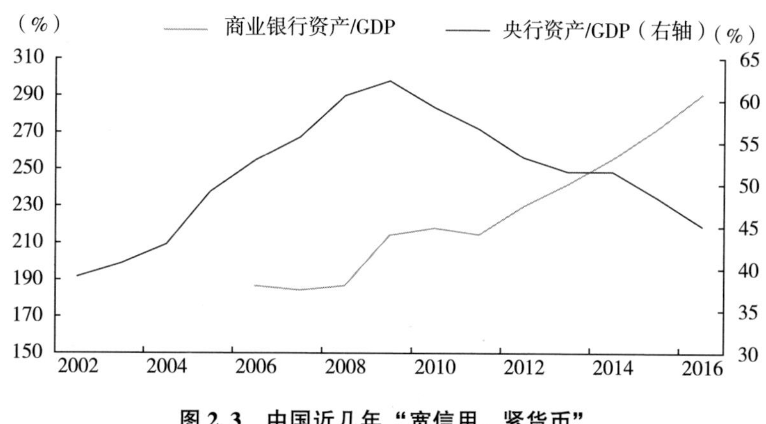

图 2.3　中国近几年“宽信用、紧货币”

资料来源：Wind，作者整理

这和美国近几年的情况正好相反，金融危机前，美国商业银行资产对 GDP 的比例持续上升，危机后的几年显著下降，企稳后小幅反弹（见图 2.4）。美国央行的总资产对 GDP 的比例从危机前的平稳转为危机后的大幅上升，反映美联储购买长期国债和按揭支持债券的量化宽松政策。近几年的情况可以总结为：美国是“紧信用（商业银行资产负债表收缩）、松货币（央行资产负债表扩张）”，中国是“宽信用（商业银行资产负债表扩张）、紧货币（央行资产负债表收缩）”。

上述的信贷扩张，主要投向国有部门（包括地方政府）和房地产行业，而且地方政府和国有企业是房地产市场的重要参与者。和

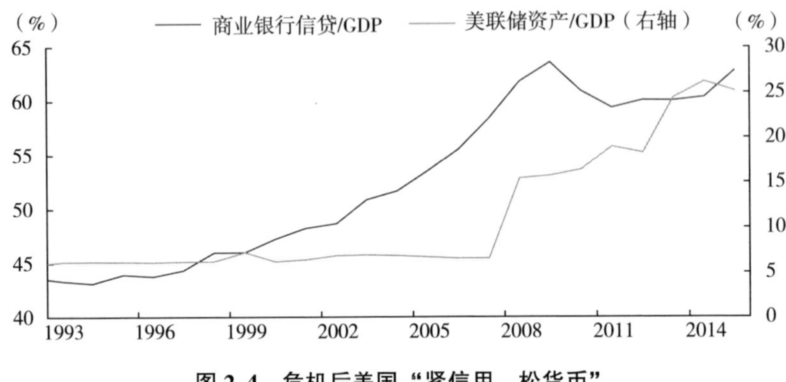

图 2.4　危机后美国“紧信用、松货币”

资料来源：Wind，作者整理

其他国家的信用周期的经验类似，中国的信用扩张和房地产的繁荣紧密相连。虽然难以计算投机型和庞氏型融资的量和比重，但有一些指标显示总体的债务偿还风险在增加。随着广义信贷对 GDP 的比例持续上升，每年用于偿还债务本息的资金占社会融资的比例已经接近 90%（见图 2.5）。

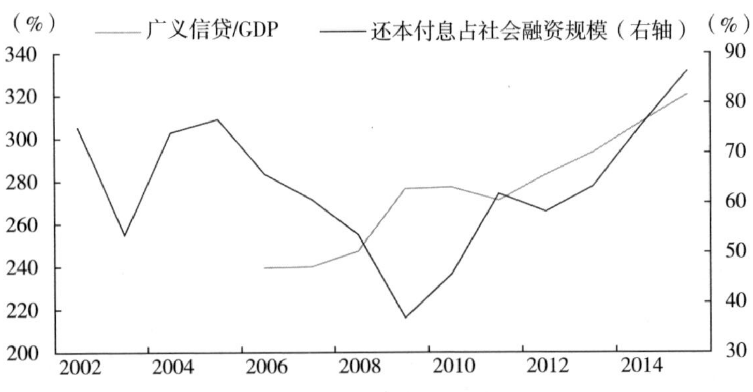

图 2.5　偿还债务本息负担快速增加

资料来源：Wind，作者整理

未来信用周期如何演变？其他国家的经验显示，高负债和高房价的压力意味着银行信用和房地产市场进入调整阶段将难以避免。这种调整是温和渐进的还是急剧的，中国会不会出现某种形式的金融危机，取决于多方面因素，包括财政货币政策、监管政策以及外部环境的变化。我们将在本书的其他章节从不同的角度来分析未来发展的可能路径和政策含义。

结构效应

除了总量视角，我们还应关注中国的信用周期对经济结构的影响。传统上大家主要是从总量的角度看待货币增长方式的变化，比如外汇占款带来的流动性扩张对货币总量调控的挑战，其实货币的投放方式影响资源分配，进而影响经济结构。

我们先从外汇占款说起。企业与居民在外汇市场卖美元，央行为了稳定汇率买美元卖人民币，结果使私人部门的人民币存款增加，在央行的资产负债表上体现为对外资产（外汇占款）增加。1992～2002 年外汇占款增量占 M2 增量平均比重仅为 12%，而 2003～2009 年相应的比重高达 43%。

外汇占款投放货币的第一站是出口企业和外商投资企业，两者的共性是制造业，从两个方面促进了“中国制造”的发展。在货币投放的初期，一般商品和服务的价格没有变化，与出口相关的制造业和外商投资的制造业以相对便宜的价格购买原材料和中间产品，以比较低的工资雇用工人。同时，贸易顺差和资本流入换来的人民币也意味着相关企业的融资条件改善，而不直接受益于外汇占款的行业和企业的融资相对偏紧。这是因为在外汇占款大幅扩张的情况下，央行通过控制信贷来限制 M2 增长，那些传统上依靠银行信贷的行业和企业就处于相对不利的地位。

伴随这个过程的是中国制造业的大发展，中小企业与外商在华投资快速增长，而传统的与出口无关的国有企业、服务业增长相对较慢。从相对价格来看，这个过程带来投资品、原材料价格相对于消费品价格上升，2008 年之前的几年，中国的 PPI 上涨率持续高过 CPI 通胀率。

私人部门持有的人民币流动性增加，除了促进生产性资本投资、带来制造业产能扩张以外，对金融资产包括房地产的配置也有影响。在风险偏好不变的情况下，流动性资产的上升促使投资者增加对风险资产的配置，包括股票、住房等。实际上，2007 年之前的几年，中国的房地产价格和股市价格都有比较大的涨幅。但这种上涨和货币的投放是一种间接的关系，不存在一种反馈机制，贸易顺差导致的人民币流动性投放促进房地产价格上升，但后者不会带来更多的贸易顺差和相关的外汇占款。

近几年来，在银行信用投放货币的模式下，首先受益的是地方政府融资平台、国有企业和房地产行业，刺激了基建投资和房地产开发投资，这些投资增加了相关的投入需求。其次受益的是上游行业，比如原材料、投资品与中间产品的生产行业，包括重工业。这些都体现为土地、租金、原材料等价格上涨，而下游的制造业、出口行业、消费品行业受到成本上升的挤压。另外，因为房地产是信贷的抵押品，房地产价格与信贷存在一个正向反馈机制，所以导致过度扩张的问题，我们也将在下面的章节分析信用周期和房地产泡沫对经济结构和收入分配的影响。

第三章　信用的价格——利率

回到 1936 年，银行利率只有 1/8 的 1/8 个百分点。我做了研究，发现那时 100 万美元的 90 天国债利息只有 37 美元，人们甚至懒得去要它。

——保罗·萨缪尔森（1996）

前面两章讨论了货币和信用在现代市场经济中的角色、其变动的内在规律和对经济更广的影响。作为储值工具，货币把今天的购买力推迟到明天，而通过借款的合约，信用把明天的购买力提前到今天，这两个交换都涉及价格，这个价格就是利率。理解利率波动的规律是分析金融周期的重要一环。

全球金融危机后，世界范围内利率大幅下降，发达国家尤甚。美国的短期利率降至零附近以后，美联储通过购买长期国债（量化宽松）降低长期利率，欧元区和日本更是在量化宽松之外实行负利率政策，货币政策长时间的极度宽松带来对资产泡沫和金融稳定的担心。随着经济复苏，美联储在 2015 年 12 月提升联邦基金利率 25 个基点，被认为开启了九年来的首次加息周期。随后美联储先后于 2016 年 12 月与 2017 年 3 月两次加息，但市场对其未来加息节奏的预期仍有较大的分歧。

中国的市场利率自 2014 年后显著下降，反映了人民银行降低基准利率和存款准备金率的影响，背后的推动力量是经济增长和通胀率的下滑。从国民收入统计数据看，自 2012 年以来，总需求（消费、投资、出口）增速持续低于 GDP 增速，尤其是 2015 年前三个季度，名义总需求增长只有 3%，而名义 GDP 增速在 6%以上。但自 2015 年下半年以来信用扩张加快，房地产价格大幅上升，央行对资产泡沫和金融风险的担心增加。随着经济增长在 2016 年下半年企稳，央行在2017年初通过公开市场操作引导利率上升。

利率到底由什么决定？怎样看待政策和市场力量的相对重要性？利率在经济周期和金融周期中的作用有何不同？本章探讨决定利率水平的因素、未来的走势及其金融周期的含义。

一、利率由什么决定

我们观察到的市场利率受两方面力量的影响：中央银行的货币政策和市场参与者的交易行为。一般来讲，短期利率由货币政策决定，主要是央行公开市场操作的结果，短端利率的变化通过市场参与者的预期传导到利率曲线中端和长端，形成无风险利率曲线。私人部门借款人面对的利率是无风险利率加风险溢价，货币政策操作可以通过调控无风险利率来抵消风险溢价的变化，或者间接影响风险溢价，以维持合适的融资条件。

央行之力

在传统的调控机制下，央行的政策操作对期限溢价和风险溢价的影响是间接的，有时候效率并不高。美联储在2004年7月至2006年7月把联邦基金利率从1%大幅提高到5.25%，但10年期国债收益率没有显著提高，而且低于联邦基金利率，长短端利率倒挂，这被当时的美联储主席格林斯潘称为“利率困惑”。格林斯潘本人在2005年2月的证词中指出：[①] 造成美国长期利率没有随联邦基金利

① Greenspan, A. (2005, February 16). Federal Reserve Board's Semiannual Monetary Policy Report to the Congress. Before the Committee on Banking, Housing, and Urban Affairs, U. S. Senate.

率上升的部分原因就是投资者的通胀预期下降，加之其他国家的中央银行大量购买美国的国债。

全球金融危机之后，在短期利率降到零附近后，货币政策在短端宽松操作的空间消失，美联储通过购买长期国债直接影响长端利率。我国央行近几年也通过政策工具的创新包括中期借贷便利、政策性再贷款等来影响中期利率。全球金融危机后的非常规货币政策凸显了央行的强大力量，似乎央行可以把利率引导到任何它认为合适的水平。

但长远来看，政策也是内生的，政策操作是应经济基本面变化的需要。央行引导市场利率朝着自然利率的方向变动，以达到物价稳定和充分就业的目标。自然利率是均衡的概念，在这个水平上资源实现有效配置，而资源配置是指实体资源的使用，比如劳动力就业，所以自然利率也是一个实际利率的概念，即名义利率减去人们对未来一段时间的通胀预期。

从微观层面看，不同商品之间的相对价格的变动引导资源配置，只要价格有足够的灵活性，能及时、充分地反映其供给和需求的变化，市场利率就处在自然利率的水平，经济体系处于一个充分就业的均衡状态。但因为有价格黏性、信息不对称等多种因素的影响，市场利率往往偏离均衡利率。央行的工作就是试图引导市场利率趋向均衡利率，但央行能否准确把握均衡利率水平是一个挑战，既有技术层面的问题，也有政策目标与取向的考虑。

可贷资金模型

自然利率是一个理论概念，观察不到。估算自然利率需要一个理论模型，先确定是什么因素决定均衡利率，然后才是可能的量化分析。利率理论反映的是对经济运行机制的认知，所以不同的经济学流派分析利率的框架也不同。古典经济学的利率理论是可贷资金模型（loanable funds theory），也是主流的分析利率的框架，即利率取决于资金的供给与需求，其中储蓄是资金的供给，投资是资金的需求。

什么因素决定储蓄和投资呢？人们的时间偏好（time preference）是影响储蓄的根本因素，时间偏好代表人的耐心，时间偏好越高，人的耐心就越低，也就是说，越注重当前的消费，储蓄率就越低。决定投资的主要因素是资本品的生产率，资本品的生产率越高，投资的需求就越强。对借钱投资的企业家而言，如果投资项目的回报率越高，其愿意和有能力支付的利息就越多。

在古典经济学的模型里，储蓄决定投资，先有储蓄，如果投资不足的话，利率就会下降，当下降到足够低的水平，就会刺激投资，使得投资和储蓄平衡。按照新凯恩斯经济学理论，价格在短期内有黏性，使得实际利率偏离自然利率，导致失业增加。假设出口因为外部的需求而放缓，总需求下滑，如果商品和服务的价格不能及时下降，就会带来未来一段时间通缩的预期，导致实际利率上升，在这种情况下，货币政策可以通过降低名义利率来抵消通缩预期的影响，使实际利率回落到自然利率水平。

时间偏好理论

奥地利学派的利率理论接近古典经济学，自然利率在解释经济周期波动中有重要作用。但奥地利学派认为自然利率只反映人们的时间偏好，后者决定收入在消费和储蓄之间的分配。自然利率不受资本品的生产率影响，原因是如果资本品的生产率上升，其价格就会上升，对新的投资人来讲，资本的收益率并不增加。

按照奥地利学派的逻辑，经济周期的波动是因为货币供应增加，导致市场利率低于自然利率，带来投资增加。对企业家来讲，难以区分银行信用扩张同真实储蓄增加带来的利率下降，使得投资超过了与人们的时间偏好一致的储蓄，导致过度投资，消费不足，产能过剩。这种过度投资代表的资源错配最终不可持续，如果银行信用扩张速度慢下来，利率就会上升，回归到人们的时间偏好决定的水平。利率上升，投资放缓，一些在建项目也不能完成，经济步入下行的调整阶段。

流动性偏好是非均衡概念

凯恩斯的利率理论与古典经济学不同，按照凯恩斯的流动性偏好理论，利率不是取决于储蓄总量的多少，而是取决于储蓄资产的配置，即有多少是放在流动性资产上的。给定流动性的供给，则流动性需求越强，利率就越高，利率是人们放弃流动性获得的收益，也是获得流动性付出的代价。如果将利率和资本的边际回报率进行比较，那么利率高，企业的投资下降；利率低，企业的投资上升。投资是总需求的重要部分，投资上升意味着收入增加，进而带来储蓄增加。

与古典经济学的储蓄决定投资、先有储蓄后有投资的逻辑相反，凯恩斯认为投资决定储蓄，先有投资，后有储蓄，经济萧条的原因是人们的流动性偏好使得利率处在太高的水平，抑制投资，然后收入下降，进而储蓄下降。

在现代金融体系下，信用创造流动性。如第二章所述，信用有很强的顺周期特征。在经济繁荣时，人们的流动性偏好下降，追求风险资产，信用扩张增加货币供给，供求合力加剧利率下降；而在经济衰退时，整个过程反过来，货币需求上升，经济体系内生的货币供应反而下降，加剧利率上升。在凯恩斯的模型里，并没有明确的自然利率或者长期均衡的概念，更多的是解释短期的货币市场利率的波动及其对经济周期的影响。

以上我们简要阐述了在不同的理论框架下，利率在经济周期中的作用，不同的理论差别似乎很大。哪一个理论是正确的呢？因为出发点和世界观的差异，只能说是见仁见智。就我们分析现实问题而言，不需要把这些理论绝对地对立起来，因为它们从不同的视角帮助我们理解利率的走势和影响。著名的 IS-LM 模型（希克斯-汉森模型）把产品市场（储蓄和投资）和货币市场（货币需求和供给）结合起来，提供了一个分析实体经济和货币金融同时达到均衡的框架，这个框架同时决定收入和利率的均衡水平。

但 IS-LM 模型和凯恩斯理论的精神还是有较大的差异，自然利率是一个长期均衡的概念，给我们提供了一个分析实体经济资源配置和经济结构平衡的框架，而凯恩斯的货币利率更多的是短期非均衡现象，流动性偏好理论实际上是一种资产定价理论，更有助于我们理解金融波动对实体经济的影响。

古典模型和凯恩斯理论可以说是 90% 和 10% 的关系，在大部分情况下，经济基本面起主导作用，但凯恩斯的理论更有助于我们理解较少发生，但波动性大的情形。2013 年下半年的中国货币市场利率大幅波动就是典型的带有流动性偏好影响的例子。下一节我们在自然利率的框架下分析影响未来利率走势的一些关键因素，为未来 90%的情形提供一个方向性的判断。本章最后一节探讨 10%的情形，也就是类似 2013 年“钱荒”发生的可能性与含义。

二、自然利率见底了吗

看利率未来的基本面走势，一个问题是为什么发达国家的利率这么低？这是短期的现象还是有趋势性的力量在起作用？最低点是否已经过去？未来利率是否转而上行？我国的利率在近几年也明显下降，发达国家的今天是不是我们的明天？发达国家在全球金融危机前的20年里已经呈现利率下降的趋势，美国的10年期国债收益率自20世纪80年代以来持续下行，和80年代前的30年几乎是完美反转。这显示有超越短周期波动的因素在影响利率，也就是说均衡利率在下降。

黄金法则

一个解释是美国经济面临长期停滞的压力，也就是导论里提到的美国前账长萨默斯的观点，经济可能长时间处在微弱或者不增长的状态。[①] 长期停滞论的一个关键含义就是自然利率比现在的市场利率低，而市场利率已经在零附近，用货币政策刺激经济增长的空间有限。按照长期停滞论，发达国家的低利率反映了经济潜在增长率的疲弱，这符合把自然利率与经济增长率联系起来的“黄金法则”。在储蓄率外生的索罗模型（Solow，1956）中，在消费最大化的平衡增长路径上，自然利率等于潜在产出增长率。

如果把经济增长分解为来自劳动力、资本存量、全要素生产率

① Summers, L. H. (2013). US Economic Prospects: Secular Stagnation, Hysteresis, and the Zero Lower Bound. Business Economics, Vol. 49, No. 2.

（TFP）三个方面，其中TFP增长率与人口增长率之和可以看作资本回报率的近似指标，接近自然利率的概念。近期的研究文献显示，中国过去几年的TFP增长率平均在2%，劳动年龄人口增长率在1%以内，这意味着自然利率在3%左右。①这低于何东、王红林和余向荣（2013）② 通过一些实证模型测算的约4%的水平。结合2016年底的CPI通胀率，名义的均衡（无风险）利率在5%~6%。黄金法则应用到中国有两个问题：一是储蓄率的变动可能是内生变量，外生储蓄模型不适用；二是潜在增长率的走势有很大的不确定性。

可贷资金模型是一个更广的、更有可操作性的分析框架。从储蓄和投资两个方面看影响利率的基本面因素，储蓄是资金供给，投资是资金需求，两者共同决定均衡利率。从储蓄看，最基本的是人们的时间偏好和收入水平。在低收入阶段，人们的收入勉强维持生存，当前消费的价值高，人们等待未来回报的耐心减少，储蓄率低，自然利率高。这是低收入国家利率水平普遍高于高收入国家的原因之一。我国已从低收入发展到中等收入国家，未来人均收入将进一步增加，在这个过程中，人的时间偏好将降低，耐心增加，自然利率有下行压力。

人口结构的多重影响

人的年龄是决定时间偏好的关键因素。一般来讲，年轻人的时间偏好较低，老年人的时间偏好高，因为后者未来的时间有限，当前消费的价值较高。时间偏好决定储蓄意愿，同时储蓄能力制约着

① 白重恩，张琼．中国生产率估计及其波动分解[J]．世界经济，2015（12）.

② 何东，王红林，余向荣．中国利率何处去？——利率市场化后政策利率的制定与操作[J]．新金融评论，2013（8）.

储蓄意愿能否转化为现实的储蓄。比如小孩的时间偏好最低，但没有储蓄的能力，对整个社会储蓄的贡献就有限。一个国家的人口年龄结构是衡量总体的时间偏好和储蓄能力的常用指标，年轻劳动力有储蓄意愿，但储蓄能力较低，老年人储蓄意愿与能力都低，这两组人口数与中间的壮年人口数（既有意愿又有能力）的相对比例，是影响储蓄率的一个重要指标因素。

比较美国低储蓄率人群（25~34 岁及 65 岁以上人口）和高储蓄率人群（35~54 岁人口），我们发现，这两组人口数的比例和美国 10 年期国债收益率的走势几乎吻合，20 世纪 80 年代中期以来的美国利率的下降和低储蓄率人群相对于高储蓄率人群下降（储蓄增加）是一致的（见图 3.1）。中国的低储蓄率人群对高储蓄率人群的比例从 80 年代也开始呈现下降趋势，但我们的利率数据时间比较短，难以比较两者之间的关系（见图 3.2）。

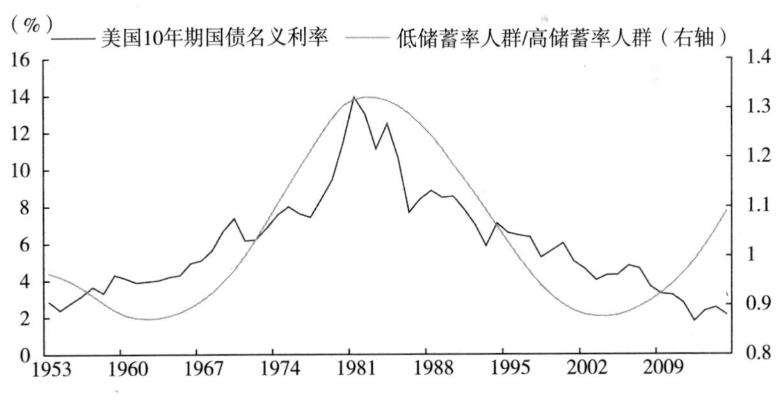

图 3.1　美国人口结构与利率水平

资料来源：UN，Wind，作者整理

注：高储蓄率人群是指 35~54 岁人口，低储蓄率人群是指 25~34 岁及 65 岁以上人口。

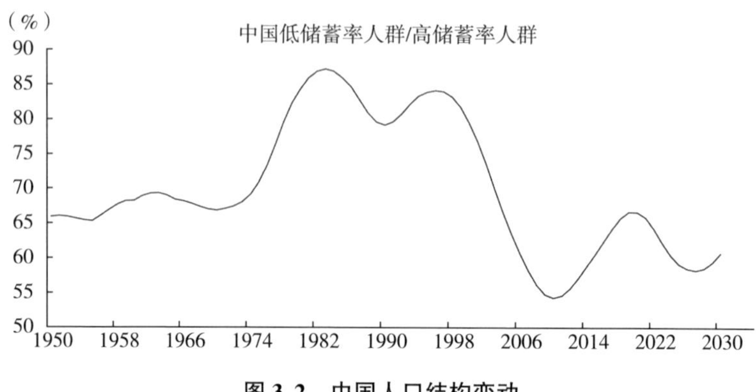

图 3.2　中国人口结构变动

资料来源：联合国人口署，作者整理

仔细观察图 3.1 就会发现美国的低储蓄率人群/高储蓄率人群的比例在 2006 年开始回升，按过去的相关性，美国利率应该是上升的，但实际情况是 2008 年后大幅下降。一种解释是受金融周期的影响，尤其是美联储在短期利率降到零以后购买长期国债的作用。如果完全是这个原因，那么随着美国新的一轮金融周期开始与货币政策的正常化，美国利率将上升到比现在高得多的水平。会不会还有其他因素需要考虑呢？

有两个因素尤其值得我们关注。一个因素是增加的低储蓄人群主要是老年人，其对储蓄率的影响比较复杂。过去几十年，人口的预期寿命明显提高，但退休年龄没有相应幅度的增加，也就是说，退休后只能靠过去的积蓄维持的年限增加了，促使快要退休和已经退休的人限制消费，以增加养老的储蓄。这个因素在中国尤其明显，按照国家统计局的数据，1982 年中国人的预期寿命是 67.8 岁，2010 年是 74.8 岁，增加了 7 岁，但退休年龄基本没变。因此，对人口老龄化拉动总体消费不能寄予过高的希望。

另外，人口的变动也影响资金的需求，也就是投资。近几年，主要经济体的实体投资疲弱，美国的上市公司宁可用盈利回购股票或者是派息，也不愿意做实体投资。一般认为，中国的产能过剩问题也限制了投资需求。但实体投资疲弱背后还有更重要、更深层次的原因，那就是年轻劳动力数量下降。投资是为了给新增的劳动力配置生产的机器设备，年轻的劳动力少了，就不需要那么多投资（见图 3.3）。从 20~59 岁的人口看，中国的劳动年龄人口的增量在 2008 年达到峰值，接近 1500 万，到了 2015 年增量低于 100 万，预计 2017 年增量转负。劳动力的稀缺带来工人工资上升，资本回报率下降，投资需求下降，给均衡利率带来下行的压力。

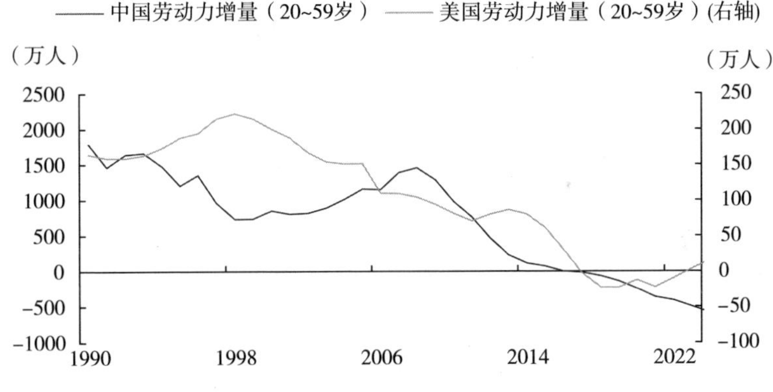

图 3.3 中、美劳动年龄人口增量下降

资料来源：联合国人口署，作者整理

共享经济降低投资需求

还有一个影响投资需求的现象值得关注。过去几十年，发达国家的资本品价格相对降低，同时投资占 GDP 的比例减少。一个解释是资本品价格的下降使得同样的储蓄可以购买更多的投资品，导致投资对 GDP 比例下行，也就是降低了投资需求在总资源配置中的比重，给均衡利率带来下行压力。[①] 为什么资本品价格相对于消费品价格下跌了呢？主要是因为，制造业的劳动生产率比服务业增长得快，前者和资本品生产联系紧密，后者则更多地和消费相关，尤其是信息科技的进步，降低了资本品的投入成本。

过去中国的投资需求强劲，一段时间里资本品价格相对消费品价格上升，但随着投资需求减弱，近几年资本品价格相对下降。随着服务业在经济中的比重上升，制造业的比重下降，美国的发展轨迹对中国是不是有启示呢？尤其需要关注的是信息科技和互联网催生的共享经济的影响。共享经济通过服务平台提高了现有资源和资本存量的使用效率，降低了投资需求。[②] 共享经济的规模现在还比较小，但是随着其快速扩张，宏观上的影响将会增加。

贫富分化导致储蓄过剩

收入分配对消费和储蓄有影响。过去 40 年全球呈现收入分配差距加大、贫富分化日趋严重的现象。因为低收入阶层的边际消费倾向比高收入群体高，收入差距扩大抑制平均的消费率。近几年，劳动力供应紧张，工资上升，中国当期的收入分配差距有所减小，体现为收入基尼系数下降，但财富基尼系数大幅上升，而财富代表的是永久收入（见图 3.4）。

总体来讲，社会富裕程度的增加、贫富分化、劳动年龄人口比

① Thwaites, G. (2015). Why are Real Interest Rates so Low? Secular Stagnation and the Relative Price of Investment Goods. Bank of England Staff Working Paper, No. 564.

② 彭文生，张文朗，等．“十三五”规划宏观系列报告之三——共享经济是新的增长点[R]．中信证券宏观专题报告，2015-09-02.

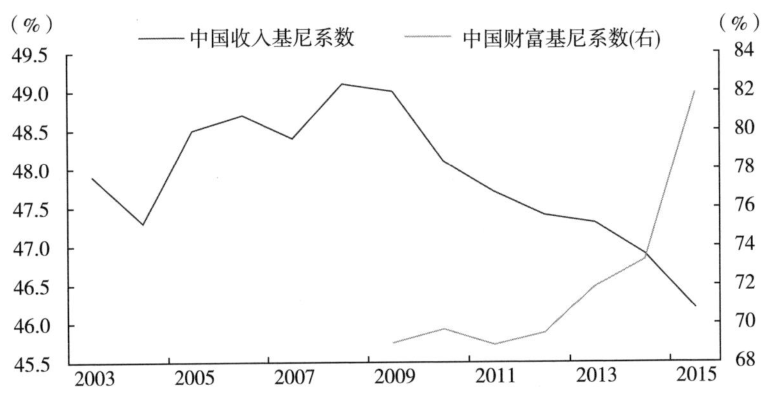

图 3.4　中国的收入基尼系数下降，但财富基尼系数上升

资料来源：Wind，作者整理

例下降是抑制利率水平的因素，从基本面看，中长期趋势没有明显向上的动力，尤其是金融周期的影响（见下文）。

三、利率市场化的影响

过去 20 年中国处在一个利率市场化的过程中，尤其是近 10 年，放松管制的步伐明显加快，体现为对存贷款利率限制的取消，以及理财产品等不受利率管制的金融工具的快速扩张。在贷款利率下限取消后，存款利率上限的波动幅度扩大。央行在 2015 年 10 月 23 日宣布，对商业银行和农村合作金融机构等不再设置存款利率浮动上限，这意味着中国已经基本取消利率管制。

放松乃至取消上限带来存款利率和以其为基础的市场利率上升的压力。央行在 2012~2013 年两次提高存款利率相对基准利率的上浮上限，同时银行理财产品以及银信合作、银保合作等理财产品的扩张，导致银行资金成本上升，给整个市场利率（包括国债收益率）带来上升的压力。就贷款利率而言，虽然管制取消得比较早，但由于大银行的市场地位，寡头定价的特征比较明显，背后也有央行指导价的影子。从实际效果看，贷款的基准利率仍然存在，只是在基准利率的上下浮动的范围增加了。

在 2013 年下半年利率上升时期，利率市场化被普遍认为是驱动因素之一。到了 2014 年开始的利率下行阶段，大家似乎不再关心利率市场化的影响。其实，放松和取消管制的作用不仅体现在利率水平上，还体现在市场参与主体行为变化上。利率市场化对信用周期和金融周期的影响是深远的。

理想的情形

我们先看一个理论情形，在利率市场化的过程中，信贷资源配置为何变化。在利率受管制的情况下，利率低于自然利率或者市场供求决定的均衡水平，资金需求强，政策当局需要控制信贷额度，以防止信贷过度扩张，行政分配信贷资源导致效率低的问题。退一步讲，即使没有行政性的干预，因为不能通过提高利率来补偿风险，银行倾向于贷款给与政府信用有联系的国有企业、大型企业。中小企业、民营企业、新兴产业难以从正规的金融体系获得信贷资源。

取消利率管制后，价格引导信贷资源配置，数量管制也就没有必要了。过去在额度管制下享受低利率的行业和企业的融资成本上升，抑制其信贷需求，银行有动力把资金贷给那些可以负担较高利率的行业和企业。对于后者来讲，从正规金融体系获得贷款的利率低于从非正规渠道获得资金的成本。总之，过去得益于利率管制的借款人比如国有企业和大型企业的融资成本上升，中小企业和民营企业的融资条件改善。

扭曲因素仍然存在

以上描述的是一个理想化的情形，现实情况比这复杂，一些体制性的扭曲因素仍然存在。从资金需求方来看，地方政府和国有企业对利率不是那么敏感，即便融资成本上升，资金饥渴仍然存在，对民营部门的挤压仍会继续。另外，某些领域的市场化价格指引并不总是有效的，房地产的价格上升导致住房按揭和房产开发贷款需求，但如果房地产价格存在泡沫，引导的信贷投放就是资源错配。

从资金的供给方银行来看，在隐性政府信用担保下，一般存户把银行的信用等同于政府信用或者中央银行的信用，银行不需要担心存户挤兑的问题，结果是银行之间的竞争主要在于市场份额，只要存款增加且贷出去，相应的利差就会带来利润。银行也关注贷款质量，担心坏账，但更多的是利润压力等考核指标的问题，来自存款人的监督和约束几乎不存在。

近几年，随着影子银行的发展，银行之间的竞争从存款延伸到理财产品，对应银行存款的政府隐性担保的是理财产品的刚性兑付。理财产品的刚性兑付导致风险溢价偏低，对投资者而言，理财产品似乎没有风险，导致人们认为无风险回报率高。而对地方政府等资金需求方和投资主体而言，这又意味着风险溢价过低。我们将在下一章讨论影子银行的发展和相关的刚性兑付问题，简要地讲，打破刚性兑付远比一般想象的复杂，其涉及深层次的改革问题。

在上一章我们讨论了银行信贷行为的羊群效应，从个体来讲是理性的行为，但加总起来就不一定是理想的资源配置。这在对地方政府融资平台和房地产相关贷款上，有比较明显的体现。这带来一个问题：什么是真正的利率市场化？利率市场化不仅是消除对利率的行政性管制，如果经济运行主体不受市场纪律的约束，或者市场价格信号是扭曲的，其产生的利率就不会达到有效配置资源的价格，甚至会放大金融风险。只有将放松利率管制和经济体制其他方面的改革相配合，才能真正形成市场化的利率体系。①

四、结构含义

我们习惯于从总量角度看利率变动对经济的影响。利率上升，抑制总需求，不利于经济增长，但有利于控制通胀；利率下降，则支持增长，但可能带来物价上升压力。其实，利率变动有结构含义，其分配效应对结构平衡、对金融周期的演变都有重要含义。

利率是一个体系

首先需要强调的是，现实中，利率是一个体系，不同种类利率的形成机制和其在经济中的作用有差异。从借债主体来讲，有无风险利率和风险溢价之分，前者一般指政府发行的债券收益率，后者是私人部门借款人在无风险利率基础之上所付的价差，作为对债权人承担较高的信用风险的补偿。从期限来讲，有短期和长期利率，同一个信用主体，长期利率可以被看作预期的未来的短期利率的平均数加上一定的期限溢价。

分析利率对经济的影响，我们需要考虑的是实际利率（名义利率减去预期通胀率）。即使名义利率相同，不同行业和人群面对的物

① 陆磊. 市场结构和价格管制：对中国利率市场化的评析[J]. 金融研究，2001（4）.

价上涨压力也可能不同，其消费和投资行为受到的影响也就有差异。近几年，市场关注比较多的是较高的实际利率对制造业投资的抑制作用。另外，房价的波动使得房地产投资面临的实际利率呈现不一样的运行规律。

我们可以从家庭、制造业企业和房地产投资者三类主体所面临的实际利率来看结构的含义。这三类主体面临的名义利率和通胀率不同，导致其面临的实际利率有差异。粗略地衡量，家庭面对的名义利率和通胀率分别是包括理财产品在内的存款利率和 CPI 上涨率，制造业面对的则是贷款利率和 PPI 上涨率，而房地产投资者面对的是房贷利率和房价涨幅。

家庭、制造业、房地产部门实际利率分化

家庭部门实际利率总体平稳。家庭消费的机会成本是储蓄利率，我们把银行理财产品收益率与 1 年期存款利率的平均值视为家庭部门面对的名义利率。1 年期存款利率近年来小幅下降，理财产品收益率则有所回落。消费者面对的 CPI 通胀率也有下降，总体的计算结果显示家庭部门实际利率水平没有显著变化。理论上讲，实际利率变化对于消费的影响包括收入效应和替代效应，假设利率上升，利息收入增加，家庭倾向于同时增加当期消费和未来消费；同时，利率上升增加了当期消费的机会成本，家庭倾向于减少当期消费，增加储蓄（即未来消费）。

收入和替代两个相反的效应哪个更大？在我国的环境下前者大于后者应该是合理估计。我国家庭部门杠杆率相对较低，是净储蓄者和资金的提供者，利率上升增加了家庭部门的可支配收入。利率上升使得收入分配从政府和企业流向家庭，而家庭的消费倾向高于

企业和政府，利率上升提高平均的消费倾向，进一步促使消费需求上升。

当然，家庭部门净储蓄地位也在变化，随着住房按揭贷款增加，家庭部门受益于利率上升的程度下降。从替代效应看，非食品消费的替代效应远大于食品消费（家庭可以推迟购买汽车，但很难推迟吃肉），而近期 CPI 中食品价格跌幅较大，非食品价格上升，因此即便通胀预期下降，家庭也未必会推迟消费需求。

制造业部门实际利率分化较大。制造业企业面临的贷款利率有很多种，包括银行贷款利率、债券发行利率以及各种影子银行融资工具的借贷利率。PPI 通胀率波动大，而且不同行业的生产价格涨幅有较大差异，2016 年生产资料 PPI 涨幅较大，但生活用品 PPI 涨幅温和，因此，上游制造业实际利率下降较多。

房地产投资者面对的实际利率变化大，反映房价的波动。房地产部门投资主体虽然包括开发商和买房者两部分，但是最终投资者还是买房者。买房者投资房地产的资金成本主要是个人住房按揭贷款利率，房价上涨预期则用统计局公布的 70 个大中城市新建住宅价格指数的同比和环比涨幅来衡量。数据显示，实际利率在 2014～2015 年大幅上升，但在 2015 年后尤其 2016 年显著下降，甚至是负的（见图 3.5）。房地产开发投资增速相应地在 2014～2015 年呈现下降态势，在 2016 年则反转上行。

从信用/债务周期的角度看，利率变动意味着收入在债权人和债务人之间的再分配，利率上升意味着收入从债务人向债权人转移。从总量看，净收入没有变化，理论上讲对总需求没有影响。但是，由于信息不对称等，债务人受到的流动性限制比较大，其边际支出

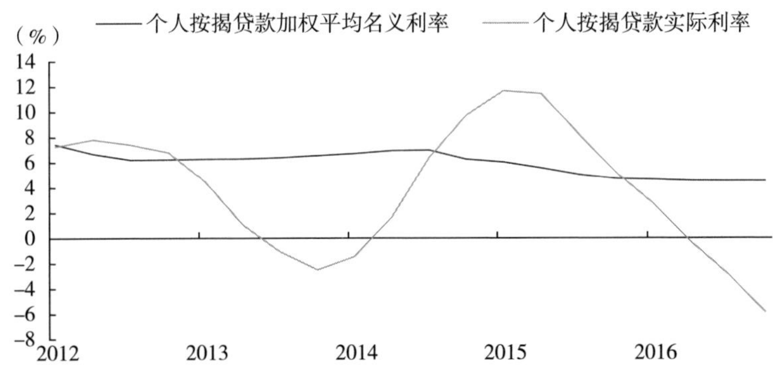

图 3.5　个人住房贷款实际利率大幅波动

资料来源：Wind，作者整理

(消费) 倾向一般来讲比债权人高，使得利率上升抑制总需求。利率上升增加了债务人的偿债负担，加上总需求疲弱的环境，可能导致债务违约。大规模的债务违约意味着金融中介机构尤其是银行的坏账率上升。

五、政策的取舍

上文已经提到，我们观察到的市场利率是货币政策操作和市场参与者的交易行为共同作用的结果。一般来讲，中央银行调控短期名义利率使得实际利率不偏离自然利率太多，以达到经济均衡。中央银行在制定货币政策时面临的一个重要问题是对自然利率要有一个基本判断。我们在前面也分析了可能导致利率长期下降的基本面因素，包括人口结构、贫富分化、资本品相对价格下跌、共享经济等，如何测算这些因素对自然利率的影响呢？实际上，依据理论的框架和相关变量来估算潜在增长率和自然利率有很大的不确定性，误差较大。

那么，货币政策如何判断什么样的利率水平有利于促进经济的可持续增长？现实中，央行一般是根据宏观经济主要变量之间的平衡来评判利率是否在合适水平。央行调控利率具有逆周期特征，试图稳定经济周期的波动幅度。传统的理论框架把自然利率定义为保持物价稳定的利率水平，此时经济运行在潜在增长轨道上。经济过热、通胀率比较高是市场利率低于自然利率的信号，此时货币政策引导利率上升；经济不景气、通胀低的时候，货币政策则引导市场利率下降。在全球金融危机前，一般认为美联储的政策操作遵循著名的泰勒规则，即把联邦基金利率与通胀预期和估算的产出缺口（实际 GDP 增长偏离潜在水平的程度）挂钩。

金融危机后，短期利率降到零下限，美联储通过量化宽松和前瞻指引来调控中长期利率，政策操作不再像泰勒规则那样机械，但背后的宏观框架没有变化，仍然依靠失业率和通胀率来判断合适的利率水平。但这样的政策也招来了质疑：短期的通胀和失业率数据是否足以让央行准确判断经济是否处在可持续增长的轨道上。金融危机带来的反思是，在商品和服务的价格之外，我们需要考察更广的领域的波动，尤其是资产价格和信用扩张。

我国也面临类似的问题，GDP 增长和通胀数据温和，但房地产价格的快速上涨和与之伴随的信贷扩张意味着金融风险在增加。从经济周期的角度看，现在的市场利率应该不显著低于自然利率，加息的必要性不大。但房地产泡沫和债务过度扩张都对未来经济增长构成了威胁。温和通胀并不意味着经济没有问题，从金融周期的角度看，现在的市场利率可能低于自然利率，货币政策应该通过加息来控制金融风险，促进经济可持续增长。当然，一旦金融周期拐点发生，进入下场调整，去杠杆带来过剩储蓄，自然利率应该是下降的。

金融周期还有一个结构视角，对还处在改革过程中的中国尤其重要。在结构失衡的情况下，依据短期的通胀和经济增长来判断合适的（自然）利率水平存在误区。也就是说，有利于短期增长和维持低通胀的利率不一定有利于经济结构平衡。如何看待中国的经济体制改革对自然利率的含义？党的十八届三中全会确立了两大目标：发挥市场在资源配置中的决定性作用和让发展成果更多更公平地惠及全体人民。前者提高效率，后者促进公平。缩小收入分配差距有助于提高全社会平均消费倾向，降低储蓄率，让市场配置资源，将带来一些回报率比较高的领域的投资增加。在储蓄率下降的情况下，要满足新增的投资需求，需要降低过度扩张领域的投资，而促进这个结构调整的一个载体就是利率上升。

综上所述，对于宏观政策来讲，存在三个“自然利率”视角：一是以短期增长和通胀为标志的符合传统经济周期的自然利率；二是符合金融周期波动的自然利率；三是经济结构调整要求的自然利率。政策把市场利率往哪个方向引导，取决于在短期稳增长、调结构和控制金融风险之间如何权衡，因为结构调整、控制金融风险对短期的总需求可能有负面影响，所以决策者必须有所取舍。

六、钱荒会重演吗

上述政策取舍的视角有助于我们理解 2013 年发生的钱荒。2013

年下半年银行间市场利率和债券利率大幅上升，曾引起很大争议。这一现象是货币政策操作的结果还是市场摩擦带来的波动？当时一个流行的观点认为，债券市场利率上升主要反映银行体系资产端的结构调整。银行为了追求更高的收益率，资产配置从债券转向表内的非标资产，导致债券利率上升。

如果市场利率上升是银行资产配置从债券向非标资产转换导致的，那么在债券利率上升的同时，我们也应该看到非标资产利率下降，但事实并非如此。银行表内的非标资产科目主要包括委托贷款、信托贷款、信用证贷款以及贸易融资等，其利率数据缺乏完整及时的统计发布，投向也没有详细的披露，但应该以房地产和地方融资平台为主，与信托公司发行的信托集合产品大体重合。后者的收益率在 2013 年下半年呈现逐渐上升的态势。其他的指标也显示整体利率在 2013 年下半年是上行的，包括银行理财产品预期收益率、银行贷款加权平均利率。

另外，在利率上升过程中，长短端利率同步上行，收益率曲线斜率基本没有变化。同时，信用债收益率也上升，但与国债的利差并未显著扩大，风险溢价变化不大。因此，整个市场利率的上升主要由短端无风险利率上升所推动，反映总体流动性的紧张。退一步来讲，央行可以调控短端利率，即便银行间市场利率由于银行的资产配置结构调整而上升，如果央行意图维持较低的利率，则可以调节流动性供应以平抑利率水平。因此短端利率的上升反映了央行货币政策收紧的意图。

那么，为什么在通胀仍然温和的宏观环境下，央行收紧货币政策呢？如上所述，从总量调控的角度看，传统上市场是从稳增长和控通胀之间平衡的角度来理解货币政策取向的。防范金融风险和促进结构调整是新的因素，尤其是影子银行、房地产和地方融资平台相互联系的信用扩张既带来金融风险又加大结构失衡。由于影子银行等融资渠道的扩张，金融机构对非金融部门提供的融资有相当一部分通过非信贷的方式，资金来源借重同业市场。非金融部门资金饥渴，尤其是房地产和地方融资平台的资金需求，比以往更迅速地传导至银行间市场。

在这种情况下，如果央行无限制地满足市场的流动性需求，房地产泡沫和金融风险会进一步累积。货币政策的收紧是在当时增长企稳的环境下政策目标从稳增长向防范金融风险有所倾斜的结果。按照这个逻辑，利率上升可以说是稳定金融周期的需要。在政策因素之外，短期利率的大幅上升也反映了市场情绪波动的影响，也就是凯恩斯讲的流动性偏好的波动。当大家都追求流动性时，总量流动性就消失了，带来利率急剧上扬，当信心恢复后，市场利率也会快速回落。

金融周期的影响

未来会不会出现利率大幅上升的情况？从金融周期的角度看，债务负担持续增加，不可能永远靠新增信用来应对旧债还本付息，在某一个时间点，利率必然上升。另外，随着利率的市场化和金融市场的深化，银行间市场利率对于外在的流动性冲击的敏感性大为增加，这可能扩大利率波动的幅度。

把上述逻辑放在 2017 年，我们似乎看到了 2013 年的影子。2017 年上半年经济增长企稳迹象扩大，从 CPI 和 PPI 综合来看，通胀上升，同时高房价、信用扩张带来的风险凸显，政策取向从稳定经济周期向稳定金融周期倾斜的必要性增加。当然，2013 年利率上升的幅度不一定重演，但上升的方向比较明确。未来还要看监管加强对信用扩张的约束力有多大，如果效果明显，无风险利率上行压力就会减少，但代价是风险溢价或信用债利率上升。

总之，要么无风险利率上升（货币政策紧缩），要么风险溢价上升（审慎监管加强），在金融周期拐点之前，融资条件有一个紧缩的过程。

第四章　影子银行是银行吗

影子银行等同于现代金融体系，因为它囊括了“二战”后除商业银行外的几乎所有的金融创新。

——比尔·格罗斯（2007）

讨论金融和实体经济的互动，除了传统的银行信用和货币创造之外，影子银行（shadow banking）也是近几年市场关注的焦点之一。作为推动全球金融稳定的多边合作机构，金融稳定理事会把影子银行定义为涉及传统银行体系之外的机构和活动的信用中介业务。如何界定传统银行体系之外呢？一般来讲有两个参照标准：一是这些机构和活动所受的监管和传统银行不同；二是这些机构不能像传统银行那样从最后贷款人（中央银行）获得流动性支持，相关的债权人也不能像个人储户那样得到存款保险和其他政府支持的信用保护。

从全球范围来讲，影子银行业务在过去 40 年快速增长。非传统银行活动被认为是金融深化的重要部分，提高资源配置效率，有利于实体部门分散和管理风险。全球金融危机后人们对非传统银行业务隐含的风险关注度增加。影子银行这个带有负面含义的名词，第一次出现是在 2007 年，正是美国房地产泡沫破裂、金融市场压力开始显现的时候。[①] 到了 2008 年，次级房贷违约对金融体系的冲击，主要体现为针对批发资金市场和货币市场基金的挤兑，而不是一般储户对传统商业银行的挤兑。影子银行经历的流动性危机会波及整个金融体系的稳定。

---

① 一般认为，影子银行首先由太平洋基金管理公司的经济学家和货币基金管理人保罗·麦考利（Paul McCulley）于 2007 年的讲话中提出。

近几年，非传统银行业务在我国也迅猛增长，影子银行活动成为市场和政策讨论的一个有争议的话题。一方面，影子银行活动被认为是金融深化，甚至是普惠金融发展的一部分，尤其是为中小企业融资提供了一个新的渠道。另一方面，影子银行带来信息不透明、监管套利、高杠杆等风险，尤其是影子银行活动和房地产以及地方政府融资平台联系在一起，加剧了金融顺周期和结构失衡等问题。

正是基于这些风险因素，对非传统银行业务的监管伴随影子银行的扩张而深化。银监会于 2013 年加强了对银行同业业务的监管，加上 2013 年“钱荒”导致利率显著上升，影子银行活动在 2014 年呈现放缓迹象，其中一个体现是社会融资总量中非银行信贷部分的增速大幅下降。政策紧缩导致影子银行资金链条的紧张，信用违约事件增加。影子银行活动在 2015~2016 年反弹，而且呈现新的特征，包括互联网金融快速增长，导致监管机构在 2017 年开始新一轮治理，包括央行 MPA（宏观审慎评估体系）扩围与银监会加强对同业存单与资产端委外投资的监管。

驱动我国影子银行业务增长的因素是什么？影子银行如何影响经济总量和结构，在金融周期中起怎样的作用？本章分析我国影子银行发展的机制，探讨相关的风险因素及未来的可能演变。

一、野蛮生长的影子贷款

按照“传统银行机构和活动之外的信用中介”的定义，影子银行涵盖的范围很广。在我国，影子银行包括三种形式的融资活动。第一种是银行通过表外业务进行的信用中介，一个重要的形式是银行向零售客户销售理财产品，募集的资金主要投放在货币和债券市场，但在某些时候也参与股票市场，这类业务有点类似美国的货币市场基金。第二种是非银行金融机构从事的信用中介活动，例如信托公司、证券公司、财务公司等。这些机构通过银行向高净值客户和企业客户募集资金，由于资金的成本比理财产品高，其资金投向是利率较高、风险也较高或存在政府隐性担保的项目，包括房地产开发和地方政府融资平台。第三种是民间金融，包括小贷公司、担保公司、典当行、地下钱庄，尤其是近两年快速增长的互联网金融平台中介活动。

从对信用扩张和系统性风险的影响来看，银行表外业务与非银行金融机构从事的信用活动最应该受关注。这两方面的业务类似于中介机构吸收存款并发放贷款，直接融资的成分较低，与西方发达市场的影子银行以批发融资和资产抵押证券为代表的业务模式有很大差别。中国影子银行的大部分业务与银行密切相关，银行本身是重要的参与方，近几年发展迅速的委托贷款、银信合作、银证合作、同业存单①等都可以说是银行主导的。

另外，中国影子银行产品的投资者主要是个人，尤其是理财产品的绝大部分购买者是个人，而欧美以回购市场和货币市场基金为主体的批发融资市场，其参与者主要是机构投资者。在美国，在金融危机的恐慌阶段，出现批发市场的短期债权挤兑，最终政府承诺对所有短期债务工具担保后才稳定了市场信心。由于个人投资者对金融的认知和承受风险的能力都不及机构投资者，在中国对零售投

① 张晓朴. 银行同业业务与金融不稳定：传导机理与风险监管[J]. IMI 研究动态，2014（合辑）.

资者的保护更是一个突出问题，刚性兑付带来的道德风险导致信用市场价格扭曲。

由于定义和数据来源的差异，尤其是民间金融活动的数据没有系统性的统计，对影子银行规模的估算有较大的不确定性和争议。金融稳定理事会试图在一个统一的定义上估算各国影子银行的规模，按照对银行、养老基金和保险公司等传统金融机构外的“其他金融中介”进行估算，2014 年中国影子银行规模已位居全球第三位，仅次于美国和英国，达到 2.5 万亿美元的水平。

从规模来看，作为全球第二大经济体，有第三大的影子银行体系，似乎并没有特殊之处。但每个国家金融体系的结构不同，我国银行体系的规模本来就很大，其总资产对 GDP 的比例在 2014 年达到 267%，在主要经济体中最高，而影子银行也以银行为中心，两者相加凸显了银行中介的融资规模更大，2014 年占 GDP 的比重达到了 291%。根据穆迪的估算，截至 2016 年中，我国影子银行规模较 2014 年再增长 40%。①

在快速扩张的同时，影子银行活动增长速度波动大，尤其是 2014~2015 年监管加强后，影子银行活动明显收缩，② 但 2016 年包括互联网金融在内的影子银行重拾上升态势（见图 4.1）。值得关注的是资产证券化的快速发展，截至 2016 年底，存量资产证券化余额达 1.1 万亿元（2012 年仅为 322 亿元），资产证券化是我国影子银行

---

① 穆迪的估算是把影子银行拆分成几项：委托贷款、信托贷款、未贴现银行承兑汇票、理财产品对接资产（为避免重复计算，扣除银信合作、委托贷款和信托贷款）、财务公司贷款、民间借贷和其他（包括金融租赁、小额贷款、典当、网络借贷、资产支持证券及消费金融公司）。

② 孙国峰，贾君怡. 中国影子银行界定及其规模测算——基于信用货币创造的视角[J]. 中国社会科学，2015（11）.

发展的一个新方向。另外，同业存单野蛮生长，① 截至2017年2月，同业存单余额7.4万亿元，同比增速维持在90%的高位，同业存单不纳入同业负债，且暂不纳入MPA考核，是中小农商行新增资金来源的一个重要渠道，同业存单通过配置同业理财和债券获得利差收益。

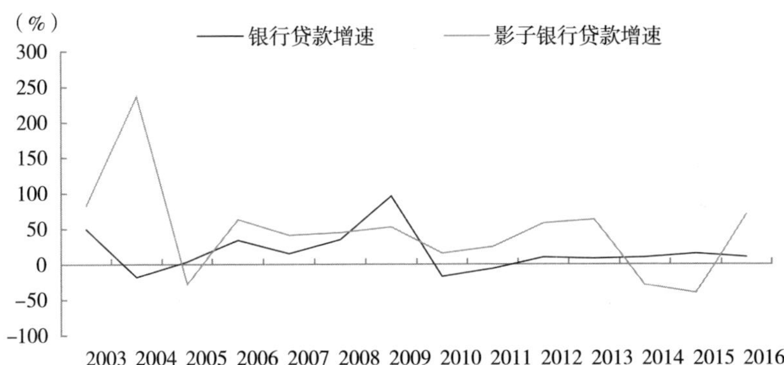

图4.1 影子银行贷款波动大②

资料来源：Wind，作者整理

二、金融自由化的产品

影子银行为什么快速增长？一个流行的观点是利率管制是重要推动力，由此延伸的政策含义是放松管制。最突出的例子是银行存款利率管制，因为存款利率有上限，投资者有把银行存款转化为其

---

① 2013年12月9日，中国人民银行公布并实施《同业存单管理暂行办法》，开启同业存单业务。随后，银行间同业拆借中心发布了《银行间市场同业存单发行交易规程》，明确了同业存单业务的开展细则。

② 新增影子银行贷款=新增委托贷款+新增信托贷款+新增其他贷款。

他较高收益投资工具的动力。有一个特殊的渠道值得关注，对一般居民来讲，过去十几年房地产是银行存款以外投资的主要渠道，购房成为理财产品增长的一个来源。具体来讲，居民购买住房，其存款转移到开发商手里，对于银行来讲，导致存款结构变化，从个人存款转化为企业存款，表面来看，总量不变。但企业分散投资，追求更合理的收益和风险组合的能力和意愿都较个人强，理财产品成为银行存款的替代品。

利率管制不是主要推动力

强调利率管制这个因素的观点往往列举美国影子银行的发展。作为影子银行的重要组成部分，美国货币市场基金有点类似于中国的理财产品，起源是利率管制带来的扭曲。美国第一支货币市场基金在 1971 年发行，当时的背景是在通胀上升的情况下，市场利率（国债收益率、联邦基金利率等）开始显著超过受管制的银行储蓄存款利率，存户寻求不受管制、有较高收益的储蓄工具。随着通胀的恶化，市场利率进一步上升，与受管制的银行存款利率差距越来越大，导致货币市场基金快速增长。

从美国的经验来看，虽然利率管制被解除了，但货币市场基金继续增长。消除管制有利于缩小市场利率和存款利率之间的差距，但这并不代表两者的差距就不存在了。资本充足率等监管要求和支付存款保险费，使得银行处在一个相对不利的竞争地位，货币市场基金的收益率仍然高于一般的银行储蓄存款利率。在金融危机之前的几年，金融衍生品信息不对称等因素使得持有者对货币市场基金有一种错误的安全认知，风险类似于银行存款，但利率较高。

是否应该放松监管要求来消除监管套利呢？显然不能，银行是一个特殊的行业，享受央行作为最后贷款人提供紧急流动性支持和存款保险机制等组成的安全网。这样的安全网对维护银行体系稳定起着关键作用，但也带来了严重的道德风险，银行有无限扩大规模、轻视风险的倾向。为约束道德风险，银行需接受公共政策的干预和监管。在“二战”后的早期，这体现为金融压抑，包括利率管制、资本账户管制等。到了后期，随着金融自由化的推进，金融压抑解除，代之以审慎监管，包括资本充足率、流动性要求和坏账拨备等。

混业经营是推手

虽然影子银行的部分活动是为了监管套利，但其兴起发生在金融自由化的大背景下，可以说是金融自由化而不是监管限制推动了影子银行的大发展。美国影子银行有三大部分：货币市场基金、资产证券化和回购市场。后两者都是在 20 世纪 90 年代中期后大幅扩张的，伴随金融自由化的不断推进。最具有代表意义的是美国在 1999 年废止《格拉斯-斯蒂格尔法案》，取消了对混业经营的限制。混业经营使得商业银行的投资银行业务有了传统银行存款的稳定的流动性支持，也就是说，间接享受了央行最后贷款人和存款保险机制提供的安全保障，促进了影子银行的野蛮增长。

在中国也出现了类似的情况，过去十多年，金融业的监管理念和框架发生了很大变化。在 2005 年之前，跟随发达国家传统的监管框架，中国金融业实行分业经营的管理模式，明确划分银行与非银行的业务界限，后者包括信托公司、证券公司、保险公司等。2005 年以后，为应对国际金融自由化趋势，监管当局开始允许银行混业经营。到了今天，大型银行都有自己的分支机构或分公司从事证券、信托、基金管理等业务，从而有独特的优势参与影子银行活动。

总之，把影子银行的快速增长简单地归结为监管套利带有误导性，起码是不全面的。影子银行的发展是金融自由化的一部分，各国的监管当局都在过度监管（金融压抑）和监管不足之间挣扎。影子银行业务是放松管制、增加市场配置资源的比重在金融领域的一个体现，但自由化带来风险，关键是如何建立适当的金融组织与监管框架，在提高资源配置效率的同时，防范和控制风险。

影子银行的快速发展对经济金融环境有重要意义，包括货币政策执行效率、金融风险、投资者保护等。传统银行区别于直接融资（资本市场）的一个重要方面是贷款创造存款，或者说信贷创造货币，那么影子银行是否创造货币呢？

三、影子贷款创造影子货币

按照现有的官方定义，广义货币 M2 不包括理财产品等短期流动性工具，所以影子银行不创造 M2。但理财产品大部分是短期的，其流动性（转化为即时购买力）不比银行存款低，甚至比一些定期银行存款的流动性还要高。①

具体来讲，理财产品主要是以预期收益率标价，到目前没有真正出现过违约的情况，从持有人的角度看，其信用风险低、利率风险低（也就是不会因为市场利率变动导致其价格大幅波动）。理财产品甚至非银行机构在同业市场放在银行的存款都具有典型的准货币

① 裘翔，周强龙．影子银行与货币政策传导[J]．经济研究，2014（5）．

特征，和传统的银行存款没有多大的差别。在这个意义上，影子贷款创造影子货币（流动性资产）。

影子银行创造的流动性资产对银行存款有没有替代作用呢？我们可以想象一个简化的情形，存户甲用一部分银行存款购买理财产品，然后这个理财产品筹集的资金通过中介贷款给了企业乙，企业乙再把这笔资金存回银行。表面上看，这笔钱还是回到了银行体系的资产负债表上，对 M2 没有影响，但表内贷款创造存款的速度降低了，同时，多了一笔表外的贷款和理财产品。如果企业乙不把获得的资金存回银行，而是购买了另一款理财产品，那么资金在银行体系表外循环的链条更长，对银行存款的抑制作用更大，而表外信贷和流动性资产增长就更快。

影子银行扩张的一个结果是 M2 低估了流动性资产的增长，其作为广义货币的指标意义减弱，增加了货币政策操作目标的制定和执行的困难。① 近几年，央行公布社会融资总量指标，除了传统的银行表内信贷以外，还包括信托贷款、委托贷款等影子银行业务。我们把社会融资总量中的股票融资去掉，估算一个广义信贷的存量，图 4.2 显示了过去几年广义信贷（包括影子银行）的增速显著超过广义货币 M2 的增速。一个含义是影子银行的发展降低了货币政策以数量型工具为操作标的的效率。②

---

① 李波，伍戈. 影子银行的信用创造功能及其对货币政策的挑战[J]. 金融研究，2011（12）. 李波、伍戈的分析认为影子银行使传统的货币供应量难以完全覆盖流动性的范围，影子银行创造的流动性有必要纳入广义流动性的范围。

② 李扬，殷剑锋. 影子银行体系：创新的源泉，监管的重点[J]. 中国外汇，2011（16）. 李扬、殷剑锋认为影子银行绕开了传统的数量型监管政策，需要加快利率市场化，货币政策操作从数量型转向价格型工具。

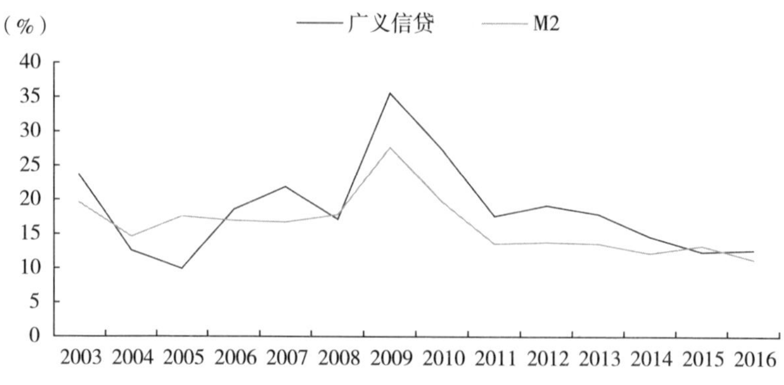

图 4.2　广义信贷和 M2 同比增速

资料来源：Wind，作者整理

四、放大金融的顺周期性

影子银行创造货币也给金融稳定带来了挑战。影子银行和传统银行信贷对金融风险的含义有什么差别呢？

除了金融自由化的大背景，影子银行的发展还有金融周期的因素。美国在 21 世纪初的几年，影子银行增长速度尤其快，是当时金融周期繁荣阶段的一个载体，可以说影子银行放大了金融的顺周期性，中国的情况也类似。影子银行活动快速增长始于 2010 年，当时的背景是在 2009 年新增贷款翻倍扩张后，货币和监管当局紧缩政策，传统的银行信贷放缓，但地方政府和房地产行业的融资需求有增无减，影子银行弥补了传统银行贷款紧缩导致的供需缺口。当时的情况是，地方政府融资平台和房地产行业的债务逐渐到期带来了偿付压力，没有影子银行的支持，资金链就会断裂，带来债务违约问题。从这个意义讲，影子银行替代传统的银行信贷放大了金融周期与相关的风险。

信用与流动性风险

那么，影子银行对金融周期的影响和传统信贷有什么不同呢？从表面看，影子银行发行的短期负债对持有人来讲是流动性资产，类似于银行存款，其筹集的资金被用于投资较长期的金融和实体资产，也类似于商业银行传统的贷款。但理财产品的利率一般比银行存款高，影子贷款的利率也相应较高，它们的投向往往是那些不易从传统信贷获得融资的领域，包括房地产、产能过剩行业和地方政府融资平台。

回报率的差异背后是风险的差异。首先，影子银行的信用风险比传统银行业务大，顺周期性也更大。理财产品本质上还是一种间接融资，通过银行体系的媒介进行，但和银行信贷比较，无论是银行内部的风险监控与管理，还是当局的监管，都有差别，中介机构在理财产品发行以后，没有跟踪、管理相关资产风险的动力与能力。也就是说，影子银行贷款更依赖于抵押品，在房地产市场繁荣时期，违约风险似乎较小，一旦房地产行业进入下行阶段，违约风险就会暴露出来。

其次，影子银行的流动性风险也比传统信贷大，“短借长贷”问题更突出。理财产品对应的资产投资期限通常是数年，其产生的现金流可能无法匹配理财产品的兑付。此时银行有三种选择：一是发行新的理财产品，借新还旧；二是从银行间市场拆借，以补充短期的流动性；三是动用表内的资产，挤占其他经营资产。一般来说银行更加偏好前两种，尤其是第一种。一旦有信用违约事件，投资者风险规避情绪增加，减少购买理财产品，流动性风险就会凸显出来。

和传统的银行业务一样，流动性风险与信用违约风险有时候是紧密相连的，一旦资金链断裂，又没有外在紧急资金支持，流动性风险就转化为信用违约风险。美国的次债危机就有这样的情况，投资者的风险偏好下降，流动性偏好上升后，过去被认为非常安全的资产工具，比如货币市场基金，面临大量赎回压力，出现挤兑情况。

影子银行的一个根本问题是无风险利率的错误定价。银行以理财产品变相“高息揽储”，以表外通道贷给企业，融资主体的债务风险比较高，但是由于银行的参与，理财产品的购买者通常误以为融资行为背后有政府或银行的信用背书，投资者并没有“买者自负”的市场化意识。一些投资人缺乏风险甄别、评估的能力，也没有承担风险的意愿。无风险利率被提升到过高的水平，大类资产配置的基本参数发生改变，深刻影响着全社会的金融行为。一旦出现违约事件，引起无风险利率错误定价的纠正，可能给金融体系带来冲击。

再分配影响

与传统信贷类似，影子银行带来一些结构与再分配效应。在当前的金融格局下，信贷资金主要面向国有企业或大型企业，私营企业尤其是中小企业融资难是个持续问题。从理论上讲，影子银行业务的发展为中小企业提供了一个新的融资渠道，但是地方政府融资平台参与影子银行，成为融资主体之一，对私人部门造成挤压。

一方面，由于资质好的大型国企在融资方面有优势，有些国企变身为“影子银行”，利用从事金融业务的子公司，不仅在国内资本市场，还在海外利用相对低廉的价格融资，将获取的资金贷给中小企业，赚取利差。这种金融链条的延长迫使最终的资金使用者提高风险偏好，以获取足够高的回报来承担昂贵的融资成本。

另一方面，影子银行的资金提供者主要是收入较高的群体，是对金融市场了解较多、对资金利率敏感较高的群体，获得了较高的收益率。而农村居民、低收入群体的储蓄主要还是银行存款。如果收益率与风险匹配，则不是问题，但是在无风险利率错误定价、高估的情况下，影子银行规模的扩张对低收入群体不利。这是因为影子银行的风险最终可能由银行或政府承担，也就是由全体纳税人承担，而收益由少数人所得。

理财产品的发展虽然促进了利率市场化，但是否真的能反映市场化定价还是一个疑问。如果不是，则加大了现在的高收入与低收入群体的差距，而收入分配的差距加大了信用的顺周期性（我们将在第七章阐述贫富分化和信用扩张相互促进的关系）。

那么，怎么解决无风险利率定价错误的问题呢？一个流行的观点是打破刚性兑付，只有让短期债权持有人承担风险和相关的损失才能发挥市场的纪律约束作用，促进影子银行的健康有序发展。这个逻辑听起来似乎很有道理，但要深究起来，其中涉及的问题比一般想象的要复杂得多。

五、刚性兑付之谜

从法律的角度看，存款是银行的负债，不是某一个借款人（企业）的负债，存款的安全不会因为银行贷给某一个企业的贷款出现坏账而受影响。银行本身有集中资金、分散投资从而分散风险的功能。即使银行资不抵债，被迫破产清盘，社会安全网（比如存款保险机制或者政府的隐性担保）也使得一般存户受损失的可能性较小。

银行表外的理财产品不是银行的负债，银行只是一个代理人，真正的债务人是背后借钱的单个或者多个企业。理论上讲，没有银行分散风险的功能和社会安全网保障，理财产品的违约风险应该显著高于银行存款。但现实中，还没有出现理财产品违约的情形，这并不是因为背后的资产都没有坏账，而是在出现坏账的情况下，相关的中介机构包括银行、信托公司等承担了损失，维持了对理财产品的兑付。

这种刚性兑付带来的道德风险引起了政策部门和市场的关注。[①]主流的思维是应该打破刚性兑付。但是，为什么打破刚性兑付的逻辑不适用于银行存款？让存款人承担风险，面临损失的可能不是也能促进他们监督银行的运作，发挥市场规律的约束作用吗？一个说法是因为信息不对称，加上一般个人投资者对信息不敏感，存款人难以有效地监督银行的运作。这个理由同样适用于理财产品持有人，个人投资者在机构面前一般都处于弱势，不仅不能起到有效监督作用，甚至可能被欺骗。

另一个说法是市场恐慌情绪，存款安全网可以避免因为恐慌情绪引起银行挤兑。银行的业务模式就是“短借长贷”，如果很多存户突然要求把准货币（银行存款）兑换成本位币（政府或者中央银行发行的纸币），几乎没有任何银行可以承受这样的挤兑。今天我们似乎习惯了把银行存款等同于本位币，那正是因为有安全网的存在。流动性需求和人们的预期有关，有很大的不确定性，呈现羊群效应的特征。用凯恩斯的话来讲，总量流动性是不存在的，也就是大家都追求流动性时，流动性就没有了。

在金融危机之前，美国的货币市场基金和证券化产品高等级部

---

① 朱宁．刚性泡沫：中国经济为何进退两难[M]．北京：中信出版集团，2016.

分的收益比银行存款利率高，但投资者低估了其信用和流动性风险，导致定价错误的不是政府的隐性担保，而是金融创新和金融工程创造了复杂的产品，给投资者造成风险被成功分散和管理的错觉。在危机爆发后，为了控制恐慌情绪的蔓延，在最紧张的时刻，美国政府承诺对所有货币市场的债务担保，目的并不是保护小投资者，而是因为批发市场的挤兑威胁到整个金融体系的稳定。

和美国的影子银行依托于资本市场不同，中国的影子银行还是以银行为中心，理财产品的刚性兑付源自银行的参与，但打破刚性兑付的效果可能是一样的，都可能带来系统性风险。

控制系统性风险和保护小投资者的需要都显示金融机构创造的流动性资产带有公共品性质，金融的历史显示真正的市场规律约束只能来自资本市场，也就是股票市场和中长期债券市场，而不是短期的流动性工具市场，包括银行存款、货币市场等。① 美国历史上有一个自由银行（free banking）时期，在1837年到1862年，任何人只要有初始的资本金就可以进入银行业。虽然银行被要求用联邦或者州政府发行的债券做抵押来发行货币，但债券价格的波动使得银行能够在加杠杆的同时也带来存户恐慌的可能，结果使银行挤兑频繁发生。政府的应对之策是增加对银行的监管，长期的演变逐渐形成了今天我们观察到的银行业模式，那就是银行接受政府对其运作的监管，作为交换，政府提供一个安全网，包括存款保险机制和中央银行的最后贷款人角色。

---

① Gorton, G. (2009). Slapped in the Face by the Invisible Hand: Banking and the Panic of 2007. Paper prepared for the Federal Reserve Bank of Atlanta's 2009 Financial Markets Conference.

从一定意义上讲，今天的商业银行是私人部门和政府的合伙模式，有别于一般竞争性的商业机构。在美国，这样的模式在这次全球金融危机中的运作基本符合预期目标，对一般存户提供了保障，同时相关的成本也在联邦存款保险机制内部消化了。但是，批发市场发生了挤兑，批发市场的参与者是机构，不享受政府提供的安全网保障，但最后政府还是被迫干预，提供担保。这是因为混业经营的发展使得商业银行与批发市场的联系越来越紧密，最终把公共品属性带入资本市场。

我们用几段文字描述传统银行业的模式的含义，是想说明打破理财产品刚性兑付的复杂性。理财产品大部分通过银行进行销售，面对的也是众多小投资者。打破刚性兑付，可能导致投资者恐慌性的挤兑，带来金融不稳定风险。银行不能既利用自己的（和隐含的）国家信用来吸引大众投资者，扩大业务规模，又不想承担管理风险的责任。管理和控制影子银行给金融稳定带来的风险，正确的应对之道是加强对中介机构的规范与监管。

六、推波助澜的互联网金融

近年来，另一个受到关注的非传统银行业务是互联网金融。依托于大数据、云计算、移动互联网等信息技术的支持，互联网支付、网络借贷（P2P）、众筹融资等互联网金融活动快速增长。互联网金融本质上仍是金融，其优势在于运用新技术降低交易成本，满足多元化投融资需求，提升金融服务的便利性。但是这两年也发生了与互联网金融相关的一系列风险事件。互联网金融给金融带来了什么样的影响，对金融周期有什么含义呢？

降低信息不对称？

金融面对的一个基本问题是信息不对称，传统金融的应对之道是抵押品，其带来的问题是信贷受抵押品价值波动的影响，是信用顺周期性一个重要驱动力量。理论上讲，互联网金融生产的大数据，实时的、系统性的交易记录数据有助于降低信息不对称，降低信贷对房地产作为抵押品的依赖，这是对现有金融模式冲击的一个好的方面。但现实中，互联网金融对信息不对称问题的缓解能起到多大作用还有待观察。①

互联网金融中最热门也最有争议的 P2P 是一个例子。P2P 有促进金融服务向中小微企业下沉的潜力，但风险的甄别和管理是一个问题，互联网积累的社交、电商的个人数据以及平台本身的交易数据在多大程度上能真正帮助信用风险的评估还有待验证。在大数据风控发挥有效作用之前，不少 P2P 平台转而走向渠道化。利用线下金融机构已有的债权，以资产包的形式利用 P2P 平台对接投资者，不仅没有起到信用风险审核的作用，反而变相放松了信用条件。

服务便利与小投资者保护

互联网金融的另一个贡献是增加了支付清算系统，尤其是零售支付的安全性、便捷性、快速性，有利于提高资金使用的效率。效率在某些方面是提高了，但是它同时意味着一旦发生偏差就可能难以挽回，也意味着羊群效应比过去增加了。过去的信息传播速度比

---

① 陈秀梅. 论我国互联网金融市场信用风险管理体系的构建[J]. 宏观经济研究，2014（10）.

较慢，投资者要达成一个共识，比如房价要涨，可能要花较长的时间，现在的信息传播快、覆盖面广，小投资者参与投资的能力强了，羊群效应来得猛烈。所以效率是把“双刃剑”，既有好的一面，也有不好的一面。

互联网金融改善了金融服务的可得性，过去偏远地区不容易获得金融服务，现在通过移动终端和互联网能够享受金融服务，过去没有房地产作为抵押品的现在也可能获得融资。但这改变不了金融体系提供流动性的公共品属性和提供信贷的商业功能的混合所带来的问题。

美联储前任主席保罗·沃尔克（Paul Volcker）曾经讲过一句话，“过去一百年对一般消费者唯一有用的金融创新是 ATM（自动提款机），其他的金融创新都没有给老百姓带来真正的实惠”。这话可能有些极端，但反映了对金融创新和金融发展的一些反思。从过去的几十年看，每个国家的信贷占 GDP 的比例大幅上升，这是金融深化，还是金融的普惠发展？恐怕更多的是金融深化，是金融资源、金融服务给少数人带来利益，而不属于普惠的。互联网金融和金融科技有提升效率、促进普惠金融的潜力，但是需要有正确的定位和政府的有效监管。①

最后，互联网金融导致银行业的准入门槛降低，银行面临的竞争压力增加。在金融自由化的环境下，竞争压力导致银行的风险偏好增加，过去银行不愿意做的事情，在竞争压力下可能也会做。从这个意义讲，金融科技和互联网金融的发展是金融自由化的一部分，同样具有冲击传统银行业务、加大金融风险的作用。

---

① 潘功胜. 互联网金融监管坚持开放包容[J]. IMI 研究动态，2014（合辑）.

第五章　地根连着银根

房子是用来住的，不是用来炒的。

——中央经济工作会议（2016）

房地产和银行信用相互促进带来顺周期性，关键是房地产作为信贷抵押品的角色。过去几十年，房地产泡沫和相关的金融风险是影响全球经济波动的重要因素，典型的例子包括日本房地产泡沫破裂后持续20年的经济低迷，以及美国房地产泡沫导致的全球金融危机。

在我国，过去15年房地产价格呈现趋势性上行态势，中间虽然有过下跌，但幅度小、时间短，总体来讲房地产价格还没有经历周期的下行调整。尤其是2016年一、二线城市的住房价格在已经是高位的水平上进一步大幅上升，引起了极大关注。从基本面分析，看空房地产的人经过多次“被打脸”后似乎已经绝望，中国国情特殊，一线城市房价不会下跌的观点在投资者中流行。另外，从宏观经济角度看，担心增加了，一些人开始讨论未来压力释放的渠道，在房价有向下刚性的情况下，汇率会不会大幅贬值。

为什么房地产价格上升有这么大的韧性，房地产价格存在泡沫吗？土地价格是房产价格的主要部分，分析房地产市场的走势离不开土地。土地是不是独立的生产要素？土地和一般的生产性资本有什么差别？为什么土地（地根）往往和金融（银根）联系在一起？土地财政如何影响房地产市场和金融周期？这些将是本章主要讨论的问题。

一、特殊的生产要素

现在的经济学教科书在阐述生产函数时，一般把劳动力和资本看作两个独立的生产要素，经济增长取决于劳动力、资本存量，以及全要素生产率（使用劳动力和资本的效率）。在讨论中国经济增长潜力时，偏谨慎的观点往往强调劳动年龄人口下降和由此带来的储蓄率下降，而偏乐观的观点强调生产效率（全要素生产率）提高的空间。无论是中国还是其他国家，各种测算潜在增长率也都是基于对劳动力、资本和全要素生产率的估算。也就是说，主流的分析框架和估算都没有把土地看成一个独立的生产要素。

早期的古典经济学并不是这样的，在农业社会和工业社会的开始阶段，土地、劳动力和资本一起被看作三大生产要素。那个时代，农业生产是国民经济的主要部分，土地的重要性显而易见。在一段时期，甚至有观点认为土地是最根本的生产要素，比劳动力和资本都重要，离开了土地，任何生产活动都难以持续，土地是剩余价值的唯一来源。马克思的《资本论》强调劳动力在工业社会作为生产要素的重要性，只有劳动才能创造剩余价值，而这个剩余价值被资本拿走了。随着工业化和城镇化的推进，农业占经济比重大幅下降，土地不再被看作独立的生产要素，而是生产性资本的一类。

土地不是人造的

但是，土地作为生产要素有其特殊性，和一般的生产性资本不同。首先，一般而言，土地不是人类创造的，土地供应是给定的，不能再生产，但也不会折旧、损坏，或者因为人类的活动而消失。

土地是永恒的，我们不能拥有土地，只能拥有一段时间的使用权，实际上是拥有土地提供的服务。在我国，住宅用地的“所有权”一般是70年，而土地上面建造住房的使用寿命一般都少于70年。土地可以重复使用，实际上所有土地都是二手的，都是上一代传下来的。土地总是有其他用途，其价值不会因为用途的改变而消失。

一般生产性资本是人类储蓄、投资的结果，可以再生产。资本（比如机器设备，或者公路等基础设施）会随着时间或者因为使用而折旧。资本有一个生产和形成期，在这个过程中通过储存投入品、改变其物理形态等增加价值，一旦资本形成了，就会随着时间的推移而贬值。而且机器设备或者公路都有特定的用途，一旦改变现有的形态可能就会报废。最持久的资本可能是知识，但即使知识资本也需要维护，也面临着与新思想和新发现的竞争。

空间上不可移动

从空间来看，土地是固定的，不能转移。假设北京的土地需求增加了，我们不能把其他区域，比如新疆的土地移过来满足北京的需求。这使得土地的超额收益不能通过竞争来消化，而是反映在土地价格和租金的增长上，也就是通过隐含成本的上升来消化。土地的收益率（比如租金回报率）往往越是中心城市越高。

与此对比，一个地方对资本的需求上升，可以通过跨区域的资本流动来满足，甚至劳动力也可以跨国移民。资本可能在一段时间给其所有者带来超额利润，但这会吸引更多的资本投入，竞争会持续直至超额利润消失。这是为什么在同一个货币区内的不同区域，利率水平接近，如果有差异的话，往往是城市中心的利率较低，因为市场的竞争程度较高。

资本和劳动力存在规模效应。一个运载能力10吨和运载能力5吨的卡车相比较，前者单位运载能力的成本相对较低。因为劳动分工的细化，一般来讲，10个人团队的人均劳动生产率比5个人的团队高。规模效应导致人群和资本的聚集，比如城市有密集的基础设施，人口密度也高，城市中心更是如此。但土地本身就是空间，没有规模效应；相反，占用大面积土地会影响其他人的生产和生活。在农村，人们住平房，每个单位占用的土地面积大；在城市，人们住楼房，每个单位占用的土地面积小，土地的规模被划分得越来越小，存在反规模效应。

时间上不可转换

从时间来看，土地也是不可转移的，也就是我们不能把土地提供的服务储存起来在未来使用，也不能把土地在未来提供的服务提前到现在用。这和一般生产性资本也是不同的，单个人或者企业可以降低消费，增加储蓄（如商品的存货），以备以后的消费，如果每个人和企业都这样做，整个社会的储蓄就上升了，未来的供应就增加了。但土地不一样，对个人来讲，土地是资产，是储值手段，但加起来对整个社会来讲含义就不一样了。土地供应一般是固定的，大家都想买地的时候，土地价格会飞上天；大家都想变现的时候，土地价格会落到地。对整个社会来讲，土地起不到储值的作用。

以上描述的是土地作为生产要素的特殊属性，有两个延伸的含义：一是土地所有者在经济活动的竞争中占有优势，反映了土地所具有的垄断属性；二是土地价格受利率变动影响大，金融属性强。这两者都和金融周期有关，我们将在下面两节进一步讨论。

二、土地的垄断属性

垄断性首先体现在其所有权的确定上，一般资本品的产权在经济活动中形成，但土地产权更多地受政治、法律甚至军事的影响。历史上国家之间的战争很多都是为了争夺和保卫土地。在一国之内，政治往往导致土地制度安排的变化，包括土地产权的重新分配。我国在20世纪50年代初的土地改革以及随后的农业生产集体化，70年代末开始的农业生产家庭承包责任制等，都是土地产权或使用权制度的重大变革。在和平年代与市场经济环境下，土地产权和使用权的变更主要通过市场交易来完成，虽然表面上看和其他资本品的交易类似，但其实有重大差别。

土地买卖涉及大笔资金（实际上是把土地未来长期的收益折现为当前的现金流），只有少数有足够资金或者能够筹集大量资金的人或企业才能购买土地。这些购买者不仅要有大量的资金，而且要有足够的耐心，因为土地产出的收益不会很快体现出来，而是长期、缓慢的现金流。正常情况下，借债买地有较大的流动性风险。因此一些人采取变通的方法，通过违规或者其他间接手段获得价格便宜的土地，而这些往往是和腐败与权力寻租联系在一起的。

竞争优势

三大生产要素（劳动力、资本、土地）中，土地的持久性最强，使得其所有者在经济活动的谈判中处在有利地位，而劳动力和产业资本往往处在劣势地位。产业资本随着时间的推移会折旧，但土地的价值往往随着时间上升，所以拥有土地的企业和不拥有土地的企业比较，前者更有耐心，在谈判中占有优势。

我们比较一个拥有土地的人和一个只有自身劳动力的人：前者有来自土地的收益和劳动收入两个来源，后者只有劳动收入，显然，在谈判中前者更有耐心，占有优势。这就是为什么在土地制度改革中，在增加土地流转、提高农业生产的规模效应的同时，需要关注农民失去土地这个天然社会保障的深远影响。

负外部性

土地作为生产要素的特殊性，会带来负外部性，土地的作用大，对整个经济不是好事情。拿土地和一般资本比较就能说明这一点。资本有一个共同市场，其供求决定利率，资本的生产率决定投资的需求，生产率越高，投资的需求越强，而人们的时间偏好决定储蓄，也就是资金的供给。如果一个地方或者一个行业的资本回报率上升，资金会从其他区域或行业流入，投资增加，新增的资本使得回报率回到平均水平，在这个过程中，整个社会的生产能力扩张。

但土地不一样，地租上升导致地价上升，租金回报率虽然不变，但超额回报包含在土地价格里面，而土地价格是生产和商业运营中固定成本的一部分。因此，土地收益上升不仅不能促进产业资本的形成，反而可能降低投资。对个人而言，购买地产是一个投资的手段；但对整个社会而言，对土地需求的增加只会导致土地价格上升，并不增加产业资本，不增加经济供给能力。

这种负外部性在土地下面埋的矿石或者石油的开采上体现得更明显。开采矿石或者石油一是需要政府的许可，二是需要投入大量的资金，还有技术门槛，不是一般的企业或者个人能做的。很多发展中国家有丰富的自然资源，但相关的垄断、权力寻租等行为扭曲市场运作，降低了经济运行的效率，同时导致贫富分化，资源禀赋变成资源诅咒。东亚国家自然资源不丰富，但通过发展制造业、出口导向等竞争比较充分的产业，反而促进了经济的快速增长。

三、土地的金融属性

土地在经济活动中有特殊作用，那地价是如何确定的呢？理论上讲，土地和其他资本品一样，其价格是未来产生的现金流的折现值。但如上所述，土地在一些重要方面和一般资本品存在差异，使得其未来的现金流难以预测。

估值没有客观基础

首先，土地的使用寿命比一般资本品长得多。其次，一般资本品都有特定的用途，比如制造汽车的机器设备难以改为制造自行车，更不用说榨苹果汁了，但土地的用途可以改变，今天是农业种植，明年可能变为工业用地，后年可以成为住宅用地，未来难以预测，有无限想象空间。

另外，一般资本品未来产生的现金流受到新建资本的竞争限制，而新建资本的成本是有客观依据的。假设汽车制造的利润率高，新的投资者有两种方式加入汽车制造行业：一是购买现有的厂家；二是建立新的汽车制造工厂，现有汽车制造厂的售出价格受到建立新产能成本的竞争限制。但土地不一样，竞争有限，其价格主要看需求。

未来产出现金流的不确定性使得土地价格的估算缺乏客观的基

础，更多地由人们的心理预期、羊群效应决定。① 这在住宅市场显示得很清楚，住房价格包括土地价格、建筑成本、有关税收和开发企业的利润，后三者有比较客观的估算依据，但土地不一样。在地价呈现长期上升趋势的地方，土地集约使用的程度被迫增加，体现为高楼大厦越来越多，每个单位占用的土地减少，但每平方米土地的价格上升。在城市，越来越多地方的住房价格中，大部分是土地的成本。

如果你要买或者卖一套住房，你咨询地产中介合理的价格在什么水平，他不会告诉你这套住房的建筑成本是多少，而是告诉你附近的某一套房在什么价位成交或者新出让的土地的楼面地价是多少，作为主要参照指标。这背后反映的是土地（不可重置）和一般资本品（可以重置）的根本差别。

对利率敏感

除了未来现金流不确定外，土地的存续期长，使得交易的价格对利率非常敏感，这是土地金融属性的一个体现。按照一般的资产估值模型，未来的现金流离现在越远，其现值对折现利率的敏感度就越高。举个例子，假设一块土地无限期地产生固定的现金流，如果利率增加一倍，其折现的现值就下降一半。假设一个资产的存活期只有一年，利率从5%上升到10%，其现值只会从这个资产价格的0.95倍下降到0.91倍。

土地的金融属性还在于土地交易对外部融资的依赖。土地的存续期越长，和其他资产比较，土地的价格相对于其即期产生的现金

① 辛波. 土地财政与土地金融耦合的风险及管控[J]. 当代财经，2015（1）.

流越高。因此，购买土地所需要的资金门槛高，往往需要外部融资，而且融资的量大。谁能够比较容易获得外部融资，谁就在土地交易和分配中占有优势。影响融资条件的因素包括信用评级（一般来讲大企业比小企业的评级高）和抵押品的价值（土地本身就可以用作抵押品）。也就是说，规模较大的企业和已经拥有土地的企业和个人往往在购买土地中占有优势，导致土地的集中度越来越高。

融资不仅便利了土地交易，土地作为抵押品也促进了融资的扩张。抵押品有助于解决信息不对称的问题，通过对债权人的保障促进融资，但也有一个副作用，即它降低了债权人了解债务人投资项目的意愿和动力。结果是融资更多地依据抵押品的可得性和抵押品的价值来进行，而不是项目本身的可行性和产出效率。对个人来讲这可能是一个理性行为，但对整体来讲不是最优安排。结果是信用和实体经济的脱节，债务可能过度扩张并最终带来不能偿还的问题。

四、杠杆周期

作为抵押品，房地产和信用之间相互促进的一个重要载体是杠杆率。一个人用按揭贷款买房子，他需要和银行商议贷款的利率和贷款的量，假设房价是 100 万元，他借银行贷款 75 万元，付现金 25 万元，用的是 4 倍杠杆率。如果首付比例是 10%，则杠杆率为 10。显然，杠杆率越大，买房者受现金支付的约束就越小，同样的首付所能承担的房价就越高。

顺周期性

杠杆率（首付比例）和信用周期是什么关系呢？假设住房价格不变，杠杆率上升，则贷款的量增加；杠杆率下降，贷款的量减少，杠杆率变动带来信贷的变动。如果住房的价格上升，即使杠杆率不变（也就是首付比例不变），则贷款的量还是上升的。房地产价格和信用相互促进带来顺周期性，具体来讲有两个渠道：一是给定杠杆率，房地产价格上升，抵押品价值上升，借款人的融资能力增加；二是给定房地产价格，杠杆率上升提升借款的量。两者并不是相互冲突的，现实中，信用周期和房地产周期相互促进。

在监管要求之外，首付比例主要受两个因素影响：利率和抵押品价值的波动率（不确定性）。利率越低，借款人的债务负担能力就越大。更重要的是抵押品价值的波动性，如果资金供求双方都认为房产的价格稳定或者下降的空间有限，则借款人敢借，贷款人也愿意贷。在房地产周期的繁荣阶段，随着乐观情绪上升，认为房价只涨不跌的人增加，更多的投资者借钱买房子，人们愿意用更低的首付购房，整体的杠杆率上升。房价出现拐点，下跌后，当初高杠杆买房的投资者遭受损失，投资者风险规避情绪上升，杠杆率也下降。

顺周期性容易导致繁荣期杠杆率太高、衰退期杠杆率太低的情况。在 2006 年，当美国房地产泡沫接近顶部时，住房按揭贷款人的首付可以低至 3%，杠杆率在 30 倍。泡沫破裂后，2009 年上半年，首付比例增加至 30%，也就是杠杆率下降到 3 倍多。我们没有中国住房市场实际首付比例的估算，但种种迹象显示，杠杆率在 2016 年房价上升中是增加的，包括有购房者刷信用卡来筹集或通过互联网平台借贷来筹集首付款。

乐观者与悲观者的游戏

杠杆率的顺周期波动对房地产价格有巨大影响。投资者可以分为乐观和悲观两派，资产价格涨还是跌取决于乐观者与悲观者的相对影响力。当有利好消息时，比如需求带来租金上升，房地产价格未来的不确定性下降，乐观者愿意借款购买住房，银行贷款的意愿也增加，杠杆率上升，意味着乐观投资者的购买能力增加，乐观者的影响力上升，房地产价格上涨。①

资产价格上升也意味着财富从悲观投资者向乐观者转移，进一步降低了悲观者对价格的影响。但是，一旦市场上出现不利的消息，整个过程可能反过来，价格下跌的预期导致杠杆率下降，价格下跌，乐观投资者因高杠杆遭受损失，悲观者低杠杆对价格的影响上升。房地产价格当然受很多因素的影响，但杠杆率的变化放大了价格的波动幅度。

实际上，从杠杆率的角度看资产估值，更容易解释价格泡沫的现象。传统的资产估值模型把价格看成是未来现金流（收益）的折现值，价格上涨要么反映利率下降，要么反映投资者对未来收益（基本面）乐观的预期。但利率的变动幅度有限，归因于对基本面乐观的预期在某些时候似乎也很牵强。另一种对资产价格波动的解释是乐观者/悲观者相对比例和杠杆率。加杠杆和随后的去杠杆可以导致价格在基本面没有发生显著变化的情况下出现大起大落。

需要注意的是，杠杆的存在使得房地产作为抵押品的功能反过

① Geanakoplos, J. (2010). The Leverage Cycle. The NBER Macroeconomics Annual 2009, Vol. 24.

来促进其需求，支持价格。保值能力稳定的资产增加了持有人在需要的时候获得贷款的能力，降低了持有人的流动性风险，这是一种流动性溢价，反映在房地产的价格里。当然，房地产作为抵押品提供流动性的能力也是顺周期波动的。

五、房地产泡沫

自 1998 年住房制度改革以来，虽然有几次小幅的波动，但住房价格长期上升的趋势明确（见图 5.1），尤其是最近一轮上涨更加凌厉。

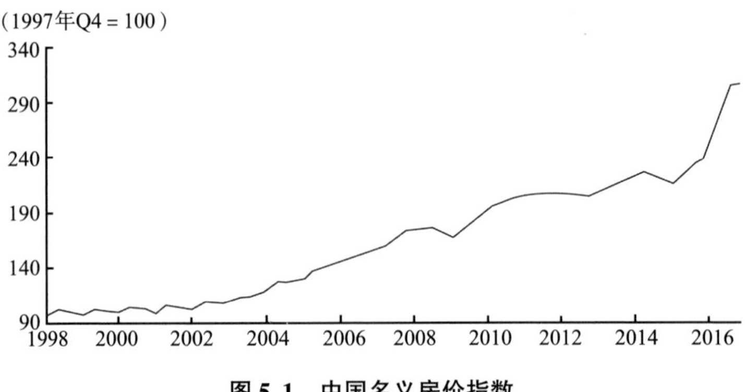

图 5.1　中国名义房价指数

资料来源：Wind，作者整理

2016 年房价大涨再次引起房地产泡沫的讨论。学术界、金融市场和政策当局对资产泡沫问题历来存有很大的争议，首先是能否事先判断泡沫的存在。经济学文献一般把基于未来价格上涨预期的投资行为看作泡沫的迹象，但在资产买卖中，很多都是以价格预期为导向的，很难判断哪些是过度的投机行为，泡沫几乎是资本市场的常态，轻微程度的泡沫通常无害。但资产价格大起大落，尤其是和信用联系在一起，就会加大宏观经济的波动，甚至带来金融风险。

我们可以从两个视角来分析资产价格泡沫的风险：一是比较资产价格和其“内在价值”（基本面估值）的差距；二是看驱动价格上涨的因素及其可持续性，尤其是金融和制度层面。

离基本面越来越远

在《渐行渐远的红利》的第七章，我们从住房作为消费品和投资品两个角度，分析房价收入比（衡量人们的负担能力）和房价租金比（衡量住房作为投资的回报率）两个指标。住房作为一种消费品，其价格合理程度的一个重要指标是房价收入比，衡量一般民众的负担能力。按照经济发展水平划分城市为一、二、三线，城市房价收入比随经济发展程度梯级上行，一线城市最高，然后是二线城市，最后是三线城市。从时间维度看，我国房价收入比呈现快速上升的态势；从纵向维度看，我国大城市房价收入比高于其他经济体的大城市。

房价租金比则更多地从投资的角度分析房价的合理性，房价租金比等于房价除以租金得到的比值，其倒数为房产的租金收益率。对房产的投资者而言，投资收益可以来自租金收益或者资本利得（房价上升）。过去十几年房价上升的速度大幅超过房租，造成房价租金比不断上行。主要城市的房价租金比达到30~50倍，相对应的租金收益率在2%~3%。从国际水平来看，我国城市的房价租金比显著高于世界上大多数国家和地区。

基本结论是我国的房地产价格已经严重偏离基本面，当时的数据截至2012年，过去几年，虽然收入和租金上升了，但房价上涨得更多，房地产价格偏离基本面的态势更严重了。

过去几年从收入负担能力和租金收益等基本面因素分析房价走势都“被打脸”了，甚至被嘲笑，但这并不代表基本面分析没有意义，而是资产价格受其他因素影响，可以在较长时间偏离基本面，地心力还是存在的，树不能长到天上。

泡沫的背后是信用扩张

另一个视角是分析驱动房价上升的原因及其可持续性。中国房地产市场的历史数据有限，从美国过去100多年的实际房价指数看，房价大幅上升只是过去20年的事情，而且波动性增加（见图5.2）。在这之前的100余年，美国房价基本稳定，并没有跑赢CPI上涨，住房作为投资品没有带来超额回报。为什么房价只是在过去20余年才大幅上涨，而且经历了大幅的上下波动呢？

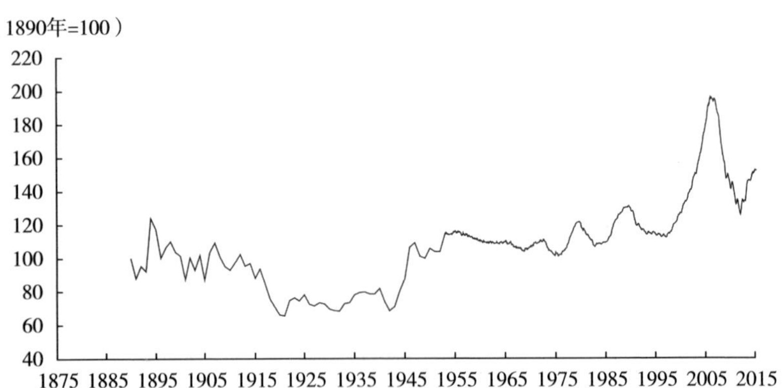

图5.2　美国实际房价指数

资料来源：Shiller, R. J.（2015）. Irrational Exuberance. 3rd. Edition, Princeton: Princeton University Press

一个原因是人口红利，战后的婴儿潮进入青壮年后带来对住房消费的强劲需求，同时这一代人的生育率显著下降，负担减轻，储蓄增加，导致对住房的投资需求也上升。而壮年人占比高的人口结构意味着整个社会的风险偏好较高，刺激对风险资产的需求。具体来讲，美国在 1985~1990 年生产者（25~64 岁年龄组）超过消费者（25 岁以下、64 岁以上人口），其后差不多 20 年内，经历了科技股和房地产两个泡沫的形成和破灭。

另一个原因就是信用扩张，支持了对住房的需求。美国、日本和其他一些国家（如西班牙、爱尔兰）的房地产泡沫的形成阶段都是与信用的大幅扩张联系在一起。一个大的背景是如第二章所述的 20 世纪 70 年代开始的金融自由化，对银行的管制日益放松，而信用创造货币把政府的隐性担保在一定程度上带进了商业活动。另一个大的背景是所谓的“大缓和”时代，温和经济增长伴随低通胀，人们对未来预期的不确定性下降，提升了投资者加杠杆的意愿。

我国房地产价格过去十几年快速上升，也有类似的宏观背景。我国的生产者数量超过消费者发生在 1995~2000 年，同时劳动力从农村向城市转移，在随后的 10 年经济快速增长，储蓄过剩的特征明显。人口红利与劳动力城乡转移相叠加，从三个方面刺激了房地产价格上升。第一，对住房的消费需求增加，包括城镇化进程的推动。第二，高储蓄率与资本账户管制相结合，由于私人部门对外投资的渠道受限，储蓄被困在国内，加剧了对国内资产的需求。第三，过剩型经济使得 CPI 通胀率和其波动性都下降，投资者认知的宏观环境尤其利率的不确定性降低。

在此过程中，信用的扩张起到推动作用。全球金融危机后，首先是银行的表内信贷，然后是影子银行快速增长。银行对家庭部门的按揭贷款和对房地产开发企业的贷款占总体信贷的比重从2005年的31%上升到2016年的67%。但是，这个比例低估了银行信用和房地产的联系，至少有三个层面没有反映到：以土地和房产为抵押品的贷款，包括部分地方政府融资平台的负债；企业以制造业或其他用途申请的贷款但实际投入房地产行业；影子银行包括理财产品筹集的资金通过银行表外渠道进入房地产行业。

信用扩张带来的脆弱性在房地产开发企业上体现得尤为明显。土地由于存续期长，其收益（租金）分布在很长的时期，产生的即期现金流少，而购买土地的贷款期限相对短得多，使得土地产生的租金收益不足以支付贷款的利息，更不要说偿还本金了。在金融不稳定论中，明斯基认为房地产开发是典型的庞氏融资，债务的偿还依赖于房产的销售，也就是有人接货。

上述土地的垄断属性是房价泡沫的另一个推动因素。我国土地供应机制导致土地供给对价格的弹性尤其低（见第五章“土地财政加大顺周期性”）。

投资者的心理预期与羊群效应也有影响。大部分资产泡沫在价格上升的初期都有基本面的推动，比如收入上升、储蓄增加等。一旦价格上升持续一段时间，价格上涨的预期会自我强化，直到方向转变。从基本面因素看，有些已经发生转变，比如人口红利开始消退，但过去价格上升导致的惯性预期，加上杠杆和信用的支持，导致房地产价格在相当长的时间偏离基本面。

调控政策的挣扎

提前预测资产价格的拐点很难，但信用条件的变化无疑是一个可能触发大周期拐点的因素，美国和日本房地产泡沫破裂之前，中央银行都较大幅度地提升利率。利率上升不仅直接增加融资成本，也会促使投资者的杠杆下降，带来信用紧缩。同时，杠杆率的变动不仅受市场供求本身的影响，也是政策调控的一个工具，2016 年第四季度开始的首付比例提升，对房地产降温有帮助。

正因为泡沫难以事先辨识，所以对政策是否能够防止泡沫的产生，或者政策是否应该主动刺破泡沫存在很大的争议。全球金融危机之前，主流的观点是货币政策虽然应该关注资产价格，但主要是从其对增长和通胀影响的角度出发。如果资产价格的上升没有导致经济过热和 CPI 通胀上升，则货币政策能做的有限，货币政策不应该以控制资产价格为目标，政策当局的主要任务是为泡沫破裂后维护金融体系的稳定做好准备。① 金融危机后，全球政策当局对过去的政策框架和思维都有检讨和重新思考，很明显，控制泡沫破裂后的影响，收拾残局没有那么容易。

在经历了十几年的高速上涨后，我国房地产价格处在高位，对经济的可持续发展不利，应该是基本的共识。但政策应该如何应对，则有很大的分歧和争议。政策当局既希望房地产市场有所冷却，又担心降温导致泡沫破裂，对经济和金融稳定造成很大的冲击。过去十几年的房地产调控就是在这样的矛盾挣扎中进行的，结果是房价一路上行。在今天的高位，政策的腾挪空间已经显著减小，一个例子就是房地产去库存带来了违背初衷的结果，另一个是土地财政的弊端日益突出。

---

① Bernanke, B. S. (2002). Asset Price Bubbles and Monetary Policy. Remarks Made before the New York Chapter of the National Association for Business Economics.

六、去库存的陷阱

2015~2016 年房地产领域的一个重要政策是去库存。从实体经济层面看，2014~2015 年经济增速下行压力的一个来源是房地产开发投资放缓，除了最终需求疲弱外，待售的住房比较多，减少库存有利于促进房地产开发投资，稳定经济增长。从金融层面看，待售的住房背后是开发企业的负债，去库存增加开发企业的销售收入，改善其偿债能力，降低金融风险。这似乎是一项一箭双雕的措施。

为了“去库存”，地方政府采取了很多措施，比如退出限购、降低税费、降低首付要求、打通商品房和保障房通道、公积金异地流转、停止土地供应、发展新房租赁等。有的地方政府甚至对购房提供补贴，鼓励零首付。结果是住房成交量显著上升，甚至出现排队抢房的现象，一线城市库存快速下降，但带来的问题是房价在已经高位的水平上大幅上升，投资者呈现非理性的行为。市场的疯狂最终迫使政策转向，限购、限贷回归，政策似乎回到原点，但一、二线城市房价更高了，至于库存，新增的投资将增加供给，投机性需求降低后，还将面临如何消化库存的问题。

问题出在了什么地方？我们可以通过和一般商品去库存比较来看这个问题。在市场化机制下，一般商品去库存的载体是价格下跌，比如汽车价格下降带来两个结果：更多的消费者购买汽车，同时制造商的利润率收缩导致汽车的产量减少，新增需求和边际产出的缺口通过库存弥补，导致库存下降。和一般商品不同，住房既是消费品，又是投资品。虽然大家买房主要是为了居住，但一点保值增值动机都没有的“刚需”很少。如果没有保值增值动机，租房即可。房地产具有很强的“金融资产”属性，决定资产需求的是预期收益，预期房价上涨，需求增加，也就是一般讲的买涨不买跌。作为投资品，要消化库存，必然意味着价格上涨。

从更深层次讲，房地产“去库存”与一般商品去库存的概念有很大差异。因为房地产不是消费品，而是耐用投资品，所谓“去库存”只是改变持有人的身份，也就是房产从地产商转手到了购房者，其物理形态和数量不会改变，也就不会被“消费掉”。而一般商品去库存是被消费掉了，比如，煤炭被烧掉产生电，钢铁被用掉制造汽车。从整个经济来讲，房地产去不了库存（只有开发企业去库存），待售的住房和已经售出的存量房都是房地产市场的有效供给。

上述两个特殊的属性使得房地产去库存可能不是一个线性的过程，要么效果不大，要么有明显的效果可能就伴随整个市场的火爆，一、二线城市的发展就是这样的。有一种观点认为，房地产市场区域分化加剧，一、二线城市房价超预期上升，需要控制，但三、四线城市仍然比较冷，房地产库存高企，仍然需要去库存。按照上述的逻辑，这样的观点是危险的，三、四线城市去库存若成效明显，必然与房价大幅上涨联系在一起。

七、土地财政加大顺周期性

导致高房价还有一个制度方面的因素，那就是土地供应由地方政府垄断，与地方财政纠缠在一起，造成土地供给对价格变动的弹性尤其低，推升了土地价格，而土地价格是房价的主要组成部分，[①] 数据显示，2006~2010 年 16 个主要城市建设用地供给规模平均仅占供地计划的 9%，2011~2014 年建设用地供给规模平均仅占 2011~2020 年供地规划的 8%（见图 5.3）。

城镇土地出让主要是地方政府通过招、拍、挂三种方式，其中拍卖占了绝大多数。这个模式存在一个根本的问题：由于地方政府是唯一的土地供应者，它在地价上涨期通过增加供应来平抑价格的动力不足。这是一种典型的商业性行为，缺少了政策的元素。[②]

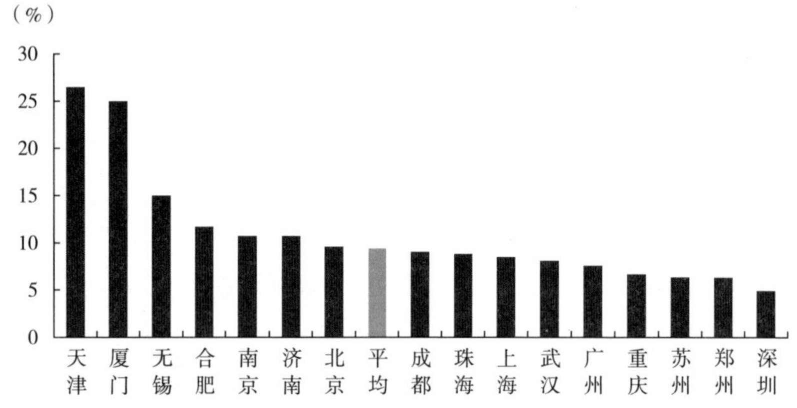

图 5.3　2006~2010 年建设用地实际供给规模与用地规划之比

资料来源：各政府网站，作者整理

卖地收入支持了地方政府主导的基建投资和城镇建设，土地价格上升也提高了地方政府以地产做抵押的融资能力。地方政府用卖地收入与土地融资改善基础设施，加速了城市化，促进了当地经济的繁荣，在一段时间掩盖了土地财政的负面影响。这个负面影响体

① 钱忠好. 征地制度、土地财政与中国土地市场化改革[J]. 农业经济问题，2015（8）.

② 李郇. 中国土地财政增长之谜——分税制改革、土地财政增长的策略性[J]. 经济学（季刊），2013：12（4）.

现在两个方面：一方面，地方政府追求高收益，导致高地价，推高房价；另一方面，土地作为抵押品推动了信用扩张，带来了金融风险问题。

政府卖地不同于税收

从金融周期的角度看，土地财政加大了经济的顺周期特征。我们可以把支持地方政府支出的资金来源分为三部分：税收、发债和卖地所得。税收意味着资源从私人部门转移到政府，也就是税收支持的政府支出对私人部门有挤出效应。如果政府发债筹集资金，由私人部门购买，就不是资源的净转移了，实际上是一种资产交换，政府获得现金流，私人部门获得资产（政府的债券），对私人部门来讲，净资产没有变化。发债对私人部门的挤出效应比税收小。

政府卖地是另一种资产交易，政府获得现金流，私人部门获得土地。在房地产上升期，土地收入对私人部门不仅没有挤出效应，甚至有挤入（增加）的影响。一方面，卖出土地带来住房建筑开发投资；另一方面，土地价格上升带来的财富效应增加了房地产所有者的边际支出。

一般来讲，财政行为是逆周期的，在主动的政策（经济不好的时候减税、增加支出）之外，政府的税收和支出有自动稳定器的作用。但土地财政使得中国地方政府的行为带有顺周期的影响，增加了中央财政和货币政策逆周期调控的压力。同时，地方财政的顺周期性掩盖了土地价格上升对其他部门的挤压，拉长了房地产价格上升和信用扩张的时间。但随着房价越来越高，结构扭曲日益突出，土地财政带来的负面效应也日益凸显出来。

房产税的争议

消除土地财政带来的顺周期性，需要改革地方政府的收入结构，降低一次性的卖地收入，代之以房产税。① 从效率和公平两个角度看，房产税是最优的税种，房产登记产权明确，避税不容易，房产是财产的一部分，房产多的人缴税多也符合公平的原则。②

反对房产税的意见包括它对防止房地产泡沫没有帮助，增加了居民的税收负担，土地出让金已经缴了，再缴房产税属于二次征税等。仔细斟酌，这些理由都不充分。房产税不能消除房地产价格的波动，但持有成本上升有利于降低投机性住房需求。降低居民的税收负担，可以通过一套房免征或少征来缓解，同时应配套以降低增值税等流转税。

至于说二次征税的问题，更是站不住脚，土地买卖是资产交易，不是税收。个人买房获得一份产权，是对住房的土地使用权，这份产权随着时间的推移可能升值，也可能贬值，是个人财产的一部分。反对房产税实际上是反对对财产征税，这是另外一个问题了。

退一步说，如果说卖地收入包含的土地出让金是税收，那也是一种不公平的税种。十年前的土地价格比现在低多了，当时上缴的土地出让金相对于今天的房价（税基）已经大幅下跌，实际税率大幅下降，后面买房的人实际税率高多了。土地出让金作为一项税收来源，是一种具有严重累退性质的税，是不公平的税。因为房价持

---

① 刘会洪，范定祥. 土地财政依赖、房地产税替代及模式选择[J]. 经济经纬，2016（6）.

② 易宪容. 房地产税争议背后有玄机[N]. 人民日报（海外版），2010－06－11（005）.

续上涨已经造成社会财富的巨大差异，现在第一次买房子的人主要是年轻人和中低收入阶层（或者说财产少的人），他们面对的税率比以前高多了。土地出让金是对年青一代征税，对没有财产的人征税。

总之，改变土地财政的机制，引进房产税，不仅有助于打破土地和银行信用相互促进的顺周期性，更是纠正税收结构扭曲，促进公平和效率的重要方面。正因为这样，这项改革涉及利益再分配，遇到的阻力大，理论和现实是有差距的，政策也有路径依赖。但党的十八届三中全会明确要求“加快房地产税立法并适时推进改革”，这个大方向应该不会改变。

作为本章的结束部分，我们想强调的是，有关土地制度与相关财政问题的争议很大，但抓住主要矛盾是关键。我们在本章前三节花了很长篇幅详细阐述了土地作为一个生产要素的特殊性，给土地所有者（延伸到不动产所有者）带来特殊的竞争优势，扭曲经济结构。一个流行的观点是，土地供应不足是导致房价持续上升的根本原因，我们在一定程度上认同这个观点，但不应该过度延伸。增加土地供应有帮助，但针对土地给所有者带来的特殊优势，还需要公共政策的干预，一个重要的措施就是引进房产税，增加不动产的持有成本。

第六章　汇率“常识”的偏差

张而不弛，文武弗能也；弛而不张，文武弗为也。一张一弛，文武之道也。

——《礼记·杂记下》

人民币汇率在过去十多年的大部分时间面临升值压力，但近年来情况有所变化。纵观中外历史，没有持续升值的货币，也没有持续贬值的货币，给以足够的时间，汇率水平总是有上有下，带有周期波动特征。

按照货币数量论，汇率作为两种货币的价格之比，其波动应该与货币购买力的变化一致，反映两国物价的相对变动。在“十一五”和“十二五”的大部分时间里，人民币对内贬值，但对外升值，对内、对外价值似乎是反向变动的。

如何解读过去相当长一段时间内人民币呈现“外升内贬”的现象？近期的汇率贬值是短期噪音还是趋势反转？人民币是强势还是弱势货币？主流的宏观经济分析通常从贸易角度看汇率变动的影响，也就是把汇率看作商品和服务的相对价格。随着资本账户开放，以及金融市场发展，只从贸易角度来分析汇率是不够的，汇率也是资产价格。本章在金融周期的分析框架下，既考虑商品价格，也考虑资产价格，探讨人民币汇率波动的规律及其含义。

一、人民币汇率强弱之辨

我们从人民币到底是强势还是弱势货币说起。从对美元的汇率看，人民币从 2014 年初的最强水平（1 美元对 6.04 元人民币）到 2016 年底，贬值了 13%。但从一篮子货币看，人民币有效汇率在同期升值 2%，似乎是强势货币。如何理解人民币对美元弱势、对其他货币强势的现象？

汇率的三个形式

谈到汇率，我们一般首先想到的是对美元的双边汇率，这是因为美元是国际储备货币。美元在国际贸易和金融交易中被作为记账单位和交易手段，大宗商品交易和国际金融市场的投融资活动也大多以美元作为基准。美联储的货币政策是全球流动性最重要的决定因素。对大多数国家而言，对美元的汇率最重要，中国也不例外。

但只看对美元的汇率是不全面的，中国的对外贸易伙伴有很多国家，衡量对外贸易竞争力还要看所谓的有效汇率，也就是根据主要贸易伙伴在我们对外贸易中的重要性，计算的一个加权平均汇率(即名义有效汇率)。

看汇率变动对出口等经济活动的影响，除了名义有效汇率以外，还要考虑国内外商品与服务价格的变化。即使名义汇率不变，如果工资和其他投入的价格上升，也会增加出口商品的成本，削弱竞争力。所以，还要关注汇率的第三种形式，即实际有效汇率，在名义有效汇率的基础上，把一国和主要贸易伙伴的国内价格变动考虑进去，一般是国内 CPI 和贸易伙伴 CPI 的相对变化。

过去十几年，人民币实际有效汇率从 2005 年的低点大幅升值，且上行的幅度与名义有效汇率差不多，因为该时期中国的通胀率接近主要贸易伙伴通胀率的加权平均水平（见图 6.1）。

图 6.1 人民币有效汇率大幅升值

资料来源：Wind，作者整理

美元是国际储备货币

人民币名义有效汇率在 2015 年 7 月达到高点后显著贬值，同期人民币也对美元贬值，如何理解两者的关系？其中一个解读是，过去十几年有效汇率的大幅升值意味着中国出口在全球市场中的竞争力下降，近年来人民币对美元汇率面临贬值压力是调整的一部分。可以说，人民币累积的对一篮子货币强势导致了现在对美元双边汇率的弱势，对美元汇率的变动是有效汇率调整的载体。

汇率变动最终通过资金流动来实现对美元汇率是主要渠道。资金套利使得人民币对美元双边汇率的升值或贬值预期被两国之间利率（资产回报率）的差异所抵消，这就是所谓的利率平价理论。[①] 利率反映一个国家经济基本面的变化，而经济基本面又受有效汇率（通过进出口）的影响，这样双边汇率和有效汇率之间就有了联系。

具体来讲，有效汇率持续升值、拖累出口，是导致总需求疲弱的因素之一。为应对经济增长下滑的压力，中国人民银行自 2014 年

① Keynes, J. M. (1923). Classic Analysis of the Forward Exchange Market and Covered Interest Parity. A Tract on Monetary Reform. London: Macmillan.

底开始多次降低存款准备金率和基准利率，并通过再贷款等结构性工具提供流动性，在货币政策放松的引导下，利率下行，中美利差缩小，带来人民币对美元贬值的压力。当然，资本账户管制导致的交易成本使得套利不充分，远期汇率隐含的汇率变动预期和中美之间的利差不是完全抵消的，假设国内利率不下降，实际有效汇率贬值就得通过国内通缩来实现。

回到人民币强弱之辨，最终还是要看对美元汇率，而不是多边的有效汇率，对美元汇率变动是内外部经济压力的释放渠道。总之，我们需要把贸易竞争力与资产配置两个角度放在一起，在一般均衡的框架下分析汇率问题。有一些流行的观点存在误区，比如我们经常听到贸易顺差意味着人民币应该升值、国际化支撑人民币汇率等观点。对这些流行误区的正确认识有助于我们理解人民币汇率和更广的经济之间的关系。

二、误区一：贸易顺差代表升值压力

近年来的人民币汇率贬值压力是在中国贸易顺差显著增加的背景下发生的。贸易顺差从 2014 年的 3831 亿美元增加到 2016 年的 5100 亿美元，对 GDP 的比例从 3.6%上升到 4.5%。与此同时，人民币对美元汇率与有效汇率都出现显著贬值，这似乎和过去十几年流行的贸易顺差带来人民币升值压力的观点相违背。贸易差额和汇率到底是什么样的关系呢？

典型的宏观经济模型告诉我们，汇率与贸易收支、总体国际收支的关系，可以从短期、中期、长期三个角度看。短期来看，外汇的供给与需求（其中贸易差额是重要因素）决定汇率水平；中期来看，汇率水平变动反过来影响贸易差额；长期来看，汇率与贸易差额共同由经济基本面因素决定，是一枚硬币的两面，一面是价格，另一面是量，两者之间不是因果关系。

短期：贸易差额→汇率

在我国，过去因为资本账户管制，跨境资本流动受到限制，贸易差额是短期外汇供求的主要决定因素，贸易顺差带来人民币汇率升值的压力。有观点认为，随着我国贸易顺差减少，甚至出现贸易逆差，人民币长期将呈现贬值的趋势。但是，2015 年的汇率贬值是和贸易顺差扩大联系在一起的。为什么会出现这种看似矛盾的现象？因为流行观点把外汇供求决定汇率的短期关系过度延伸了。

虽然贸易差额变动是外汇供需的重要部分，但并不是唯一因素，① 资本和金融项目下的资金流动也会影响外汇供求，波动弹性更大。② 在资本账户开放的经济体，资本流动往往是短期汇率变动的主要影响因素，跨境的资金套利使得汇率变动与国内外利率之差紧密相连。随着资本账户开放的推进和金融市场的发展，资本流动对汇率短期波动的影响逐渐增强。

中期：汇率→贸易差额

即使在资本账户管制的情况下，认为贸易顺差一定意味着汇率

---

① 裴长洪，郑文．中国视角：人民币汇率与贸易顺差关系分析[J]．金融评论，2010（1）．

② 郭树清．人民币汇率与贸易和经济[J]．中国外汇管理，2004（9）．

升值是把两者之间的短期关系过度延伸了。从中期看，汇率变动反过来影响贸易差额。[①] 举个例子，假设石油价格因为地缘政治因素上涨，进口需要的外汇增加，贸易顺差减少，如果资本净流动不变，就会出现外汇供不应求的情况，本币贬值。汇率贬值影响出口和进口，传导过程需要一定的时间，往往需要1~2年才充分体现出来。在石油价格上升的例子中，汇率贬值增加出口竞争力，降低进口商品在国内市场的竞争力，进出口商调整价格一段时间以后，贸易顺差回升。最后的结果是贸易顺差可能回到原位，但汇率贬值了。

以上的例子显示，同一水平的贸易差额可以对应不同的汇率水平，超越短期来看，不存在“贸易顺差减少→汇率贬值，贸易顺差增加→汇率升值”的简单线性关系，关键还是要看背后的驱动因素。

资产配置视角

那么，超越短期我们应该如何理解贸易差额和汇率的关系呢？在国际收支平衡表上，一国的贸易顺差不过是该国对外净投资的反映。一国积累对外净资产（资产超过负债）的唯一方式是贸易顺差。假设私人部门对外投资增加，对外汇的需求增加，我们可以想象两个情形：一是没有对应的资金流入抵消，外汇供不应求，汇率贬值，给以时间，贸易顺差增加，从国家整体层面来讲，只有贸易顺差增加了，才能有更多的外汇购买外部资产；二是正好有资金流入（意味着我们的对外负债增加），和我国私人部门的资金流出相互抵消，汇率不变，贸易差额不变，对外净资产也不变。

---

① 刘尧成，周继忠，徐晓萍. 人民币汇率变动对我国贸易差额的动态影响[J]. 经济研究，2010（5）.

从资产配置看，一国贸易差额的水平反映了其累积对外资产的需要。全球来看，贸易是平衡的，一些国家的顺差意味着另一些国家的逆差，说明在某一时间点，有些国家在累积对外资产，有些国家在累积对外负债。某一时间点贸易差额的均衡值对应一个国家理想的对外净资产（负债）的值。标准的宏观经济理论模型说明，一个国家对外净资产（负债）的理想水平或者均衡值取决于其人口结构、生产效率、发展阶段和资源禀赋等因素，净资产（负债）的累积通过贸易顺差（逆差）来实现，汇率只是传导机制的一部分 。

当一国处于积累对外资产的时期，国内储蓄超过投资，对外投资的需求大，外汇需求上升，呈现本币汇率弱、贸易顺差的态势。而当一国积累的对外净资产达到理想水平之后，对外汇需求减弱，本币汇率转强，贸易顺差收窄。国际经验显示，贸易顺差往往和弱势汇率联系在一起，贸易赤字则往往和较强的汇率联系在一起。弱势汇率并不代表汇率低估，只是经济基本面要求在这个阶段累积对外资产，较低的汇率水平是经济的均衡要求。同理，较强的汇率也不一定代表汇率高估。

长期：汇率与贸易差额共同由其他因素决定

在一般均衡分析框架之下，汇率既是商品的相对价格，又是资产价格，① 其波动反映了一个经济体内部的消费和投资活动以及对外贸易和投资的影响。看汇率走势不能只看外汇供求的表象，还要分析驱动汇率和贸易差额的更深层次的基本面，也就是不仅要看国际

① ［美］保罗·R. 克鲁格曼，［美］茅瑞斯·奥伯斯法尔德. 国际经济学：理论与政策（第八版）［M］. 北京：中国人民大学出版社，2010.

收支平衡，也要看经济的内部平衡。

长期来看，贸易差额和汇率都受更深层次的经济基本面因素驱动，可以说是同一个现象的不同侧面而已。也就是说，如果存在一个长期均衡汇率水平的话，它对应的是经济基本面的结构性因素，这些因素决定了一个经济的均衡贸易差额和汇率水平。

如何理解汇率的均衡水平和市场供求所决定的水平之间的关系？从理论上讲，在有效市场的假设下，市场汇率不应该偏离经济基本面决定的均衡水平太远、太久。但现实中，外汇的供求，尤其是资本流动受预期的影响很大，而预期不一定是理性的，可能导致汇率大起大落。因为国内价格的调整需要时间，所以名义汇率的大幅波动可以对实体经济产生很大的冲击。对于外汇市场深度和广度有限的经济体，过度乐观或过度悲观的市场行为尤其有害，这就是为什么很多新兴市场国家通过市场干预来控制汇率的波动幅度。

三、误区二：贬值不利于国际化

国际货币基金组织宣布人民币于2016年10月1日加入特别提款权（SDR），成为继美元、欧元、英镑、日元之后第五个SDR组成货币，这是人民币国际化进程中的一个里程碑。① 随着中国经济规模扩大、金融市场发展和资本账户开放，人民币成为有分量的国际储备货币之一应该是合理预期。那么，国际化究竟对人民币汇率有什么含义呢？

---

① 陈雨露. 人民币有望成为第三大国际货币[J]. IMI研究动态，2014（合辑）.

国际化不等于汇率升值

近几年一种流行的观点是人民币国际化意味着汇率升值。背后的逻辑有两个层面：一方面，央行为了推进人民币国际化，不会让人民币贬值；另一方面，国际化意味着海外投资者对人民币资产需求增加，导致人民币升值。第一种观点已经被事实否定，无论是人民币国际化的进程、均衡汇率水平，还是央行汇率政策选择都具有内生性，都是由经济基本面决定的，央行不会也不能脱离经济基本面持续“刻意”地维持一个强势的汇率。

另外，人民币国际化和资本账户开放对资金流动的影响是多方面的，并不必然导致汇率走强。长远来看，汇率由结构性因素决定，货币国际化并不会对汇率走势起决定性作用。人民币国际化只意味着居民和非居民在资产配置时，有更多的货币可选择。

一方面，人民币国际化意味着海外投资者将增持人民币资产，从而会支撑人民币汇率。过去外商在华直接投资较多，追求的是中国经济高速增长带来的回报。随着我国经济规模扩张，海外投资者包括中央银行和主权基金对人民币资产的需求会增加，尤其是对人民币固定收益类投资工具的需求会扩大。

另一方面，人民币国际化的进程必然伴随资本账户开放，对跨境资本流动管制的放松将有利于企业和个人对外投资，资金流出增加，对人民币汇率带来贬值压力。那么，支撑和压制汇率的两个方向相反的力量，哪一个更大呢？总体来讲，资金流出和流入受国内外经济周期和金融周期波动的影响，一般情况下经济下行压力相对较大，或者市场对金融风险的担忧较大时，往往伴随着货币贬值的压力，反之则有升值压力。

持续升值不利于货币国际化

与流行的观点恰恰相反，汇率持续升值不利于货币国际化，因为升值虽然有利于一个货币发挥投资货币的功能，但有损其融资货币的功能。一个货币要在国际金融与贸易中广泛被使用，既需要有人持有以其计价的资产，也需要有人持有以其计价的负债。投资者希望这个货币越强势越好，但对融资者而言，这个货币越弱势越好。因此，“一边倒”（lop-sided）的国际化道路注定走不远，可持续的国际化要求汇率双向波动。

美元和欧元作为两个最主要的储备货币，它们作为投资货币与融资货币功能的发展比较平衡。相对而言，日元“一边倒”的现象比较明显，过去 20 多年大家更愿意持有以日元计价的负债，在一定程度上妨碍了其国际化。

2005 年汇改后的十年，人民币持续升值，已经呈现“一边倒”国际化的态势。非居民大多愿意持有以人民币计价的资产，而不愿意持有以它计价的负债。其中一个例子是，2013 年底，香港银行体系负债方的人民币存款高达 8600 亿元，但资产方的人民币贷款不到 1200 亿元。非居民愿意持有人民币资产，因为人民币升值意味着人民币资产换成其本币会增值。它们不愿意借人民币，因为人民币升值意味着将来必须要用更多的本币来还债。

一个货币能否在国际贸易和金融交易中被广泛使用，终究要由市场来决定，而政府能做的是减少一些制度性障碍。人民币国际化，就是人民币跨越国界，在境外成为普遍认可的计价、结算和储备工具，简而言之，就是让外国人使用人民币购买商品，进行投融资，储备财富。这就意味着非居民大量持有人民币计价的资产与债务。

那么，是什么动机促使非居民愿意持有人民币资产与负债？这取决于货币发行国经济与贸易规模、资本市场发展程度（广度、深度）以及币值的稳定性等。

综上所述，人民币国际化的“瓶颈”是资本账户管制和资本市场不够发达，而不是汇率是否能持续升值。近几年来，我国资本市场发展较快，但跟 OECD（经济合作与发展组织）平均水平比，还有较大差距。比如，2015 年我国债券市场余额与 GDP 之比大约为 50%，不仅远低于资本账户开放程度高的国家，也比中等程度开放经济体要低。货币国际化存在网络效应，货币的使用与语言一样，越多的人使用，其降低交易成本的效率就越高，就会促使越多的人使用。这些因素与一个国家经济基本面是一致的，政府可以做的是采取一些措施消除某些制度性的障碍，比如开放资本账户等。①

四、误区三：升值促进结构调整

货币的对内价格和对外价格走势应该是一致的，似乎是个常识，货币供应多了，超发的货币追逐有限的商品和服务，物价上涨，货币对内贬值；同时，人们也可能把超发的货币转换为外汇，用于进口商品和服务，在这种情况下，汇率就会贬值。很多新兴市场国家过去受货币对内和对外同时贬值的困扰，我国 20 世纪 90 年代上半期也是这样的情况。

实际汇率持续升值之谜

货币供应增加导致国内物价上升，同时汇率贬值，两者相互抵

① 黄益平. 国际货币体系变迁与人民币国际化[J]. 国际经济评论，2009（3）.

消，实际汇率不变，这可以说是货币中性在开放经济中的体现，也就是说货币只影响价格，而不影响实体经济。关于物价，货币中性的理论基础是货币数量论，给定货币流通速度，货币供应增加带来物价上升。关于汇率，货币中性论则体现为购买力平价理论，货币的购买力是由单位货币在国内所能购买到的商品和服务所决定的，汇率则为两个货币的购买力之比，国际贸易的竞争使得同一种商品在不同国家的价格换算成同一种货币时趋同。按照购买力平价理论，名义汇率和物价变动相互抵消，实际汇率不变。①

但现实中，我们能找到不少货币内外价值长时间走势不一致的例子，实际汇率有较大的波动。2005 年汇率制度改革后相当长的时间里，人民币“内贬外升”，名义汇率升值与物价上行并存，实际有效汇率持续升值。这也不是中国独有的现象，日本也有过类似的情况，20 世纪 70～80 年代日元也是对外升值、对内贬值，实际汇率上升。

导致货币内外价值不一致的一个因素是价格黏性，使得货币在短期非中性。货币供应影响汇率和一般商品与服务价格的速度不一样。一般来讲，汇率比较快地反映最新信息，一般商品的价格因信息不对称或交易成本等而在短期有黏性。在这种情况下，名义汇率的变动不能及时被国内物价的变动抵消，带来实际汇率波动，影响实体经济。但是，价格黏性是短期的，物价在中长期会得到充分调整，价格黏性不能解释长达数年的人民币对内贬值而对外升值的

① 在比较强的假设下，国际贸易竞争使得同一件商品的价格在不同的国家是一致的（一价定律），实际汇率是 1。用 E 表示名义汇率，E 上升表示本币贬值，P 表示本国物价，P^* 表示外国物价，e 表示实际汇率，则有如下关系式：$P=E\times P^*$（一价定律），$e=E\times P^*/P$（实际汇率定义）$\rightarrow e=1$（实际汇率不变）。

现象。

BSH 假说

对人民币“内贬外升”一个流行的解释是巴拉萨-萨缪尔森假说（Balassa-Samuelson Hypothesis，BSH）。[①] 购买力平价理论假设一个经济体只有贸易部门，BSH 则把经济分为贸易与非贸易部门，而且这两个部门的劳动生产率增速不同。在一个经济高速增长的国家里，贸易部门通常有相对较高的劳动生产率，贸易部门工人的工资相应上涨，内部劳动力自由流动，促使不同部门的工资水平趋同，导致非贸易品价格上升。因为贸易品价格跟随国际市场，结果是非贸易品对贸易品的相对价格上升，导致总体物价水平上升比贸易伙伴快，实际汇率升值。

在固定汇率制下，实际汇率升值主要通过国内物价上涨实现；在浮动汇率制度下，实际汇率升值既可以表现为名义汇率升值，也可以表现为国内物价上涨，或者两者兼有（也就是“内贬外升”）。无论是固定汇率还是浮动汇率的情形，BSH 的含义都是实际汇率趋势性上升。

中国在加入世界贸易组织后，以出口为导向的制造业快速增长，吸引大量的年轻劳动力从农村向城镇转移，这些劳动力在农村不是充分就业的状态，转移到制造业，劳动生产率得以大幅提高。按照 BSH 假说，在当时人民币与美元挂钩的机制下，工资和物价应该快速上升，使得人民币实际有效汇率升值。但在 21 世纪初的几年，情况并不是这样。

---

① 林毅夫. 关于人民币汇率问题的思考与政策建议[J]. 世界经济，2007（3）.

一个解释是消化农村的剩余劳动力需要时间，充足的劳动力供应在支持了制造业扩张的同时，也抑制了工资和物价上升压力。随着农村剩余劳动力的减少和枯竭，工资上升和由此带来的物价上升压力从2004~2005年开始显现出来。同时，随着2005年7月人民币汇率形成机制的改革，BSH效应也体现在名义汇率升值上。应该说，BSH假说对解释人民币在一段时间呈现的“内贬外升”压力有一定说服力。

关键问题是BSH假说是不是人民币“内贬外升”故事的全部？其他国家的经验显示，在实际有效汇率持续升值的过程中，早期阶段往往和经济快速增长联系在一起，也就是说升值是有基本面支持的。但是，持续升值最后的调整通常不是平稳的，有些情况下会伴随某种形式的经济或金融危机，如日本、菲律宾、西班牙、希腊等经济体。如果实际汇率升值都是生产率提高的结果，那么如何解释有些国家在实际有效汇率持续升值后出现金融乃至经济危机的现象？一个可能是，除了劳动生产率之外，实际有效汇率升值的背后还有其他的推动因素。

那么，BSH假说在什么方面存在偏差？BSH假说是一种局部均衡分析方法，其不足在于，把汇率看作商品和服务的相对价格，而忽视了汇率也是资产价格的特性。BSH假说隐含的理论基础是货币中性论，长期来看，货币量的变化只影响物价，而不影响实体经济变量。在这个框架下，实际汇率只反映实体因素，比如劳动生产率的变动。金融周期提供了一个一般均衡分析的框架，结合实体和金融，解释汇率超越一般经济周期的波动。

五、从金融周期看汇率

如果我们超越货币中性的假设，考虑金融与资产配置对汇率和实体经济的影响，对一个货币实际有效汇率的持续升值就有另一个解释，这就是金融周期的影响。

上半场升值、下半场贬值

在金融周期上半场，房地产价格和信用扩张相互促进，支持国内需求，投资需求相对储蓄增加，带来利率上升和汇率升值压力，贸易顺差减少（或者逆差增加）。在国际收支上，体现为资金净流入，带来名义汇率升值压力。同时，在本币资产的配置过程中，以房地产为代表的非贸易部门更受青睐，房地产的繁荣带动非贸易部门价格上涨，CPI 通胀率上升。这是本币呈现“内贬外升”态势的另一个驱动机制。

到了金融周期下半场，房地产行业调整，银行收紧信用，需求下行，进入去杠杆阶段，导致需求相对于供给过剩，储蓄相对于投资过剩，贸易顺差上升（逆差减少）。过剩储蓄如何消化呢？要么对内投资，则需要利率下降来促进；要么对外投资，则资金流出带来汇率贬值压力；要么两者兼有。

私人部门投资海外可以通过两个渠道实现：一是央行将外汇“卖给”私人部门，这是国内不同部门之间的调整，不直接影响汇率，但导致央行外汇储备减少；二是通过贸易顺差来增加对外资产配置，在这种情况下，汇率贬值是促进贸易顺差的内在要求。

上述的金融周期视角在现实中有所体现。全球金融危机后，中国的银行信用大幅扩张，房地产价格反弹，金融周期上半场开启。人民币对美元汇率在维持一年左右的稳定后重拾升势，从 2009 年底的 1 美元兑 6.83 元人民币升到 2014 年初的 1 美元约兑 6.04 元人民币的最强水平，同期人民币名义有效汇率升值约 13%，出口增速大幅下滑，贸易顺差一度显著减少。但在房地产和基建投资的拉动下，总体经济增速虽然放缓但没有大幅下滑，通胀则在 2010~2012 年初处于较高水平。

自 2013 年钱荒后，房地产和银行信用放缓，金融周期似乎出现拐点，人民币呈现对美元贬值的态势。但 2016 年信贷再次大幅扩张，房地产价格快速上升，金融周期似乎重回上升的轨道，房地产和基建投资反弹，遏制了经济增速快速下降的态势，在低位企稳。但是人民币对美元汇率在 2016 年继续面临贬值压力，怎么解释汇率和房地产价格、信用反向变动的现象？首先，外汇市场和房地产市场的参与者不同，流动性也不一样，两者的短期变动分化是正常现象。其次，这一次房地产价格上升是在已经很高的水平上发生的，泡沫带来的金融风险加大，外汇市场对经济中最新信息的反应更敏感些。最后，汇率是货币之间的比价，除了国内因素，我们也需要关注国外尤其是美国的情况。在经过几年的痛苦调整后，美国处在新一轮金融周期的上升阶段，房地产和银行信用在过去两年显著复苏，经济向好。美联储进入加息周期，而中国还在本轮金融周期接近顶峰的阶段，各方面风险还有待释放，中美金融周期分化增加了人民币汇率贬值压力。

关注风险偏好渠道

汇率在金融周期中不仅是一个结果，也和信用、房地产价格相互促进，连接内外金融环境，放大周期波动。由于美元的国际储备货币地位，大多数国家私人部门的融资有相当一部分是以美元计价的，私人部门借美元债，买本币资产，资产负债表存在货币错配。货币错配使得资本流动和汇率变化通过“风险偏好渠道”（risk-taking channel）影响经济，加大顺周期性。①

在有美元债的情况下，当本币对美元升值时，私人部门净资产增加，信用等级上升，提高其风险偏好和融资能力，促使私人部门借更多美元债和本币债，促进总需求增长，带来通胀压力。使得货币政策可能面临一个两难境地，即加息虽有助于控制经济过热，但可能带来汇率进一步升值的压力。在市场对人民币汇率有持续升值预期的那几年，中国企业部门的对外负债大幅增加，尤其是房地产开发企业和大型企业在境外发债规模大增。外债增加和人民币对美元升值相互促进，放松了国内的融资条件，促进了国内信用扩张和房地产价格上升。

一旦本币开始对美元贬值，私人部门净资产减少，过程正好反过来，对信用、资产价格和经济增长都有抑制的影响。如果汇率机制不灵活，央行通过外汇市场干预减少汇率的波动，可能造成一段时间出现单边的升值或贬值预期，在这种情况下，资本流动以及国内信用和资产价格的相互促进作用可能加大。近两年，为了控制人民币贬值的幅度，央行在外汇市场卖出美元，导致外汇储备大幅下降。在私人部门层面，资本流出和对外负债减少联系在一起，起到

---

① 全球金融危机后，汇率通过金融渠道带来的顺周期性受到关注，参考 Azis, I. J. and Yarcia, D. (2015). How Capital Flows in the Midst of Excess Savings Affect Macrofinancial Vulnerability. Asian Development Review, Vol. 32, No. 2, pp. 115-152。

外部信用紧缩的作用。

上述汇率和经济增长的关系似乎和传统理解不同，关键在于区分有效汇率和对美元的双边汇率。汇率升值不利于出口和经济增长的观点指的是有效汇率，也就是对主要贸易伙伴一篮子货币的汇率，其变动反映了出口竞争力的变化。金融渠道的影响对应的是对美元的双边汇率。有效汇率和双边汇率对经济的影响反向，两者具有对冲作用，有时金融渠道的作用甚至会大于贸易渠道。

在金融周期上半场，本币对美元汇率升值通过信用和资产价格的变化促进国内需求，在一段时间内，这个影响可能超过有效汇率升值对外部需求（出口）的抑制作用。但是，实际有效汇率反映的实体经济竞争力最终是主导力量，过度升值不可持续，而调整往往是从金融层面开始的。国际货币基金组织的现任首席经济学家有一篇研究论文，结论是私人部门杠杆率上升和实际有效汇率持续升值的组合是最可靠的金融风险甚至危机的前瞻指标。①

在本节的结尾，需要说明的是，金融周期理论和BSH假说理论对汇率的解释并非完全对立。两者在解释“内贬外升”时，都认为非贸易部门价格上升更快是导致货币对内、对外价值背离的主要原因。不同之处在于，前者认为，房地产泡沫和金融扩张是非贸易部门价格上升更快的原因之一，而后者将此仅归结于贸易部门劳动生产率上升更快。

其实，任何资产泡沫在开始阶段都是有基本面支撑的，中国的房地产市场也不例外。加入WTO、农村剩余劳动力向城镇转移，

---

① Gourinchas, P. and Obstfeld, M. (2012). Stories of the Twentieth Century for the Twenty-First. Cepr Discussion Papers, 4 (1), pp. 226-265.

带来贸易部门劳动生产率快速提升，导致工资和非贸易品价格上升，而房地产是非贸易部门的最重要部分，这个阶段房地产价格上涨是有收入增加支持的。但是，和其他非贸易品不同，房地产有一个特殊的功能，即作为信贷的抵押品，房地产价格和信用相互促进，带来房地产泡沫，也使得汇率升值越来越脱离基本面。

六、不应有的贬值恐惧

金融周期和BSH假说对汇率变动的两种不同解读对我们如何看待经济结构调整有重要意义。作为一个重要的相对价格，汇率波动是经济结构变动的反映，也反过来影响经济结构。按照BSH假说，汇率变动背后是劳动生产率的变化，汇率升值后，生产率低的行业将会被淘汰，高生产率行业的发展空间更大，体现在产业上，就是产业结构的优化。按照这个逻辑，贬值是对旧经济的扶持，不利于市场出清，也不利于经济结构的调整，这似乎是过去十多年关于汇率和经济结构的关系的主流观点。

但是，如果从金融周期的角度看，我们就得出与上述观点完全相反的结论。在金融周期上半场，金融和房地产行业快速发展，导致资源集中到这些行业，从而对制造业等实体部门造成挤压。房地产和相关行业的过度扩张，是今天经济面临产能过剩和环境污染等问题的一个重要原因，代表的是经济结构的恶化。汇率升值和信用扩张在这个过程中起到了促进作用。

内部汇率升值视角

汇率与经济结构的关系，可以结合外部汇率与内部汇率来说明。过去几年，在房地产的带动下，非贸易品价格上升幅度超过贸易品（后者由国际市场竞争决定），使得内部实际汇率（Internal Real Exchange Rate，IRER，也就是一个经济体内部非贸易品与贸易品的相对价格）大幅上升。外部和内部实际汇率的变动互相联系，但并不是一一对应的关系，自 2015 年第三季度开始，人民币对美元贬值，导致 REER 走低，但房价快速上升，带动内部实际汇率继续上升。两者的分化可以解释为什么 REER 贬值对出口刺激有限的现象（见图 6.2）。图 6.3 显示内部实际汇率变化与出口增速的关系更紧密，近期的内部汇率升值压制了出口。

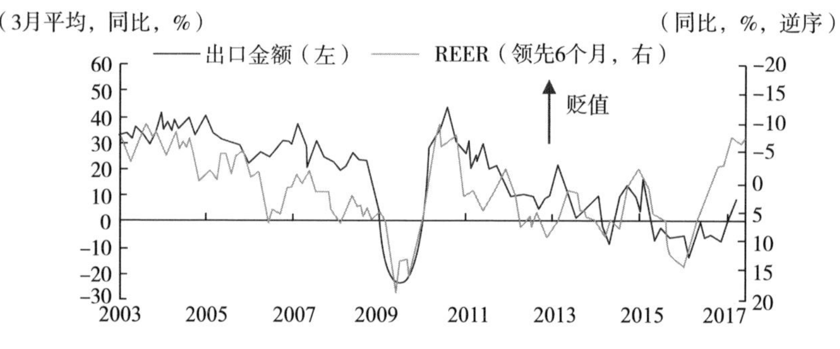

图 6.2　近期的 REER 贬值对出口拉动有限

资料来源：Wind，作者整理

在外部汇率和内部汇率走势分化的时候，只注重传统意义上的汇率变动可能就是“只见树木，不见森林”。那么应该怎么看两者之间的关系及其对经济的含义呢？冒着过度简化的风险，我们概括为，外部汇率影响贸易伙伴对中国出口的需求，反映出口在国际市场的

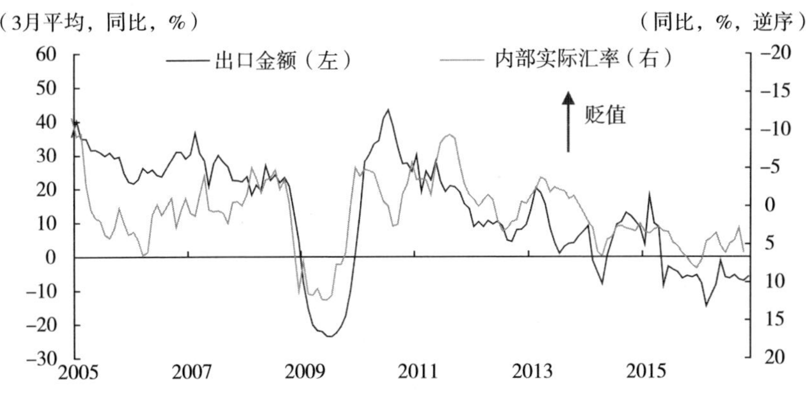

图 6.3 内部汇率与出口走势一致

资料来源：CEIC，Wind，作者整理

竞争力，内部汇率影响中国出口的供给，反映贸易品行业在内部资源配置中的竞争力。内部实际汇率影响资源在贸易品与非贸易品行业之间的分配，其升值意味着资源更多向非贸易品行业配置，贸易品行业成本上升，利润率下降，抑制其供给。

贬值有利于结构调整

在金融周期下半场，房地产和其他重资产行业调整，挤压泡沫的同时，资源可以被重新分配到那些曾经受挤压的行业，汇率贬值是引导资源配置向制造业和贸易相关服务业倾斜的一个重要传导渠道。对外汇率贬值促进出口在国际市场的竞争力，同时提高贸易品相对于非贸易品价格（也就是带来内部汇率贬值），从供给端改善制造业的竞争力，对我国经济结构调整有积极的影响。

以上讨论显示，在金融周期下半场，人民币汇率贬值是调整的一个载体，贬值并不可怕。需要强调的是，汇率调整并不意味着人民币会一直贬值下去，就像过去人民币的升值不能一直持续一样。

但这种周期性的贬值会持续多长时间、幅度会有多大仍然是一段时间内影响经济和金融环境的重要因素，也是对宏观经济政策效果的重要挑战。

由于过去僵化的汇率形成机制积累了一些问题，汇率在向灵活机制转换的过程中，可能会暴露一些风险。有一种观点认为，逐步贬值导致市场形成进一步贬值的预期，加大资本流出压力，形成恶性循环，不如一步到位。但一次性贬值对经济和市场的影响有较大的不确定性，而且一次贬多少就能够消除进一步贬值预期也难以把握。

七、贬值救不了房价

从金融周期角度看汇率，自然联系到房价。就房价与汇率的关系而言，一个热门话题是中国将出现日本模式（房价下跌、汇率不贬）还是俄罗斯模式（房价不跌、汇率贬值）的调整，言外之意是房地产价格下跌和汇率贬值存在相互替代的关系。这是一个有关资产配置与政策取向的重要问题，有必要系统性地梳理一下内在的逻辑。

资产与商品价格双重属性

从资产配置看，资产价格的上升预期和汇率升值预期应该是一致的，反之则相反，两者相辅相成，背后反映的是投资者对人民币资产的需求变动。但房价和汇率变动不是简单的资产价格对应关系，房价既是资产价格又是一个重要的商品价格，汇率也具有资产和商品价格的双重属性。从商品价格的角度看，两者往往是竞争的关系，房地产价格和房租上升，经济运行的成本增加，内部汇率升值导致外部汇率有贬值压力，反之房价下跌可能对汇率有支持作用。两个关系哪个占主导地位呢？资产和商品市场的需求和供给机制有很大差异，更重要的是还存在政府的参与，因此并没有简单的答案。

我们首先从商品价格的属性看，什么样的机制使得房价下跌可以替代汇率贬值，或者汇率贬值替代房价下跌呢？一个可能是购买力平价或者一价定律，中国的房价和美国的房价换算成同一种货币，两者差距不能太大。按人民币对美元汇率把中国的房价换算成美元价格，再比美国的房价，就是中美房价的实际汇率，如果购买力平价成立的话，实际汇率应该呈现均值回归的态势，也就是不会偏离平均值太远。中国的房价相对美国的房价涨得太多，均值回归的形式是中国房价下跌，或者人民币对美元贬值，或者两者兼有。

但购买力平价对非贸易品来讲是不成立的，因为不存在贸易的套利机制，而住房是典型的非贸易品。实际上，住房在一个国家内部不同的区域间也是非贸易品，这就是为什么一线城市和三线城市的房价差别很大。也就是说，从住房消费的角度来看，房价和汇率之间没有此消彼长的关系。

从投资品的角度看，房地产是资产配置的一个重要方面，投资者在不同的资产类别（包括境外资产）之间追求收益和风险的平衡。一个视角是房价大幅上升后其未来的预期回报率下降，投资者的配置在边际上向其他资产类别转移，如果转移到境外资产就会带来汇率贬值压力。另外，房价大幅上涨使得本币资产在投资者总财富中的比例上升，本外币资产配置失衡，人们在边际上增加对外部资产的配置，导致资金流出和本币汇率贬值。在这两种情形下，似乎汇率贬值是确定的，但房价不一定下跌。按照这个逻辑，在金融周期下半场甚至更长的时间，泡沫调整主要体现为人民币汇率贬值而不是房价下跌，也就是俄罗斯的模式。这是不是故事的结局呢？恐怕没有这么简单。

替代关系不现实

汇率和房价之间的关系最终还是要从资源配置角度来看，内部实际汇率贬值有两个途径，名义汇率贬值和房价下降，两者有一定的替代关系。理论上讲，如果汇率贬值的幅度足够大，就可以避免房价下跌。目的都是增加贸易部门的竞争力，引导资源从房地产（非贸易部门）向贸易部门转移，改善经济结构。

但这样的调整路径有两个问题：一个问题是房地产仅是非贸易部门的一部分，高房价不仅挤压贸易部门，也挤压包括服务业在内的非贸易行业，这意味着要想通过汇率变动抵消高地价和高房价的影响，贬值的幅度就要很大，这本身可能产生其他层面的结构扭曲影响。由此也带来另一个问题，中国作为第二大经济体，其规模意味着人民币汇率大幅贬值对全球经济的冲击大，其他国家难以接受，加大我们面临的贸易保护主义压力。也就是说，从经济承受力和国际承受力的角度看，人民币汇率贬值替代房价下跌的空间有限，这是中国和俄罗斯的一个重要差别。

金融层面的互补关系

从金融渠道看，汇率和房价是互补而不是替代的关系，汇率贬值预期不利于投资者对包括住房在内的人民币资产需求，同样，房价下跌预期促使投资者配置包括外币资产在内的其他资产，带来资金流出压力。这里还有一个汇率变动影响资产负债表的渠道，强化了汇率和房价之间的连带关系。具体来讲，在非政府部门对外净负债的情况下，汇率贬值带来负面的财富效应，降低其风险偏好和借贷能力，在边际上紧缩信用条件，不利于房地产价格。

但是为什么在日本的金融周期下半场，汇率升值（起码不贬值）和房价下跌联系在一起呢？人们的投资行为往往有路径依赖，我们判断一个资产价格的未来走势需要关注其初始条件。如果投资者已经持有大量的外币资产，或者准确地说，对外净资产的规模比较大，本币若贬值，则外币资产占总财富的比例上升，降低居民进一步增持外币资产、分散风险的动力。如果投资者对外是净负债，本币若贬值，则以本币计价的对外债务负担会增加，将导致更大的资金流出和贬值压力。

日本的私人部门在房地产泡沫和信贷扩张时期累积了对外净资产，此后对日元汇率所提供的支撑体现在两个方面：一方面，每年带来投资收益，成为常规的外汇收入；另一方面，日元对美元的任何贬值都会增加以日元计价的对外净资产，反过来限制了对外投资与贬值的压力（见图6.4）。俄罗斯的情况相反，对外净负债使得汇率贬值有自我强化的动力。大部分新兴市场国家都存在这个问题，对外债务不可持续往往是汇率贬值的驱动力。

中国是像日本还是像俄罗斯呢？既像又不像。从整个国家来看，中国持有大量对外净资产，类似于日本，但对外资产在政府部门和非政府部门之间的配置失衡，非政府部门对外是净负债，政府部门对外是净资产（见图6.5）。这在国际上是一个较为特殊的现象，大

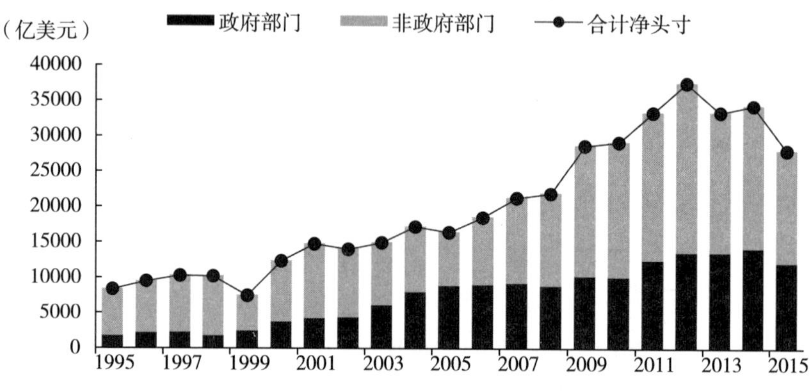

图 6.4　日本非政府部门对外净资产

资料来源：CEIC，作者整理

多数国家私人部门对外净资产的情况基本代表整个国家的状况。也就是说，中国的非政府部门累积了美元空头、人民币多头，当人民币对美元汇率由升值转为贬值预期时，非政府部门为了减少损失购买美元，平仓美元空头，加大人民币贬值压力。

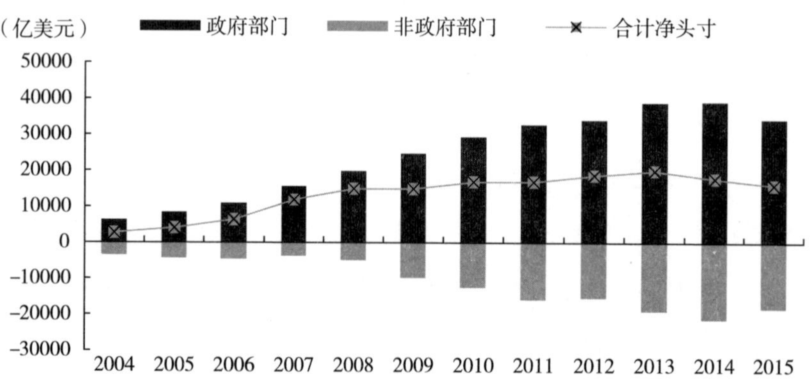

图 6.5　中国非政府部门对外净负债

资料来源：CEIC，作者整理

第七章　金融周期的结构效应

天之道，损有余而补不足。人道则不然，损不足，奉有余。孰能有余以奉天下？其唯有道者。

——《道德经·下篇》

全球金融危机之前，贫富分化在宏观经济讨论中并不占据重要位置，很少有人把贫富分化和金融的发展联系在一起。主流的观点认为信息不对称问题对中低收入阶层的约束更大，让更多的人得到金融服务有利于降低收入差距。[①] 同理，无论在理论还是实践中，货币政策对经济结构和收入分配的影响基本被忽略，货币政策被认为是总量调控。金融危机后学界和政策部门重新审视金融发展的结构和分配效应，包括对货币政策结构性影响的反思。[②]

伴随金融自由化和经济全球化，全球呈现贫富分化扩大的趋势。一个常用的衡量金融发展的指标是信贷对 GDP 的比例，常用的衡量收入差距的指标是高收入群体（如最高的 10%）收入占总体居民收入的比例，欧美国家在 2008 年之前的 40 年间这两个指标普遍呈共同上升的态势，中国和印度等新兴市场国家在过去几十年也是信贷扩张伴随贫富分化加大。那么，是信用扩张加剧贫富分化，还是贫富分化加速信用扩张，抑或两者共存根本就是巧合？这对我们判断金融周期的走势及其影响很重要。

---

① Greenwood, J. and Jovanovic, B. (1990). Financial Development, Growth, and the Distribution of Income. The Journal of Political Economy, Vol. 98, No. 5, pp. 1076–1107.

② 李波，伍戈，席钰. 论“结构性”货币政策[J]. 比较，2015 (2).

信用扩张在超越一般经济周期的层面加剧贫富分化，是货币非中性的一个侧影，说明其对相对价格和经济结构产生了持久的影响。这中间的传导渠道可能有多方面，其中之一就是房地产和信用相互促进形成的“顺周期”性，也就是金融周期的作用。我们在第二章中论述了各部门获得信用的能力不同对经济结构的影响，有抵押品优势的房地产行业占尽先机，实现更快发展，而难以得到信贷的部门受到挤压。反过来，贫富分化对信贷扩张有没有影响呢？如果有，通过什么渠道呢？

结构的变化影响总量。金融的过度扩张即使不带来金融危机，其导致的结构失衡也损害经济的潜在增长率。[①] 站在 2017 年，市场对未来经济走势看法的分歧，部分是因为大家只关注经济的总量而忽视结构变化。为什么政策放松刺激地产和基建投资的效果明显，但过去五年包括制造业在内的民间投资增速却呈现下滑态势？本章讲述一个金融驱动结构、最终影响总量的故事。

一、房地产占尽先机

重温第一、二章的论述，信贷分配影响经济结构，优先获得信贷的部门，由于工资与价格在短期内不会发生变化，其实际购买力上升，有助于其拓展业务。而后拿到信贷的部门，由于工资或价格已经上涨，其实际购买力下降，意味着其扩张业务的能力受限。

信贷在不同部门之间的分配有市场自发和政府干预两种方式。

---

① 郭树清. 不改善金融结构 中国经济将没有出路[J]. 国际经济评论，2012（4）.

市场自发的信贷分配是指在竞争性的市场中，金融机构基于理性行为而形成的资金分配现象。具体而言，信息不对称使得银行在分配信贷时偏向长期客户和能提供更多更好抵押物的部门或企业。政府干预的信贷分配则是政策影响的结果。在现实中，这两种信贷分配机制并存，但重要性不同。比如，在计划经济时代，中国的信贷分配完全由政府主导，随着市场化改革的推进，银行自主的商业行为越来越重要。

金融周期是一种典型的信贷分配现象。因为房产和土地是最常见的抵押物，与地产有关的部门和行业在融资时占有优势。所以，市场自发的信贷分配通常与金融周期紧密相关，金融周期上半场房价与地价上涨，房地产开发企业和土地资源较多的部门占尽先机，而下半场则反过来。在中国，地方政府控制土地供给，事实上成为房地产相关部门之一，地方政府（及其所属平台）在市场化信贷分配中占有优势。

有没有具体的数据支持房地产占有信贷先机的判断呢？中国人民银行公布的信贷数据没有按行业进行划分，我们整理了2700多家非金融上市公司的财务数据，按行业划分，计算不同行业的负债占上市公司总负债的比重。负债是存量，代表的是相关行业占有的信贷资源的累积。截至2015年第四季度房地产行业占用的信贷资源最多，占比高达15%；其次是建筑行业，占比为12%；最后是钢铁行业（和房地产开发建设紧密相关），占比为6%。与房地产关系不紧密的行业，比如纺织、造纸、塑料等债务所占比重不到2%（见图7.1）。①

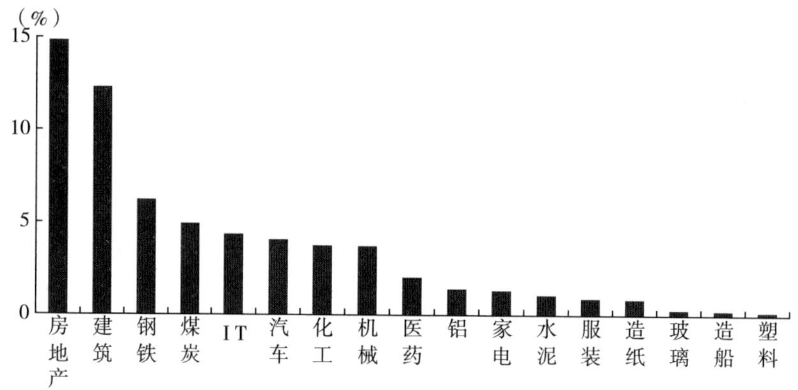

图7.1　按行业划分上市公司债务占所有上市公司总债务比率

资料来源：Wind，作者整理

一个新的现象是住房按揭贷款快速增长，居民中长期贷款（主要是个人住房按揭贷款）在2016年增长86%，占新增贷款的45%。虽然借款者是个人，但按揭贷款以购房款的形式转移到开发企业，其中一部分又通过开发企业在交易行为中支付给相关的上游行业。按揭贷款的迅猛扩张，意味着房地产开发及相关行业占用的信贷资源比其本身负债显示的还要多。

债务占比反映了各行业对信贷资源的占用，换个角度看也是相关行业杠杆率的一个体现。房地产开发企业杠杆率（总资产/净资产比率）在过去十年持续上升。伴随2015~2016年的信贷扩张，房地

① 本章的图表较多，因为这是一些有原创意义的估算，包括行业占用信贷资源比重、银行铸币税、不同行业获得政府隐性担保的收益、不同行业从业人员收入对货币的弹性。这些都是我的合作伙伴张文朗博士的研究成果。参考如下：彭文生、张文朗等：《拥抱逆周期》，中信证券2016年下半年宏观经济展望报告，2016年5月24日。彭文生、张文朗：《金融周期带来“类滞胀”》，光大证券2017年宏观展望报告，2017年1月6日。

产商的杠杆率在已有高位上进一步上升，接近78%，而在2008年这个比例是63%。

在美国金融周期的上半场，房地产开发商获得信贷较多，杠杆率持续上升，于2008年金融周期见顶时高达67%。而后随着金融周期下半场调整，其杠杆率大幅下滑至2014年的57%（见图7.2）。这是因为进入金融周期下半场以后，地产价格下降，抵押物的价值下滑，金融机构向房地产相关部门放贷的意愿减弱。经过5~6年的调整，美国现在已经处于新一轮周期的上升阶段，美国房地产商的杠杆率也呈现企稳的迹象。

图7.2　金融周期下半场美国房地产商杠杆率大幅下滑

资料来源：Bloomberg，作者整理

从周期轮回的角度看，信贷投放的结构效应会部分自我纠正，如果周期持续的时间短，其对经济结构的扭曲影响会比较小。但房地产作为抵押品和信贷相结合带来很强的顺周期性。不同的经济体呈现的金融周期的顺周期性不同，反映了金融发展阶段、制度和监管机制以及政策取向等方面的差异。金融周期扩张阶段持续的时间越长，其导致的经济结构扭曲就越严重。

二、金融业近水楼台

以上是从需求端看，房地产行业因为拥有抵押品而最得益于信贷扩张。从供给端看，可以用“近水楼台先得月”来形容银行业得益于信贷扩张。银行吸收存款、发放贷款，通过存款利率比贷款利率低而获得利差。银行收入的主要来源是净利息收入，取决于利差和信贷的量。银行赚取的利差既有银行筛选贷款项目、评估和管理信贷风险的报酬，也包含存户为持有流动性资产所付出的费用。现金的流动性最高、利息是零，银行存款的流动性比现金低，但比其他资产如房地产高，其利息介于现金与风险资产收益之间，存户持有存款而放弃的收益是银行为大众提供流动性资产的回报。

也就是说，在现代金融体系下，银行存款作为广义货币的一部分，银行赚取的利差一部分类似铸币税。由此银行有增加规模、做大贷款量的动力。

与一般商品和服务不同，货币是交易媒介，广为接受，货币短期内主要由供应方决定，使得银行有能力多创造货币。金融周期上半场，信贷大幅扩张，银行业获得铸币税带来超额利润。我们的估算显示，以对 GDP 的比例衡量，中国的银行获得的铸币税收益高于美国、德国等主要经济体（见图 7.3）。

过去在外汇占款占 M2 增量半壁江山的情况下，广义货币扩张的收益（铸币税）主要由央行获得，因为外汇储备的收益高于央行付给银行的准备金存款利息。在人民币汇率升值过程中，央行的外汇

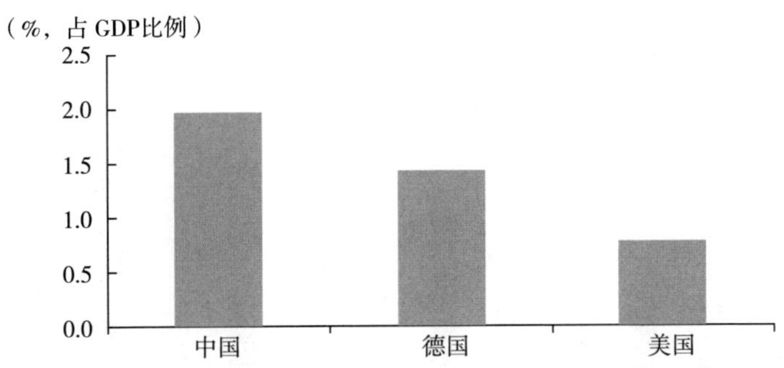

图 7.3　各国商业银行铸币税比较（2005~2013 年）

资料来源：CEIC，作者整理

储备换算成人民币贬值，但这只是会计记账的汇兑损失，不是现金流，受益于人民币升值的是负有美元债的企业和个人，银行的货币错配有限，基本不受影响。人民币兑美元转为贬值后，这个汇兑损失反过来，央行的外汇储备换算成人民币增值了（没有现实意义），但负有美元债的企业和个人受损，银行受到的影响也有限。

全球金融危机后，对企业和个人的债权（银行信贷）成为 M2 增长的主要渠道，银行则是最大受益者。一个最直接的体现就是银行业利润大幅增加，上市银行利润占总体上市公司利润的比例从 2006~2007 年的 30%左右上升到近几年的近 50%（见图 7.4）。这其中有一些不可比因素，如该期间上市银行的数量在增加，尤其是体量大的中国农业银行，给数据带来扰动，但还是反映了银行业相对其他行业占据的优势。从宏观数据看，金融行业（包括保险）增加值占 GDP 的比例从 2005 年的 4%上升到 2015 年的 8.5%，而同期美国的这个指标从 7.6%下降至 7.2%（见图 7.5）。

把金融和房地产放在一起看，2005~2016 年，房地产和金融服务业占 GDP 的比重上升了 6 个百分点，而同期其他服务业的比重只

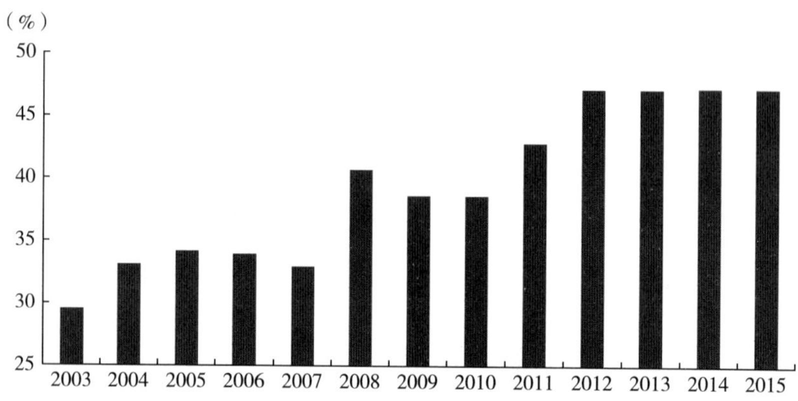

图 7.4　银行业利润占上市公司总利润比重

资料来源：Wind，作者整理

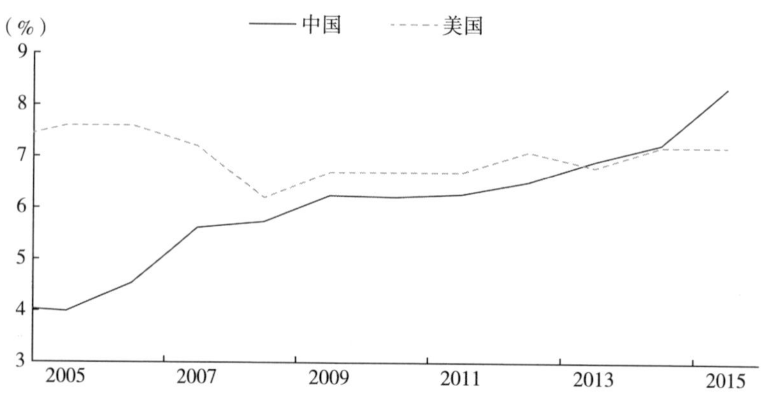

图 7.5　金融业增加值占 GDP 比重

资料来源：Wind，作者整理

上升了 3 点多个百分点。近几年市场普遍为服务业占 GDP 比重上升而欢呼，但其实可能隐藏着泡沫风险，实体经济正在受金融和地产的挤压，福祸难料。实际上，下行的压力已经开始显现，过去信贷大幅扩张加剧坏账问题和违约问题。

企业的规模和利润随经济周期的波动而起伏，是市场经济环境下的常态。但银行不是一般的商业机构，银行提供的产品和服务（如前述的流动性）在一定程度上带有公共品的属性，其破产倒闭可能导致系统性不稳定，对整个经济带来很大的冲击，政府的干预必不可少。美国次贷危机中市场信心的崩盘最终是靠政府对负债的全方位担保才得以遏制，但美国毕竟允许一些大的金融机构破产，金融行业在危机后经历了收缩和调整。

我国现在面临的挑战是如何平衡与维护金融稳定和消化过去金融行业扩张累积的问题，后者包括坏账的暴露和处置，意味着银行利润下滑。如果不能容忍金融行业的调整，就会出现收益集中在银行业，风险通过社会化来化解，这种外部性带来的对其他行业的挤压、对经济结构的扭曲就会持续更长时间。

三、不容忽视的政府隐性担保

在信贷分配的过程中，市场自发和政府干预的力量在中国并存。当然，过去的行政性直接干预，比如支持产业政策的信贷额度配置，已经大幅弱化，但公共政策的影响并没有消失，而是以新的形式存在。一个重要方面就是政府对负债主体的各种隐性和显性担保，降低了相关借债主体的融资成本，改善了其融资环境，有利于其占有更多的社会资源。

一个典型的例子是地方政府负债享有中央政府的隐性担保。受1995年开始实行的《预算法》规定的限制，地方政府收支平衡，不列赤字，也就不能在公开市场发债，转而借助融资平台融资。融资平台的资信介于企业与地方政府之间，没有清晰的定位，但债权人一般认为这些平台的负债享有相关政府的担保。同时，融资平台和房地产有紧密联系，土地作为抵押品在地方融资平台的举债中起到重要作用，地方政府有维持房地产市场繁荣的内在动力。房地产和信用之间的相互促进在地方政府层面也存在。

地方债务成为市场担心的宏观金融风险之后，政府出台了一系列规范和治理措施。国发〔2014〕43号文要求剥离融资平台的政府融资职能，改变政府为城投债担保的市场预期，导致城投债收益率大幅上行，对新增融资的市场约束初现。同时，2015年开始实施的新预算法允许地方政府在国务院确定的限额内发债支持建设投资。针对债务存量，中央政府主导地方债务置换，用相对长期限、低利率的债券替换短期限、高利率的负债，尤其是银行贷款。截至2013年6月底，地方政府负有偿还责任的债务平均期限为2.5年，利率在7%以上，而2016年发行的置换债券平均期限为6.3年，利率在2.3%~3.4%。

在“稳增长”的压力下，2015年5月国发〔2015〕40号文重启对融资平台在建项目的支持，随后地方融资平台再次大幅扩张。2016年城投债发行量增长高达36%，高于之前三年27%的平均增速。从一定意义上讲，债务置换有效地减轻了地方政府的债务负担，为新的一轮地方政府融资提供了空间。纵观地方融资平台的演变过程，政府隐性担保的实质没有发生根本变化。

哪些行业最得益于政府的隐性担保呢？从地方政府的土地财政和地方政府把房地产作为增长引擎的情况看，银行（信用的供给方）和房地产以及相关行业（信用的需求方）处于优势应该是合理的估计。我们根据上市公司和发债公司的数据估算发现，政府对银行的隐性担保最多，其价值接近于行业净资产的30%，其次是房地产、钢铁、建筑行业（见图7.6）。①

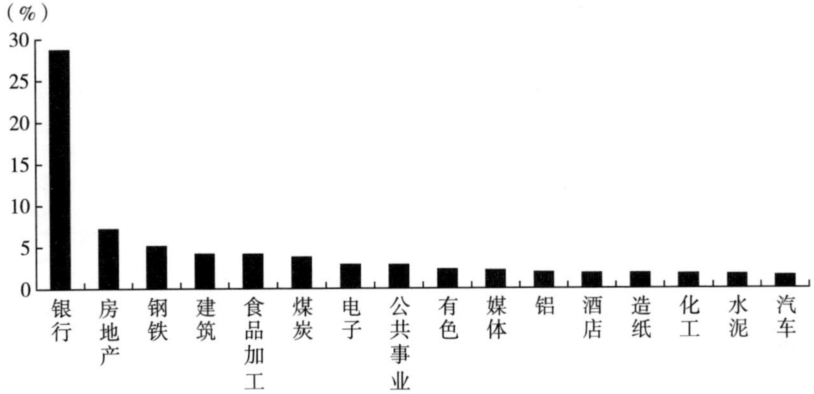

图7.6　2005~2013年政府隐性担保与行业净资产之比

资料来源：Wind，作者整理

从所有制来看，我们的估算显示，全球金融危机以后，民营企业的隐性担保较危机前下降，而国有企业的隐性担保大幅上升（见图7.7）。相应地，就不难理解同一个行业中，国有企业比私有企业获得更多的信贷支持，导致2009年以后国企与民企杠杆出现分化。国企在2009年以后大幅加杠杆，而民企则去杠杆，至今也没有回到2007年的高点。

① 政府隐性担保反映了市场认为政府对企业在违约时可能提供的帮助大小。隐性担保是用上市公司数据，从股票看跌期权推导出来的预期损失，与从同样的公司的债券风险溢价算出来的预期损失之间的差。因为是同样的公司，理论上两个市场算出来的预期损失应该相等。我们的估算显示股市算出来的预期损失大于债市算出来的预期损失，这表明市场可能认为政府在债市出现问题后会入市干预，而在股市出现问题时不会干预。这两个市场的预期损失之差即诠释为政府隐性担保。方法参考IMF（2014）. Global Financial Stability Report：Moving from Liquidity-to Growth-driven Markets。

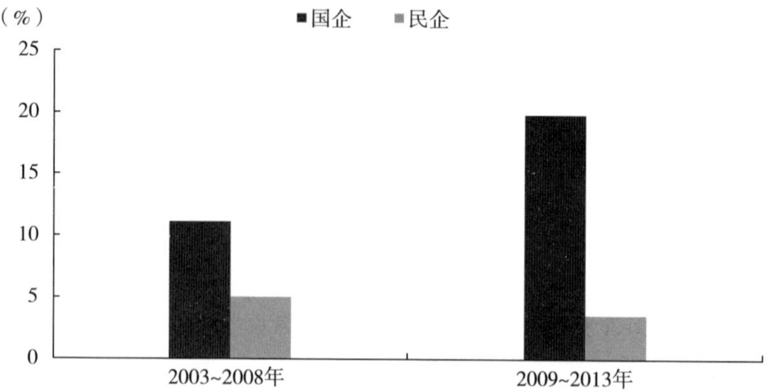

图 7.7　2009 年前后的政府隐性担保对净资产之比

资料来源：Wind，作者整理

四、民间投资下滑的非常解释

上面提到的民企去杠杆的一个侧面反映就是近几年民间投资疲弱（见图 7.8）。民间投资增速大幅下滑成为市场和政策制定部门关注的焦点，那么，是什么原因导致国有与民间投资增速分化呢？

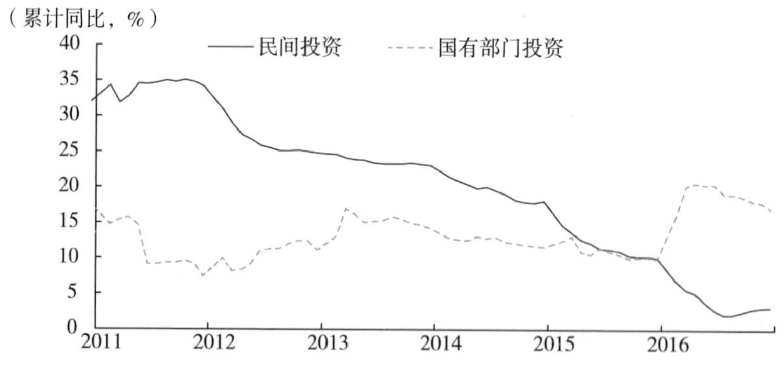

图 7.8　国有部门与民间固定资产投资增速背离

资料来源：Wind，作者整理

有观点认为，2016 年的民间投资和国有部门投资的分化跟统计有关，因为对地方融资平台的重新定位，过去包括在民间投资的一部分地方融资平台投资现在转而统计在国有部门的投资数据里了。①这个因素在 2016 年确实存在，但民间投资增速下滑从 2011 年就开始了，是近几年的趋势性现象。

还有观点认为，中国经济结构调整，投资对经济增长的贡献下降是合理的，民间投资下滑是其中的一个体现。但问题是为什么这几年只是民间投资下滑？截至 2017 年第一季度，民间投资增速有反弹的迹象，但主要反映 PPP（政府和社会资本合作）投资的拉动作用，背后主要还是与政府政策的扶持有关，也存在准确定义民间投资的问题。不管怎样，制造业相关的民间投资没有明显改善。

对民间投资下滑的另一个解释是民间资本在竞争中处于劣势，民营企业受各种显性和隐性的限制，有观点认为责任在于“三重门”，即玻璃门、弹簧门、旋转门。和国有部门比较，民营经济确实面临多重限制，促进民间投资需要政府简政放权，放松和解除政策层面对民营经济的束缚。但这样的解释似乎没有抓住问题的关键，“三重门”的问题产生已久，而且近年来政府致力于简政放权，“三重门”的问题在边际上并没有显著恶化，但民间投资日益不振。这说明还有更深层次的因素在起作用。

一个被忽视的根本原因是房地产价格持续上涨挤压了制造业等实体经济的发展空间（制造业中民间投资占比高）。高地租和高房

---

① 何帆，朱鹤.“消失”的民间投资——2016 年民间固定资产投资同比快速下滑原因分析[J]. 国际经济评论，2016（6）.

租、劳动力价格上涨、税费负担重、汇率高估等导致实体经济的经营环境不断恶化，这些问题都和房地产泡沫有关。土地与房产是其他部门的重要生产要素，房地产泡沫意味着实体经济的经营成本不断上升；非贸易品相对于贸易品价格上升，实际汇率升值；高地价促使围绕土地使用的相关费用成本上升；房地产行业的膨胀，一方面形成对实体经济低端劳动力的“争夺”，另一方面通过提高购房、租房成本来推升劳动力的回报要求，是推升劳动力成本的一个重要因素。

房地产泡沫扩大当然对国企和民企都带来挤压的影响，但民企作为市场化部门，受到的冲击更大，最终导致自主增长动能弱化。民企是市场化的运营主体，如果没有产品需求的充分扩张，难以释放成本上涨的压力，投资意愿受压。国企的规模通常较大，在所处行业中通常具有一定的垄断地位，有能力将成本上升更多地转嫁出去。

更重要的是，国企通常是重资产行业，土地占有量较多，如上节所述受益于政府的隐性担保，在融资中占尽优势。① 土地价格上升增加了地方政府的偿债能力，强化了政府对国企的隐性担保能力，有利于国有部门加大投资。近几年，国企贷款中只有40%需要抵押品担保，而民企70%的贷款需要抵押品，在土地国有的体制和土地价格持续上升的环境下，民企融资受抵押品限制的问题日益突出（见图7.9）。

① 白重恩，钱震杰．我国资本收入份额影响因素及变化原因分析——基于省际面板数据的研究[J]．清华大学学报，2009（4）Vol. 24.

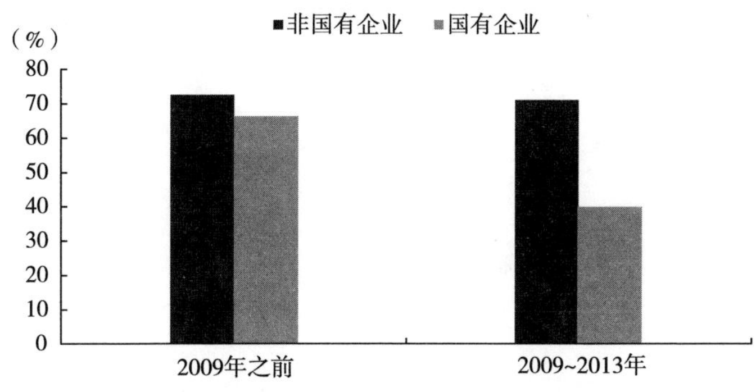

图 7.9　抵押贷款占全部贷款的比例

资料来源：Wind，作者整理

五、信用扩张加剧贫富分化

以上描述的是房地产和信用扩张的交织对不同行业的影响，其传导渠道和载体是包括资产价格在内的相对价格的变化，这又跟收入和财富分配有关。信贷影响收入分配的逻辑简单而朴素，信贷投放有先有后、有易有难，对于容易获得信贷的行业而言，其资本所有者和从业人员的收入增长快，而其他部门的实际收入则可能因信贷扩张而下降，导致收入分配差距扩大。

收入差距的一个侧面

根据 1993~2013 年之间的数据，我们估算中国不同行业从业人员的实际工资对广义货币（M2）的弹性系数，也就是 M2 增长对哪些行业员工的收入刺激较大。结果显示，银行业和房地产业从业人员的收入与货币增长的相关性较高（见图 7.10）。银行和保险公司雇员的实际工资（扣除 CPI 上涨因素后）对广义货币的弹性系数为

1.06，即M2增长1%，这些行业员工的实际工资增长1.06%。房地产行业的实际工资对广义货币弹性系数为0.92，电力行业为0.77（受益于其垄断属性）。

相比之下，制造业和批发零售行业的弹性系数只有0.5左右，而教育、文化和环保水利行业的实际工资对广义货币弹性系数则为负，说明它们不但未能从货币扩张中受益，反而受损。

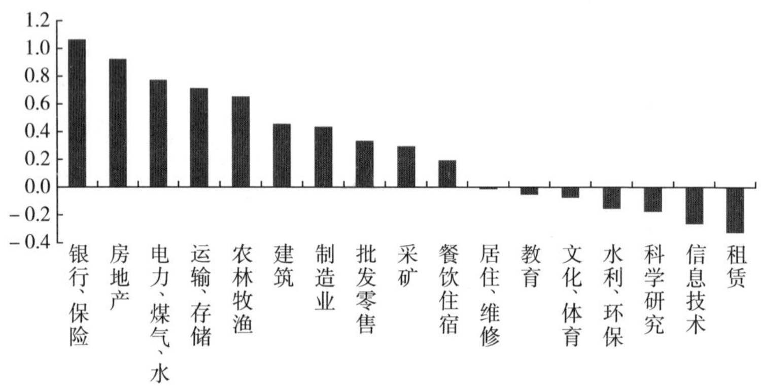

图7.10 各行业实际工资对广义货币的弹性

资料来源：Wind，作者整理

主流认知的变化

从更广层面看，金融发展和贫富分化的关系比较复杂，人们对这个问题的认识随着时间的推移也是变化的。20世纪90年代和21世纪初，主流的观点是金融的发展有利于降低贫富分化。① 一个人的发展是取决于自己的天赋和努力，还是父母的财富、社会地位和关系，和融资的可获得性有联系。金融的技术比较复杂，金融服务不

① Levine, R. (2005). Finance and Growth: Theory and Evidence. In Aghion, P. and Durlauf, S. (eds), Handbook of Economic Growth. Amsterdam: North-Holland.

是标准化产品，银行拒绝融资请求往往比管理机构拒绝颁发执照更容易，后者相对透明和公开。金融的发展可以让更多的人获得融资和享受金融服务，通过帮助那些过去融资受限的人群，增加弱势群体的经济机会。这不仅体现在帮助提升人力资本比如学生贷款上，也体现在帮助亟须外部融资支持的中小企业、年轻人创业上。

但全球金融危机后，认为金融发展加剧而不是降低贫富差距的观点多了起来。最直接的影响是人们发现金融过度扩张带来的金融危机对低收入阶层冲击最大，美国次贷危机导致的失业者主要是低技能的工人，而且因还不起按揭贷款而被银行没收住房的也多是穷人。“次贷危机”这个名词就是指向本次危机的源头——给低收入、低资产、低信用家庭的按揭贷款过度扩张。

更有普遍意义的反思则是重新审视自 20 世纪 80 年代以来金融自由化和贫富分化共存的趋势，信用对 GDP 比例的增加和常用的衡量贫富分化的指标恶化同时发生。当然，对两者之间的因果关系有争议：是金融的发展加剧贫富分化，还是贫富分化导致信用的过度扩张，抑或两者共同受第三方力量的作用？

金融发展加剧贫富差距的一个原因是信用扩张让少数人得益，而这些少数人是已经占有财富或者高收入的群体。金融产品的丰富、金融服务的增加并没有解决融资双方面临的信息不对称问题，银行贷款要求借款人有抵押品或者有使得银行相信其有还款能力的足够证据，这有利于已经有一定的财富积累、有较高与稳定收入或者较强的社会关系的个人和企业。金融自由化更多的是“深化”而不是拓宽融资的可获得性，“深化”使得金融发展的收益集中在少数人手里，而风险社会化了，比如金融危机需要政府的干预，成本最终由所有纳税人承担。

高房价的代际与城乡分配效应

房地产是信贷最常见的抵押品，房地产泡沫和信贷过度扩张相辅相成，其结构影响是加大贫富分化的重要渠道。首先，已经有地产和房产的企业和个人更容易获得融资，占有更多的社会资源。其次，房地产价格上升本身加大财富分配的差距，已经持有房地产的人财富增加，没有房地产的人相对受损。

在中国，房地产泡沫带来的贫富分化有两个特别需要注意的方面。一是代际之间的贫富差距，过去十几年处在最有挣钱能力年龄段的那一代占总人口的比例高（人口红利），他们的投资需求对房地产泡沫有贡献，也最得益于房地产价格的上升，而年青一代达到工作年龄的时候房价已经在很高的水平了。

二是城乡二元结构的分化。在过去 20 年的城市化过程中，从农村转移到城市的人群增加了对城镇住房的需求，他们中买了房子的人也得益于房价的上升。但是城镇房地产价格的大幅上涨使得那些留在农村的人以及他们的下一代处在非常不利的地位，他们和城镇居民的财富差距是 20 年甚至 10 年前不可想象的。一个人的财富代表的是永久收入，永久收入的另一决定因素是人力资本，而财富的占有又影响人力资本的积累，所谓“输在起跑线上”讲的就是家庭背景对孩子教育的重要性。对于已经完成城市化的国家来讲，城乡房价的差异不是大的问题，但对于还有 40% 常住人口在农村的中国来讲，这种财富分化会带来“持久”的城乡差异。

一个关键的问题是这种代际、城乡、都市人群之间的贫富分化是否可逆。如果房价上涨和下跌有周期轮回，则其带来的贫富分化影响就不会那么大。我国商品房的历史比较短，其他国家的经验显示，没有只涨不跌的房价，泡沫最终是要破裂的。但是，房地产和信用相互促进带来的金融周期比一般经济周期时间长，而且上升期超过下跌期。另外，在上升期（泡沫）的尾部，事后看在房价的顶部或者接近顶部的位置，越来越多的低收入群体通过加杠杆的方式购房，这批人在泡沫破裂后受害最大。在 2016 年新的一轮房价上升过程中，房贷首付比例要求的降低、住房按揭贷款的快速增长都是值得我们警惕的地方。

那么，为什么房地产的周期这么长呢？关键还是其作为信贷抵押品的角色。银行信贷创造货币的机制使得银行不是完全意义上的商业机构，其提供的金融中介服务带有公共品的性质，有很强的外部性，单纯靠市场竞争来约束不够，为了维护金融系统的稳定，政府建立了显性（如存款保障机制）和隐性的担保，银行付出的代价是接受政府机构的监管。实践证明，政府的监管往往是滞后的、不到位的，金融机构享受了政府的隐性担保，有扩张信贷、做大规模的冲动，信贷规模的增加使得非金融部门比较容易借新债还旧债，延缓调整的时间。

六、贫富分化促进信用扩张

贫富分化和信用扩张之间的因果关系还有一个可能，就是贫富分化刺激信用扩张。这个视角引起大众媒体的关注，这和印度央行前行长、国际货币基金组织前首席经济学家、芝加哥大学教授拉古拉姆·拉詹的一本书有关，他强调，不断加剧的收入分配差距导致中低收入阶层为了维持其消费水平而增加负债，总体上看短期内缓解了贫富分化对总需求的负面影响，但是低收入群体的高杆杠最终不可持续，去杠杆带来美国次贷危机。① 在全球金融危机后社会矛盾突出的环境下，把金融危机归结为贫富分化的结果自然扣动一般民众的心弦。

穷人寅吃卯粮？

实际上，贫富分化促进信贷扩张在学术界早就有研究了。一个有趣的现象是，美国过去几十年贫富分化的加剧并没有导致不同收入阶层之间的消费差距扩大。② 这就带来一个问题，如果收入差距并不影响人们的消费水平，那么我们为什么要关注和担心贫富分化，最终决定福利的是我们享受的消费。问题是中低收入阶层为什么在相对收入恶化的情况下，有意愿和能力来维持其消费水平呢？从消费能力来讲，一个可能的解释就是负债消费。信贷扩张导致收入差距和消费差距之间的分化。

我们可以从信贷的需求与供给两个方面看贫富分化的影响。人们的消费水平取决于永久收入，在当期收入有短暂波动时愿意通过借债来平滑消费。举个简单的例子，假设一个人的固定薪酬没有变化，只是奖金因某种原因延迟发放了，那么他可以通过减少储蓄或者借钱来保证当前的消费不受影响。但如果因为某种不可逆的原因收入下降了（如退休），一个理性的人会调整其消费习惯。如果低收

① Rajan, R. G. (2010). Fault lines: How Hidden Fractures still Threaten the World Economy. Princeton: Princeton University Press.

② Krueger, D. and Perri, F. (2016). Does Income Inequality Lead to Consumption Inequality? Evidence and Theory. Review of Economic Studies, Vol. 73 (1), pp. 163-193.

入阶层的收入下降是暂时的，永久收入并没有变化，其为维持消费而负债的意愿就会比较强，偿债的能力也比较高。在这种情况下，负债是暂时的，难以成为导致信贷持续扩张并最终带来金融危机的因素。

贫富差距扩大是过去40年的趋势，很难把其看成短期的收入波动的结果。那么永久收入变化为什么没有带来中低收入阶层消费的调整呢？一个解释是中低收入阶层认为收入变化是暂时的波动，反映的是错误的预期，但随着时间的推移，这种认知的偏差应该会自我修正。另一个解释是人们习惯了和邻居（朋友）比较，或者和自己过去的消费水平比较，不愿意落后他人或改变过去的消费习惯。诺贝尔经济学奖获得者斯蒂格利茨把低收入阶层在收入停滞的情况下为了维持消费而借债看成是贫富分化的一个不良后果，其形成的债务最终难以为继。①

公共政策的推动

以上是从信贷需求的角度看贫富分化如何导致信贷扩张，有一定的道理，但不完全令人信服，还有一个信贷供给的问题，金融机构为什么愿意给偿债能力有限甚至下降的低收入群体贷款？这涉及公共政策的干预。随着贫富差距的扩大，政府面临的社会压力增加，公共政策需要有所作为来帮助低收入群体。

最有效的调节收入分配的手段是财政政策，通过累进税（在富人身上多收点税）、社会保障以及公共服务支出（在穷人身上多

① Stiglitz, J. (2009, January). Why Inequality is at the Root of the Recession. Next Left website.

花点钱）起到收入转移的作用。但主流的思维是财政政策的空间有限：一方面，两次世界大战后大政府的政策已经导致政府支出占 GDP 的比例大幅增加；另一方面，人口老龄化使得财政赤字的压力加大。

改善融资条件和金融服务成为政府帮助低收入群体的一个重要方面。

这首先体现在住房的融资安排上。房利美和房地美是美国政府组织的两个住房抵押贷款公司，发行住房贷款抵押债券，以筹集的资金向更多的人提供住房贷款。“两房”实际上担保了绝大多数房地产按揭贷款，降低了中低收入阶层的借贷成本，为解决老百姓的住房问题做出很大贡献。但是“两房”也被认为是导致美国房地产泡沫和次贷危机的重要因素，本身也成为危机演变的重要一环。在住房以外的更广层面上，学生贷款是政府支持中低收入阶层孩子接受教育的重要措施。

在我国，财政调节收入分配的功能弱，使得公共政策在帮助弱势群体上更多地依赖金融。随着房地产价格的持续上升，如何解决中低收入阶层的住房需求成为公共政策的一个重要议题。公租房、廉租房带有明显的财政色彩，但其背后的资金支持主要还是直接或间接和信贷有关，包括地方政府的土地财政。消费金融层面的措施在近年来也受到重视。

还有宏观政策层面的机制，使得贫富分化成为促进信用扩张的一个因素。因为富人的边际消费倾向比穷人低，贫富分化的一个结果是降低总体的消费率，导致总需求不足。为了促进就业和收入增长，主要央行都采取宽松的货币政策，降低利率，刺激信贷的供给和需求。在过去几十年形成的主流货币政策框架中，货币政策的首要目标是短期的经济增长和物价稳定，而未重视贫富分化、金融风险等中长期的问题。

七、结构的总量效应

金融周期的结构影响最终也体现在总量上。从需求端看，贫富分化的一个含义是抑制消费需求。高收入人群的边际消费倾向相对较低，当收入分配越来越集中在少数人身上，社会的平均消费率就会受到抑制。消费率下降意味着储蓄率上升，理论上讲，储蓄转化为投资，总需求不受影响，但这是两个均衡点的静态分析，现实中从旧的均衡点到新的均衡点的动态调整可能需要较长时间，尤其是考虑到债务和金融的因素，中间的摩擦可能导致总需求持续偏弱。

房地产挤压需求

从中国的情况看，统计局发布的基尼系数从 2008 年的 49% 下降到 2015 年的 46%，反映劳动力供给趋紧对劳动报酬的促进作用。但是如果看财富的差距，社会的分化在加大，主要是受房地产价格上升的影响。一是房产税的缺失使得住房的持有成本较低，单纯为投资目的（非自住）持有住房的比例较高。二是中国的城市化远未完成，城镇的房地产价格上升越多，城乡居民财富的差距就越大。

房地产行业的繁荣虽然可以拉动相关产业链的需求，但正因为上述中国特有的城乡差距，房价上升难以形成显著的财富效应，反而对消费形成挤压，抑制了内需。房价上升一般通过三个渠道影响居民的消费支出：一是财富效应，房价涨，住房拥有者的财富升值，促进消费；二是收入效应，房价涨，计划购房者的实际收入下降，不利于消费；三是派生消费，住房需求增加使得装修、家电、家具等连带的消费增多。

派生消费是短暂的，而且在收入不增的情况下，会对其他消费有挤出影响。在我国，收入效应大于财富效应，对仅有一套住房的城镇家庭以及占比近半的农村家庭而言，财富效应都不明显，而对需要购买首套房和改善性住房的消费者而言，房价上升带来负面的收入效应。有研究表明，房价上涨挤压了总体消费，是导致我国居民储蓄率居高不下的原因之一。①

由此我们得出一个推论，靠刺激房地产市场，短期内对总需求有支撑作用，但其带来的贫富分化不利于中长期可持续的需求增长。随着房价泡沫的扩张，刺激房地产对需求的拉动效率会越来越低。

结构失衡降低潜在增长率

从供给端看，房地产和信用相互促进带来的顺周期性加剧经济结构失衡，导致总体生产效率下降，拖累潜在增长率。国际经验显示，外部融资依赖度高且抵押品较少的制造业，在房地产与金融业过度扩张时期受挤压最多，这些行业主要包括制药、计算机、航空航天、通信设备。这些也是研发（R&D）密集型行业，其被挤压的一个方面是房地产与金融业挤占人才资源，造成 R&D 密集型行业人

---

① Chamon, M. D. and Prasad, E. S. (2008). Why are Saving Rates of Urban Households in China Rising? NBER Working Paper, No. 14546.

才流失，不利于全社会的生产率提高。[①]

基于发达经济体的研究显示，私人部门信贷相对于 GDP 每上升 1 个百分点，接下来五年之内整体生产率的增长下降 0.08 个百分点，其中有 0.05 个百分点是由劳动力向低生产率部门转移导致的。[②] 一个含义是金融周期上半场持续的时间越长，房地产泡沫和信贷扩张对经济结构的扭曲影响对潜在增长率的拖累就越大。

---

① 参考 Cecchetti, S. G. and Kharroubi, E. (2015). Why does Financial Sector Growth Crowd out Real Economic Growth? BIS Working Papers, No. 490。根据 OECD 国家经验，与外部融资依赖性不强的行业相比，外部融资依赖性较强的行业的生产率要低大约 2.5 个百分点。通常 R&D 密集型行业的 TFP 增速要快于非 R&D 密集型行业，但相比于金融慢速发展下的非 R&D 密集型行业而言，金融快速发展下的 R&D 密集型行业要低 2~3 个百分点。外部融资依赖型制造业是指外部融资占比超过 50%的制造业。R&D 投入密集型制造业是指 R&D 投入占增加值超过 10%制造业。

② 见 Borio, C., Kharroubi, E., Upper, C. and Zampolli, F. (2015). Labour Reallocation and Productivity Dynamics: Financial Causes, Real Consequences. BIS Working Papers, No. 534。该报告运用 1979~2009 年 23 个发达经济体数据为样本。

第八章　货币政策显疲态

金融体系所固有的不平衡性一次次将其推向脆弱的边缘。人们呼唤新改革时代的到来。但我们不可能一劳永逸，刚刚被一整套改革击退的不稳定性，不久后就会以新的装束粉墨登场。

——海曼·明斯基《稳定不稳定的经济》(1986)

全球金融危机带来对货币政策的重新审视。一个反思是危机前美联储的货币政策太宽松了，刺激了美国的房地产泡沫，从传统的宏观指标如 GDP 增长和 CPI 通胀来看，经济处在“大缓和”时代，但事后看这显然是一个假象，金融周期上半场的繁荣为下半场的痛苦调整埋下了种子。[①]

危机后的几年，发达国家的货币政策在很多方面超出了过去的共识，被称为非常规货币政策，包括中央银行购买长期国债（量化宽松）、中央银行对商业银行的准备金存款收取费用（负利率）以及前瞻指导。非常规货币政策措施起到了放松融资条件的作用，促进了经济的企稳复苏，但也带来贫富分化加剧和金融风险上升的争议。投资者关注美国加息周期对全球经济和市场的含义。美国加息节奏是否会加快？欧元区和日本是否会进入货币政策正常化阶段？

中国货币政策框架的演变在很多方面借鉴了发达国家的经验教训，中国人民银行近几年也有不少货币政策工具创新，宏观审慎监管和货币政策的关系在监管框架改革的讨论中备受关注。2016 年中国的信贷扩张大幅超出预期，在稳定经济增长的同时也加大了对房地产泡沫和金融风险的担心。

展望未来，货币政策将如何演变？这实际上涉及我们如何理解

① 易纲．次贷危机的经验教训[J]．资本市场，2016（3）．

货币政策的导向和机制。这其中有两层含义：第一，货币政策的目标是什么？是物价稳定、金融稳定，还是汇率稳定？第二，实现目标的机制是什么？本章超越短期的波动，借鉴历史，在金融周期的框架下，分析货币政策的导向及其影响。

一、何谓货币稳定

讨论宏观经济问题，我们经常会涉及一个词，货币稳定（monetary stability）。怎么衡量货币稳定呢？直观来讲，货币稳定是指货币购买力的稳定，或者说物价稳定，一般以物价上涨率来衡量，高通胀意味着货币不稳定。从更广的层面来看，货币稳定是指货币体系平稳运作，为经济活动提供稳定的支付、储值和记账工具。在现代金融体系下，货币主要是银行信贷创造的，货币稳定要求金融体系的稳定。另外，在开放经济体中，货币的购买力不仅取决于国内的物价，还受不同货币之间的汇率影响。那么，物价稳定、汇率稳定、金融稳定相互之间是什么关系呢？

曾经只有一个锚

近代史的大部分时间，货币稳定的锚是贵金属，尤其是黄金或者白银，到了19世纪后期，金本位逐渐在西方成为主流的货币制度安排。金本位在不同的货币之间建立了固定汇率，使得黄金不仅是货币对内价值的锚，也是金融稳定和国际货币体系的锚，为国际贸易和金融活动提供了一个管理机制。在20世纪初的30余年，虽然中间断断续续，但是金本位仍然是欧美经济体的主要货币治理机制。在金本位制度下，物价稳定、金融稳定和汇率稳定是三位一体的，实现的机制是市场竞争，对内体现为金融自由化，对外体现为资本跨境自由流动。

第二次世界大战后，在布雷顿森林体系下，美元和黄金挂钩，其他国家货币和美元挂钩，为会员国管理宏观经济提供了一个框架和机制。在这个体系下，物价稳定、金融稳定和汇率稳定也是三位一体的，但政府对金融的干预是维护这个机制的关键。对外是资本账户管制，对内是金融压抑。政府对商业金融机构的活动设定限制，比如资金的价格（利率）被人为压低，信贷需求通过信贷配置来满足，后者偏向政府和政策支持的部门。

布雷顿森林体系在20世纪70年代初崩溃，美元与黄金脱钩，其他国家货币汇率与美元脱钩，即使是对美元大幅升值的德国马克和日元，对内也显著贬值，体现为物价上升。70年代可以说是货币政策失去了锚、国际货币体系没有制度安排的年代。货币不稳定体现为高通胀，在一些国家也体现为汇率大幅贬值。

物价稳定成为主要目标

吸取高通胀的教训，从20世纪80年代开始，中央银行把降低通胀作为主要目标，典型的例子是美联储在主席保罗·沃尔克的领导下，不惜以经济衰退为代价，紧缩货币政策，控通胀成为货币政策的首要甚至唯一目标。不少中央银行包括英格兰银行实行通胀目标制（inflation targeting），政府给中央银行一个明确目标，把通胀控制在低水平，同时给予中央银行货币政策操作的独立性。

在实行通胀目标制的国家，央行被要求采取适当的货币政策以实现中期内（一般为两年）把通胀控制在2%～3%的目标内。为什么是两年而不是每年都要符合目标？因为货币政策从操作到传导至物价需要时间，在这个过程中经济可能受到一些外生、不可预见的冲击（如油价上升），使得 CPI 通胀在一段时间偏离政策目标。这种情况下，如果货币政策不顾一切地要把物价上升控制在目标之内，必然导致经济的其他方面有较大的波动。

在这个货币政策框架下，各国货币之间的汇率浮动逐渐成为主流，也就是国际货币体系没有制度安排。全球金融危机前的主流观点认为，即使没有跨国的政策协调，以自我为中心的通胀目标制加上浮动汇率制也能带来有效的国际货币体系安排，可以避免国际收支持续的失衡。[①] 新兴市场国家情况有些不同，但发展方向一致，在很多方面都借鉴了发达国家的模式和经验。

重视物价稳定的理论基础是新凯恩斯经济学。新凯恩斯学派认为，价格黏性使得经济在受到外生冲击时产生波动，货币政策可以通过创造一个近似价格灵活调整的环境来降低经济的波动。最有效的办法就是提供一个物价稳定的环境，这样的话，企业有一个稳定的预期，在现有的价格水平上实现利润最大化。在实现物价稳定的同时，经济运行处于潜在增长水平上，这是新凯恩斯经济学为中央银行以控制通胀为首要政策目标所提供的理论基础 。

二、物价稳不代表经济稳

以控制通胀为主要目标的货币政策，维护货币稳定的成效如何

① Reinhart, C. M. and Rogoff, K. (2011). This Time is Different. Princeton: Princeton University Press. Maurice Obstfeld 是现任 IMF 首席经济学家，Kenneth Rogoff 在 2001~2003 年担任 IMF 首席经济学家。

呢？首先，物价总水平稳定基本实现了，美国的通胀率在 20 世纪 80 年代初快速下降，并在以后的 30 多年里维持在低水平。其他中央银行也呈现类似的趋势，不仅把通胀率降了下来，而且维持在低位。金融稳定似乎也不是问题，虽然新兴市场发生了拉丁美洲债务危机、亚洲金融危机等，但是发达国家没有在意，认为不是普遍性的问题，把危机归结为新兴市场国家的治理机制有缺陷，包括僵化的汇率机制。到了 2008 年的全球金融危机，西方的主流思想开始检讨，认识到体系出了问题，金融不稳定具有普遍意义。

近几年，美联储官员越来越多地谈到金融稳定在货币政策中的角色，其中一个重要方面是资产价格的影响。[①] 资产价格受政策利率波动的影响，也通过金融体系的活动来影响宏观经济，自然和金融体系的健康有联系。引发全球金融危机的美国次贷危机就是和房地产泡沫有关。虽然资产价格在货币政策传导机制中起到重要作用，但是学术界和政策当局对央行调控利率是否能够有效控制和避免资产泡沫仍有争议，货币政策的目标变得不是那么简单清晰了。

中国也面临货币政策目标不确定性加大的问题。近几年通胀处在温和水平，与经济增长率面临下行压力的方向是一致的。与此同时，人民币汇率贬值压力加大。一般来讲，经济过热与通胀相关联，增长低迷与通缩相关联，稳增长与控通胀的目标并不矛盾。但金融稳定和汇率在当下的货币政策框架中处在什么位置呢？货币政策为何不能只关注经济增长和物价稳定？

---

① Stanley, F. (2016, January 3). Monetary Policy, Financial Stability, and the Zero Lower Bound. Speech at the annual meeting of the American Economic Association, San Francisco, California.

过去几十年以控制通胀为首要目标的货币政策框架是主要经济体在检讨和反思20世纪70年代高通胀的产物。如果从更长时间来看，在资本主义市场经济的几百年历史中，在和平时期，持续的高通胀是小概率事件。那么，70年代的高通胀是不是反映了一些特殊因素，使其不具有普遍意义呢？“战后”的全球经济受政府管制：政府干预经济活动、国企主导、金融压抑是常态；在东方，更是以计划经济为主导。政府对经济活动的干预太多带来效率低下、供应短缺、物价上升。在计划经济体制下，虽然价格在政府的管制下变化不大，但有价无市，政府通过配给（而非价格）来匹配供应和需求。

自20世纪80年代以来，经济自由化、市场化、全球化成为大趋势。现在的经济环境更类似西方20世纪20年代以及在此之前的几十年。经济自由化和全球化提高了供给的潜力，同时贫富分化抑制需求，经济面临的主要问题是需求相对供给不足，通胀在低水平甚至有通缩压力。物价在20年代的大部分时间是稳定的，甚至在部分时间有通缩的迹象，与此同时，股票和房地产价格大幅上升，固定资产投资强劲。日本的资产泡沫在90年代初破裂之前没有高通胀，美国21世纪的房地产泡沫破裂之前通胀也是温和的。

全球金融危机后，发达国家极度宽松的货币政策没有带来高通胀，但对资产价格尤其是股票价格有很大的刺激，把信用风险溢价控制在很低的水平。美联储货币政策的外溢似乎也主要体现在对新兴市场的资产价格包括汇率的影响上。在低通胀的环境下中国经历了2015年股市的大起大落，2016年更有一线城市房价在已有高位的基础上进一步大幅攀升。

全球金融危机对货币政策目标带来两个方面的反思。第一是时间维度，政策目标的考察期限应该延长，不仅要看货币政策操作对未来1~2年的增长与通胀的影响，还要关注经济更长期的可持续增长。也就是说，货币政策不能太注重经济周期的短期波动，而忽视了金融周期的中长期影响。由此带来第二个方面也就是空间维度的反思，即在物价稳定之外，金融稳定应该是货币政策框架下独立的目标变量。

三、传统机制遇到障碍

除了政策目标，全球金融危机对货币政策的执行和传导机制也带来反思和挑战。危机之前，发达国家的货币政策传导机制基本是央行调控短期利率，金融市场的套利使得短期利率的变化传导到中长期利率、资产价格（包括房地产和股票等）、汇率以及银行信贷的需求和供给。在这个框架下，资产价格（包括汇率）以及银行信贷的可得性都是货币政策传导机制的一部分，但它们不是政策目标，也不是政策操作标的，对经济没有超越利率之外的独立影响。

典型的例子是泰勒规则（Taylor Rule），即由新凯恩斯学派的代表性人物约翰·泰勒总结的美联储政策操作规则。① 在这个规则下，政策利率（联邦基金目标利率）的变动和通胀预期以及产出缺口（总需求偏离潜在供给的程度）直接挂钩，这里看不到资产价格、汇率和货币信贷的量等。

建立在新凯恩斯经济学基础之上的发达国家中央银行政策框架

① Taylor, J. B. (1993). Discretion Versus Policy Rules in Practice. Carnegie-Rochester Conference Series on Public Policy, Vol. 39, pp. 195-214.

对新兴市场国家包括中国有很大的影响。在利率市场化的过程中，利率在政策操作和传导中的作用逐渐增大，共识是货币政策应该从数量型（货币信贷总量）调控转变为价格型（利率）调控。近年来中国央行建立利率走廊正是朝这个方向迈进的重要一步。①

但是，这样的主流框架机制在全球金融危机前已经遇到问题。尽管美联储2004~2006年提升联邦基金利率4个百分点，但受市场资金供求影响更大的长期利率没有明显上升，当时的美联储主席格林斯潘称此为一个困惑，这个困惑意味着货币政策紧缩传导到经济的一个重要渠道受阻。在美联储加息的过程中，美国的房地产价格继续上升，信用快速扩张。

后面的次贷危机促使人们反思以调控短期利率为主的框架在控制资产泡沫和维护金融稳定方面可能存在缺陷。尤其是如何看待货币信贷量的作用，在主流框架下，货币信贷的量反映总需求波动带来的货币需求变化，不对经济的其他部分有超越利率以外的独立影响，危机显示信贷的大幅扩张所带来的私人部门债务问题有一个累积的过程，在短期不一定呈现出来，但最终是不可持续的。

把政策利率和短期通胀与需求压力（短期增长）机械地挂钩，是货币政策对经济的逆周期调控，经济过热（通胀上升）时紧缩货币政策，经济衰退时放松货币政策。这种模式忽视了金融周期的波动在中长期对宏观经济的影响，实际上，甚至可以说，对经济周期的逆周期调控越成功，金融周期波动的动力就越大，从中长期来讲会给宏观经济带来更大的不稳定。这是因为，经济周期的平稳可能

① 马骏，纪敏，等. 新货币政策框架下的利率传导机制[M]. 北京：中国金融出版社，2016.

带来私人部门对未来宏观政策环境持续稳定的预期，导致投资者风险偏好增加，促进房地产和银行信贷的扩张。

以次贷危机为拐点，美国进入金融周期下半场。去杠杆在实体层面的体现是消费和投资需求下降，经济衰退，供给相对需求过剩，储蓄相对投资过剩。在金融层面则体现为信用紧缩，信用的需求和供给都下降，后者源于房地产价格下跌、债务违约等因素导致的银行惜贷。为了应对信用紧缩对需求的抑制和对金融体系的冲击，美联储放松货币政策，联邦基金利率在金融危机爆发后几个月内降到接近于零的水平。这次“松货币”速度之快、幅度之大是以往经济衰退阶段的政策应对都无法比拟的，原因是这并非一般的经济周期的衰退，而是金融危机后的大衰退，金融周期下半场的“紧信用”促使了“松货币”。

四、非常规松货币

金融周期下半场在操作层面更是直接挑战了过去政策框架的有效性。挑战来自两个方面：第一，短期名义利率降到零以后，央行难以通过调控短期名义利率来降低实际利率和长期利率，在低通胀甚至通缩的环境下，这可能导致实际利率持续地高于自然利率水平，带来经济长期停滞的压力。第二，金融周期下半场去杠杆带来信用紧缩，资产负债表受损导致银行惜贷，企业与家庭部门信贷需求下降。对银行主导的金融体系（如欧元区和日本）来讲，信用紧缩对经济的影响极大，被称为资产负债表衰退。在这种情况下，利率下降对消费与投资需求的刺激效率降低。

为了应对上述挑战，发达国家的央行采取了所谓的“非常规”货币政策，主要包括三个方面：第一，央行购买长期国债和其他一些非政府部门的风险资产，一般称为量化宽松，即在价格型（利率）宽松受限的情况下采取数量宽松；第二，前瞻指引，即央行对未来的短期利率给予明确的预期，引导中长期利率下行；第三，负利率，即央行要求商业银行为其在央行的储备存款付费。这些措施都试图突破短期零利率下限的制约，降低中长期利率，同时促使银行增加贷款。

量化宽松降低中长期利率

金融危机后，美联储进行了三轮量化宽松，购买长期国债和私人部门风险资产比如住房按揭支持债券，美联储的资产规模从危机前的 1 万亿美元上升到超过 4 万亿美元。欧央行 2015 年 3 月开始第一轮量化宽松，并于 2016 年 3 月加码、2016 年底再延长，购买的资产包括欧元区国债和机构债券、欧洲机构债券、资产支持证券、担保债券以及非银行企业投资级欧元债券。日本央行自 2001 年开始就间歇性地在市场购买资产，在 2013 年开始的安倍经济学一揽子刺激措施里，量化宽松的重要性更进一步凸显了。

因为不同资产类别之间不是完全可替代的，央行购买国债等金融资产促使私人投资者的资产配置发生变化，进而影响经济。央行的购买意味着市场上长期国债的供给减少，由于没有资产能完全替代国债来满足私人部门投资者的配置需求，长期国债价格上升，收益率下降，也就是期限溢价下降。国债收益率的下降促使投资者增加对风险资产的配置，包括股票和国外资产，提升了风险资产价格，促进本币汇率贬值。同理，央行购买私人部门资产减少了信用风险溢价，促进信用放松，改善私人部门的融资条件。

从实际效果看，这些渠道在美联储和欧央行量化宽松的传导机制中都不同程度地发挥了作用，但美国的经济复苏比欧元区和日本强，显示美联储量化宽松的效率相对较高。背后的原因可能是量化宽松更多地通过资本市场传导来影响私人部门的行为，而欧洲和日本是银行主导的金融体系。虽然央行购买资产投放了大量的基础货币，提升了银行的可贷资金，但坏账压力导致银行惜贷使得欧元区的信贷复苏比较缓慢。

另外，量化宽松在日本和欧元区对经济的刺激中，汇率贬值的作用更为重要，在相关资产购买计划宣布和实施前后，日元和欧元对美元都有明显的贬值。但汇率是两个货币的相对价格，波动性大，对经济的影响有贸易和金融两个渠道，两者不一定是一致的。

前瞻指引效果存疑

前瞻指引也是在短期利率降到零附近后，央行试图降低中长期利率的手段。其作用机制是基于利率预期假说，也就是长端利率反映了投资者预期的未来短端利率加上期限溢价，央行通过对未来一段时间的明确指引，影响市场对短端利率的预期，达到降低中长期利率的目的。

对前瞻指引的效果有较大的争议，央行对短期利率的指引不是无条件的承诺，而是依据其对未来一段时间经济环境的预测，如果经济情况朝着央行预期的反方向变化，央行就可能无法兑现“承诺”。也就是说，如果市场和央行对经济形势的预期有重大差异，前瞻指引的效果就有限。中国人民银行行长周小川在评论前瞻指引的效果时，提出一个疑问，即央行是不是比市场更聪明。①

五、负利率的能与不能

量化宽松和前瞻指引是在短期利率降到零以后进一步降低中长期利率的手段，另一个突破零利率下限的措施是直接把短期利率降到零以下，即负利率政策，体现为对商业银行在央行的储备存款收取费用。

改善融资条件

日本央行在2016年2月开始实行负利率政策，商业银行在中央银行的超额准备金不仅没有利息，还要向央行支付0.1%的费用。在此之前，欧央行已经于2014年6月宣布隔夜存款利率为负，并在2016年3月把负利率加码，隔夜存款利率从-0.3%进一步下调至-0.4%。截至2016年，全球四大经济体（美国、中国、欧元区、日本）的央行有两家实施负利率政策，加上瑞典、瑞士、丹麦，负利率所覆盖地区的GDP已占到全球的约1/4。

负利率最直接的效果是突破了名义利率零下限的约束，引导短期利率继续下行。理论上讲其影响经济活动所依赖的传导机制和一般的正利率环境下的机制没有什么差别，短期利率下降导致中期和长期利率下行，刺激资产价格和信贷需求，并可能带来汇率贬值，这些融资条件的改善最终支持消费、投资和出口需求。

① 王烁，张继伟，霍侃．专访周小川：央行行长周小川谈人民币汇率改革、宏观审慎政策框架和数字货币[J]．财新周刊，2016（6）．

突破零利率的下限在一定程度上也有助于提升另外两个非常规货币政策工具的效率。一是增加央行对短期利率的前瞻指引的可信度，负利率显示了政策当局在未来一段时间维持低利率水平的决心。二是促进银行降低存在央行的超额准备金、增加贷款与风险资产的投资，强化央行购买资产（量化宽松）对私人部门资产再配置与融资条件的影响。

负利率政策的效果如何呢？首先，从改善社会融资条件的角度看，基本符合预期。负利率政策后，长期国债收益率下行，短中期的国债甚至出现负的收益率，比如，2016 年第一季度末日本的两年期国债收益率是-0.2%，德国的两年期国债收益率在-0.5%。也就是说，投资者如果把资金放在短中期的国债上，不仅没有收益，还要付费，这在过去是难以想象的。根据国际清算银行的估算，2016 年初有约 6.5 万亿美元的主权债券收益率低于零。[①]

欧元区银行的贷款利率下降，欧央行估算负利率政策刺激企业贷款增加 1 个百分点。[②] 另外，在欧央行实行负利率政策后，欧元整体呈现贬值态势，放松了欧元区的货币条件。总体来看，负利率政策在欧洲起到了符合预期的作用，改善了非银行部门的融资条件，欧元区经济虽然没有强劲的复苏，但避免了衰退。

从日本的情况看，有一些不符合预期的发展，日本央行于 2016 年 2 月实行负利率后，日元对美元显著升值，影响了对总需求刺激

---

① Borio, C. (2016, February 10). The Movie Plays on: a Lens for Viewing the Global Economy. Speech at the FT Debt Capital Markets Outlook, London.

② Rostagno, M., Bindseil, U., Kamnps, A., Lemke, W., Sugo Tomohiro and Vlassopoulos, T. (2016, June). Breaking through the Zero Line: The ECB's Negative Interest Rate Policy. Presentation at Brookings Institute.

的效果。为什么日元利率下降反而带来汇率升值？一个流行的解释是负利率政策增加了货币环境的不确定性，避险需求导致对日元的需求增加。这种不确定性的一个重要体现是日本的银行股价格在负利率政策宣布后的几个星期里下跌超过20%，市场担心负利率政策影响银行的财务健康。

银行短期受益

负利率政策的效果在很大程度上取决于其对银行体系的影响。首先，更低的利率虽然刺激贷款需求，但对银行贷款供给的意愿和能力有什么影响呢？这取决于负利率对银行利润的作用，如果利润减少，银行补充资本的能力下降，其贷款的能力和意愿也会降低。银行利润的两个主要决定因素是利差收入和资产的坏账率，更低的利率改善借款人的还债能力，降低坏账率，对银行利润有提升作用。但利率下降往往导致银行利差减少，降低利润，市场对负利率政策的负面效果的担忧正是集中于此。

具体来讲，利率水平下降往往和收益率曲线平坦化（长期利率比短期利率下降更多，反映投资者预期未来短期利率进一步下行，和央行量化宽松降低期限溢价）联系在一起，对银行的利差不利。一个特殊因素是到零下限以后，银行难以把利率下降转嫁给一般存户，银行面临贷款等资产端收益下降，但负债端资金成本难以减少的问题，导致利差收窄。截至目前，还没有看到银对存款收取费用，把负利率转嫁给一般存户的情况发生。对于银行个体来讲，谁都不愿意首先向存户收费，以免存款流向竞争对手。

从欧元区实行负利率政策后的情况看，与一般预期相反，银行体系的净收入上升。这得益于坏账率下降、非利息收入增加和净利息收入上升。净利息收入上升是在利差小幅收窄的情况下发生的，因为贷款的量增加了，后者正是宽松货币政策应该达到的效果。①

但是，有几个因素使得人们担心这种看似理想的状态不一定能够持续。第一，利率下降导致资产价格（尤其是债券价格）上升，使得银行的资本利得收益上升，但这种对利润的拉动影响是一次性的。第二，利率下降在短期内对利差的收窄影响有限，银行的业务是借短贷长的期限转换，短期利率下降使得银行的融资成本下降，而现有的固定利率贷款的定价调整滞后，导致银行的利差在一段时间里可能扩张。②

中长期金融风险值得关注

随着时间的推移，利差收窄的作用会逐渐体现出来，中长期对金融稳定的影响值得关注。持续的超低利率和随之而来的利差收窄可能促使银行追求高风险资产，包括信用评级较低的债券和中小企业贷款。这当然是货币宽松刺激需求的一个传导渠道，但长远来讲会增加金融机构的坏账率。

如果央行的负利率政策持续很长时间或者负利率的程度加大，则还有一个影响金融稳定的特殊因素，那就是银行可能被迫把负利率转嫁给一般存户，而存户可以通过持有现金来避开存款负利率，银行面临存款流失和脱媒的压力。在这种情况下，银行的信贷能力下降，不仅导致货币政策刺激需求的一个重要传导渠道受损，也会增加金融不稳定的风险。

---

① European Central Bank (2016, May). ECB Financial Stability Review.

② 管涛. 负利率能够治通缩吗? [J]. 金融论坛，2016 (18).

金融脱媒的临界点是存户持有现金涉及的储存、安全保险等费用，也就是持有现金的成本。当负利率的程度超过持有现金的成本时，存户就有动力把存款换成现金。但持有现金的成本是多少，难以精确估算，而且也受相关政策的影响。有人开始探讨废除纸币的可能，如果只使用电子货币，就不存在囤积现金的问题。[①] 但是废除纸币牵涉改变几百年来的交易习惯，可能有一些意想不到的影响，因此货币当局应该比较谨慎。

再分配效应

负利率政策有再分配影响。利率下降有方向相反的两个效果：一个是替代效应，因为储蓄的回报率下降，储蓄意愿降低，部分明天的消费提前到今天；另一个是收入效应，负利率降低收入，导致消费者削减开支、增加储蓄。

在关于负利率政策的讨论中，主流的观点似乎在强调低利率的收入效应，也就是对消费的负面影响。媒体的一些报道也渲染了这个问题，对欧洲和日本这样的老龄化社会而言，负利率对退休金和保险公司的财务可持续性带来挑战，德国的一些右翼政治力量指控欧央行的负利率政策导致退休者贫困（pensioner poverty）。

现实中收入效应真的大于替代效应吗？再分配影响比一般想象的更复杂，也需要区分短期和长期的影响。家庭部门总体来讲是净储蓄者，其净收入受损，影响消费。借款的企业部门和政府部门受益。但在企业部门杆杠率已经高企、产能过剩的情况下，低利率对

① Rogoff, K.（2015）. Costs and Benefits to Phasing out Paper Currency. NBER Macroeconomics Annual, Vol. 29, No. 1, pp. 445-456.

投资的刺激可能有限。就家庭部门内部而言，一般来讲借款者的边际消费倾向高于储蓄者，净收入从储蓄者向借款人转移，促进消费需求。另外，利率下降刺激资产价格上升，短期有利于消费，但加大了贫富分化，不利于消费的可持续增长。

总之，负利率是一个新的现象，截至目前，对融资条件的改善符合预期，对更广的经济也没有出现负面影响。但是中长期对经济的影响还有待观察，尤其是对金融稳定的含义值得关注。欧央行在2016年3月增加了负利率的幅度，但暗示到此为止，日本央行则在2016年1月推出负利率后，饱受批评，随即在3月议息会议上收缩负利率的实施范围，从此按兵不动，这都显示了相关央行更为谨慎的态度。

在特朗普当选美国总统后，财政扩张的预期导致美国长期国债收益率显著上升，对其他国家的长期利率也带来外溢的影响。未来更应受到关注的是利率上升在金融层面可能带来的冲击，尤其是在负利率和低利率环境下累积的债务负担如何消化。

六、中国的非常规货币政策

发达国家的金融周期走在中国的前面，其经验教训值得我们借鉴。一个是政策在不同目标之间如何平衡以促进中长期可持续的经济增长，另一个是政策工具创新以应对经济金融环境的变化。

稳增长的度

在金融周期上半场的繁荣阶段，美国等发达国家的一个教训是货币政策过度注重传统经济周期的稳定。一个金融周期可能包含多个经济周期，如果货币政策过度地试图抹平经济周期的波动，可能会忽视了更长周期的金融波动的影响。这实际上涉及货币政策如何在增长的短期波动和长期波动之间取得平衡的问题，容忍短期下滑所牺牲的短期增长和不容忍所导致的未来更大的下滑，哪个更重要。明斯基的一个著名表述“稳定导致不稳定”讲的就是短期过度稳定导致长期的不稳定问题。

中国每年都确定 GDP 增长和 CPI 通胀控制目标，观察过去 GDP 增长几乎没有不达目标的。在经济快速增长的年代，实现增速目标对政策的约束作用不大，当时更多的是如何防止经济过热，要求偏紧的货币政策，和控制资产泡沫与金融风险的方向是一致的。近几年，经济增速显著下滑，虽然经济增长目标也下调了，从过去的 8% 降到 7.5%、7%，再到 2017 年的 6.5%左右，但实现目标的难度增加，要求货币政策放松的压力加大，但后者刺激房地产价格和信贷扩张，稳增长与维护金融稳定的矛盾显现。

从调控金融周期和防范金融风险的角度看，年度的 GDP 增长和通胀控制目标带来两个方面的问题。一是在空间维度上，为了实现 GDP 增长目标，是否应该不惜代价，容忍金融风险增加。2016 年头几个月，银行信贷大幅扩张，支持了房地产和基建投资，是后来经济企稳的主要动力，但也导致房地产价格在已有高位上进一步大幅上升，债务问题加大。2016 年底的中央经济工作会议强调要坚持“房子是用来住的，不是用来炒的”，将降低企业杠杆率作为重中之重，防范与化解金融风险。政策试图在经济增长与金融稳定之间取得平衡。

二是在时间维度上，设定每年的增长和通胀目标是否是最优的安排。从长远看，居民生活水平提高的主要来源就是经济增长，防范金融风险也是为了避免经济增长的大滑坡，关键是短期的增长是否是可持续的，设定短期的硬性目标可能迫使政策操作只顾当前增长而忽视长远的走势。根据其他国家的经验，很少有设定年度经济增长目标的例子，即使在通胀目标制的国家，中央银行控制通胀的成效也不是按年考核的，而是设定一个中期目标，一般是两年。政策应该给经济自主调整的时间，而不是采取强力措施在短期内纠偏，后者只会加大波动。

货币政策如何平衡经济周期和金融周期调控呢？一个可能是增加政策工具，货币政策主要负责经济周期调控，宏观审慎监管关注金融周期、防控金融风险，这是全球政策当局在金融危机后的一个反思。就中国而言，2016 年的这一轮信贷扩张和审慎监管的放松有关，包括 2015 年中存贷比约束取消和 2016 年初全国范围的房贷首付比例要求下降。审慎监管不仅没有起到调控金融周期的作用，似乎反而被用于经济周期的调控。

当然，对于货币政策关注增长和通胀、宏观审慎管理关注金融稳定的边界划分是有争议的，对宏观审慎管理能否独当一面，货币政策需不需要关注金融风险并没有达成共识。我们将在下一章讨论宏观审慎管理在金融周期调控中的角色。

货币政策工具创新

近几年对发达国家央行行为的反思，不仅涉及政策目标，还包括传导机制和操作工具。所谓的非常规货币政策适用于常态经济环境吗？适用于中国等新兴市场国家吗？

非常规货币政策是否适用于常态，可以从资金的价格（利率）

和量两个方面考虑。从资金的价格看，是不是短期利率在零以上，央行就不应该或者没有必要直接调控中长期利率？如果长端利率对消费和投资行为的影响更直接，或者金融市场的扭曲导致短端利率向长端传导不畅，即使短端利率没有降到零，央行直接调控中长期利率也可以增加货币政策的执行效率。

实际上，“二战”后直到20世纪70年代，欧美等发达经济体实行金融压抑政策，一个重要的体现就是对资金价格的限制，拉丁美洲的中央银行一直到90年代还在直接管理不同期限的利率。中国央行直到近几年还在调控不同期限的存贷款基准利率，直接影响整个利率体系。从一定意义上讲，所谓“非常规货币政策”对于中国等新兴市场国家来讲并不是新鲜事。

随着利率市场化的推进，近几年中国央行与时俱进，不断改进和完善货币政策框架，货币政策传导机制和操作工具与几年前相比都有了显著的变化。[①] 在放开对存贷款基准利率的限制后，央行创设了一系列新工具，初步形成了新的利率调控体系。包括建立短端利率走廊，把货币市场利率控制在一个区间内，防止其大幅波动，以及创设直接干预中端利率的工具。

利率走廊的下限是商业银行在央行的超额准备金利率，央行在近几年增加了多种操作工具以建立利率走廊的上限并平抑利率在走廊中的波动。[②] 2013年初央行创设短期流动性调节工具（SLO），操作对象是公开市场业务一级交易商中具有系统重要性的金融机构，

---

① 徐忠．中国稳健货币政策的实践经验与货币政策理论的国际前沿[D]．中国人民银行工作论文，2017.

② 牛慕鸿，张黎娜，张翔，宋雪涛，马骏．利率走廊、利率稳定性和调控成本[D]．中国人民银行工作论文，2015.

是央行主动投放和回笼资金的工具。央行还创设了常备借贷便利（SLF），由金融机构主动发起（央行被动），以 1~3 个月期限为主，向金融机构提供资金。2014 年，央行创设中期借贷便利（MLF），向金融机构提供期限更长的资金（3 个月至 1 年）。这些创新工具有助于应对银行体系的流动性波动，控制短期利率变动的幅度。

在短期利率走廊之外，央行在 2014 年创设抵押补充贷款（PSL）。2014 年 7 月 21 日，央行向国开行发放 1 万亿元 PSL，利率为 4.5%，期限为 3 年，用于棚改专项贷款。抵押补充贷款起到了几个方面的作用：一是为央行提供了一个直接影响中期利率的工具；二是央行通过扩大自己的资产负债表，绕过商业银行的信贷渠道投放货币；三是资金投向政策支持的特定领域，实际是货币投放支持准财政活动。

从直接干预中端利率的角度来看，抵押补充贷款和美联储的量化宽松（购买长期国债和按揭贷款抵押债券）有类似的地方，只不过这是中国央行在短期利率仍然显著高于零的情况下采取的措施，规模相对较小。这显示央行扩大资产负债表直接投放货币和直接调控中期利率有了新的工具，可以说是中国版的非常规货币政策。

尽管有这些政策工具的创新，货币政策传导机制与操作工具仍然面临很大的挑战。反映在资金流出，外汇占款下降，央行资产负债表近几年相对 GDP 收缩，融资条件的放松主要靠信贷扩张，而不是基础货币。同时，一些准财政行为尤其是地方政府的投资也依赖银行信贷。另一方面，混业经营的发展加上监管套利使得信贷与影子银行活动的内生性增加，传统的利率调控机制难以平衡好稳增长与控制金融风险之间可能存在的矛盾。

七、汇率机制是最大挑战

就货币政策的执行效率而言，汇率机制可能是未来几年的一个重要挑战。全球金融危机之前，一个基本共识是浮动汇率制更有利于维护宏观经济稳定。这里面有两层意思：一是在资本账户开放的环境下，浮动汇率制有利于货币政策的独立性，使得货币政策可以专注国内的经济增长和物价稳定；二是汇率灵活性本身也是经济周期波动的一部分，起到自动稳定器的作用，避免出现持续的内外部失衡。

三元悖论

传统上思考汇率灵活性与货币政策独立性关系的框架是三元悖论（The Impossible Trinity），也称三难选择，其含义是：货币政策独立性、汇率稳定、资本跨境自由流动不能同时实现，最多只能同时满足两个目标。在布雷顿森林体系中，各国货币政策的独立性和汇率稳定得到实现，放弃的是资本的跨境自由流动。在布雷顿森林体系崩溃后，对于大部分发达国家而言，货币政策独立性和资本跨境自由流动同时存在，固定汇率制被浮动汇率制替代。

在金融体系和外部市场联系紧密（如小型开放经济体）或者金融市场有深度和广度的情况下，有对冲的外汇市场干预的效率比较低，也就是说，央行很难做到通过市场干预稳定汇率但又不影响内部流动性。这就是为什么在小型开放的新兴市场经济体或者发达金融市场的国家，不可能三角的取舍比较明确，即放弃汇率稳定的选项。

新兴市场国家在不可能三角之间的取舍没有发达国家那么清晰，而是试图在不同的限制边界之间取得平衡，有管理的浮动汇率制、有一定程度开放的资本账户、有一定独立性的货币政策。货币政策独立的程度还取决于财政政策是否稳健、外汇储备规模有多大等。金融摩擦使得内外部资产相互间不是完全可替代品，央行可以通过调控利率和有对冲的外汇市场干预来实现内部稳定增长和物价、外部稳定汇率的双重目标。

中国央行过去十多年也试图在不同的限制边界之间取得平衡，同时实现部分的汇率弹性、部分的资本账户开放，以及基本独立于美国的货币政策。但这是脆弱的平衡，短期内有效，代价是宏观经济和金融不平衡的累积，在中国体现为房地产泡沫，在储蓄率高企的情况下非政府部门对外负债，汇率成为促进金融周期的一个因素。为什么会是这样呢？我们需要重温汇率影响经济的两个不同的渠道。

一个是贸易渠道，汇率贬值促进出口、抑制进口，有利于 GDP 增长，贸易渠道的汇率是指有效汇率，或者人民币对一篮子货币的汇率。另一个是金融渠道，是指对美元汇率，美元是国际储备货币，新兴市场国家往往有美元债，本币对美元贬值使得债务负担增加，资产负债表恶化，导致信用缩量，不利于国内需求。也就是说，汇率变动通过两个方向相反的渠道影响经济，短期内金融渠道的作用可能超过贸易渠道。在一些新兴市场国家，即使本币对美元贬值的同时也伴随有效汇率贬值，短期内对经济增长也是不利的，就是因为美元债带来的金融渠道的拖累，使得这种贬值往往被称为衰退性贬值。

从 2010 年 6 月开始，人民币对美元重拾升值轨道，美元也开始长达几年对其他货币升值，导致人民币对美元汇率和有效汇率同时升值的情况。有效汇率升值对出口和制造业不利，但人民币对美元升值增加了借入美元债的企业的净资产，带来风险偏好上升，汇率升值和房地产价格相互促进，同时放松了内外部融资条件。金融渠道的繁荣掩盖了汇率升值对实体经济的影响。

但金融渠道对短期增长的刺激是以对外债务的增加为代价的，一旦汇率转向，金融渠道对经济的作用就会反过来。在人民币对美元贬值的情况下，虽然政府的外汇储备得益于本币对美元贬值，但除非政府把收益转移给非政府部门，否则企业和家庭部门在金融渠道是受损的。① 特朗普当选美国总统后，其财政扩张的主张导致美国中长期利率上升和美元升值，对私人部门持有美元债的新兴市场经济体是一个挑战。

二元悖论

汇率的金融渠道影响在全球金融危机后受到关注，促使在国际货币和金融理论上的一个反思，即在资本跨境自由流动、金融周期动力比较强的情况下，自由浮动的汇率制度不一定确保货币政策的独立性，也就是不一定能提供足够大的空间，使得货币政策以国内经济增长和物价稳定为目标，而完全不考虑汇率的波动幅度。这是因为金融周期使得汇率变动有两个反向的效果：一方面，汇率贬值有利于出口；另一方面，汇率贬值通过上述的资产负债表效应，提高风险溢价、紧缩内外部信用条件。

也就是说，央行虽然有调控短期利率的能力和空间，但不一定能

① 郭树清．中国经济的内部平衡与外部平衡问题[J]．经济研究，2007（12）.

有效调控广泛的金融条件，如中长期利率和信用的扩张。在浮动汇率制度下，虽然央行能够控制短期利率，不受其他主要央行货币政策的制约，但国内的金融环境还是受外部货币条件的影响，央行的货币政策调控内部经济的效率下降。传统的“三元悖论”已不成立，浮动汇率制不能保证货币政策调控国内经济的独立性。二元悖论的一个延伸就是只有资本管制才能有效保证货币政策的独立性。①

虽然中国还没有达到资本跨境自由流动的状态，还谈不上二元悖论，但是从金融周期的角度来看，汇率波动的影响对我们还是有借鉴意义的。从实体经济的角度来看，过去十几年有效汇率的过度升值是导致目前人民币面临贬值压力的根本原因，但现阶段人民币汇率可否自由浮动呢？或者像有些观点所主张的，人民币汇率一次性大幅贬值，一步到位，消除进一步贬值的预期。从金融渠道看，自由浮动或一次性大幅贬值都不是最优的选择，因为金融渠道带来的冲击可能很大，可能导致内部的风险溢价大幅上升。

那什么是汇率机制的最优安排呢？为了稳定预期，我们是不是应该回到与美元挂钩的汇率机制呢？我们需要进一步增加汇率灵活性，既不能回到和美元挂钩的固定汇率制，同时现在也还不具备实行自由浮动的机制，有管理的浮动汇率制仍是现阶段最优的安排。

灵活性的两个维度

从操作层面看，增加汇率机制的灵活性意味着什么呢？人民币汇率的灵活性可以从空间和时间两个维度来理解。空间维度是指人

---

① Rey, H. (2015). Dilemma not Trilemma: The Global Financial Cycle and Monetary Policy Independence. NBER Working Paper, No. 21162.

民币应当对一篮子货币增强灵活性，还是对美元增强灵活性？时间维度的灵活性是指短期的脉冲波动，还是中期的“顺势”调整？①

从空间维度来说，增加汇率灵活性是指增加人民币对美元的波动。参考甚至盯住一篮子货币意味着人民币对美元汇率随着美元对其他货币汇率的变动而波动，是灵活性增加的一个机制。但参考一篮子货币意味着央行需要在外汇市场干预，而且在市场波动大的时候，对央行干预的要求可能很大。在资本账户管制和内部金融压抑的时代，不少国家盯住一篮子货币，因为当时外汇市场供求主要是由贸易差额决定的，而一篮子货币能更有效地维护贸易的竞争力。

在金融自由化的时代，盯住一篮子货币的例子基本消失了，少数实行固定汇率制的经济体比如香港地区也是盯住美元的，这是因为金融渠道的交易是外汇供求的主要部分，同时也对宏观经济有重大影响。以 CFETS（中国外汇交易中心）为例，美元权重大约为26%，但这和美元在全球货币体系中的重要地位不匹配，尤其是全球范围内金融对实体的影响越来越大，美元的地位是其他货币难以匹敌的，美元约占全球外汇市场交易份额的 45%，占全球储备货币的 60%以上。

从时间维度来说，汇率的灵活性不是指短期的波动，而是指顺应经济周期的波动。汇率应该是经济周期调整的“自动稳定器”：经济增长下行压力较大的时候，汇率贬值有利于改善外部需求；经济比较强的时候，汇率升值有利于抑制经济过热。过去的 15 年，在主要经济体中，汇率作为经济自发调节机制的部分作用在逐步加强。

① 余永定，肖立晟，张斌，张明．如何进一步推动人民币汇率形成机制改革[J]．经济导刊，2016（10）．

当然，如上所述，贬值可能通过金融渠道增加国内的风险溢价，对内部需求起到紧缩作用。但我们不能由此得出汇率不能变动的结论，只能说明政策面临的环境复杂。

当前，从增长差的角度来看，在中美金融周期异步的背景下，中国增长企稳的基础不牢固，美国则得益于金融周期复苏，增长有加速的势头，近期的“特朗普冲击”使得市场对美国经济前景进一步看好。在美国财政扩张的态势下，如果其他主要经济体包括欧洲、日本和中国的财政扩张力度较小，则美元仍然存在升值的压力，在这种情况下，其他货币包括人民币对美元贬值就是经济周期波动的内在要求。

不应担心外汇储备下降

在增加汇率灵活性的过程中，如何应对资金流出压力是一个挑战，尤其是考虑到美元持续强势对新兴市场的冲击。在自由浮动汇率制度下，资金跨境流动的压力完全通过汇率（价格）变动来消化。但在有管理的浮动汇率制度下，经济还不能完全适应汇率的大幅波动，需要其他措施来辅助消化资金流动风险。

从历史经验来看，过去在面临较大的资金流入压力时，除了人民币对美元升值外，央行还采取了买入美元（增加外汇储备）和资金流入管制两大措施。同理，在资金流出压力较大的阶段，除了增加汇率灵活性和对美元贬值外，还可以卖出美元（减少外汇储备）、加强对管制资金流出的管制。实际上，央行近期的行为正是通过这样三管齐下来应对资金流出压力。

这里有一个如何看待外汇储备的作用问题。市场对外汇储备下降似乎心存恐惧。

外汇储备防御流动性风险的作用是在汇率灵活性不够的情况下的

阶段性现象。在自由浮动汇率制下，价格（汇率）的变动足以调节量（资金供求）的失衡，理论上讲外汇储备可以是零。在欧美等发达经济体，外汇储备的水平很低，即使在日本，由于历史原因外汇储备规模较大，但央行退出了常态的市场干预，汇率水平由非政府部门的外汇供求决定。在汇率形成机制灵活性不断加大的趋势下，中国外汇储备的作用也将下降，也就是未来我们不需要这么多外汇储备。

还有一个问题是如何看待对资本流动的管制措施。2012 年，中国人民银行行长周小川在《人民币资本项目可兑换的前景和途径》①中提出：外汇管制实际是个程度问题，保留必要的监控未必有碍于实现可兑换：一是有必要对私人和公共对外债务实行宏观审慎管理；二是有必要对金融跨境交易进行必要的监控；三是有必要对短期投机性跨境资本流动进行适当的管理。事实上，为维护宏观经济稳定或者防范金融风险，在特殊时期，各国对资本项目进行一定程度的管制或采取临时性的管制措施是合理的，IMF 对此也认可。

从更深层面看，布雷顿森林体系下的固定汇率制与货币政策独立性仅仅是资本账户管制的支撑吗？恐怕不是这么简单，还是和当时的政府对更广层面的经济活动管制一致，尤其是金融压抑。在金融自由化的今天，即使有资本账户管制，金融周期的影响仍然存在。比如，资金跨境流出可能只是深层次问题的一个表象，包括内部的资产泡沫与金融风险，仅仅加强资本账户管制是治标而不治本，甚至可能加大内部的深层次问题。维护宏观经济稳定，在货币政策、汇率机制之外，还需要宏观审慎监管、财政政策、结构性改革等配合。下一章将讨论宏观审慎监管在金融周期中扮演的角色。

---

① 周小川．人民币资本项目可兑换的前景和路径[J]．金融研究，2012（1）．

第九章　宏观审慎监管再发现

充分考虑可能的货币政策行为与效果后，我们的结论是不能单独依靠货币政策来保持经济平衡。货币措施有帮助，但仅此而已。

——《拉德克利夫报告》(1959)

金融稳定与货币政策有天然的联系。金融体系是货币政策传导机制的重要部分，一个健康有效的金融中介体系有助于货币政策的执行。另外，作为法定货币的垄断发行者，中央银行具有最后贷款人的能力，在金融机构遇到困难时提供协助，由此在维护金融稳定中发挥特殊作用。

全球金融危机之前，货币政策对金融稳定的关注从属于物价稳定这个首要目标，稳健的金融体系提高了货币政策的执行效率，从而有利于维护物价总水平的稳定。全球金融危机后，政策当局、学术界和市场参与者对维护金融稳定有两个重要反思：一是货币政策应该从独立于物价稳定的视角关注金融稳定；二是维护金融稳定，需要加强宏观审慎监管。两个政策目标需要两个政策工具来实现。①

在我国金融市场深化和开放的过程中，“影子银行”快速膨胀，近年来风险事件频发，加强监管是维护金融稳定的重要方面。② 从全球范围来讲，宏观审慎监管是一个新事物，专业机构还处于探索阶段，一般投资者和民众对此更是缺乏了解。什么是宏观审慎监管？其工作机制和工具是什么？对我们思考金融周期的演变有什么含义？

---

① ［荷］乔安妮·凯勒曼，［荷］雅各布·德汉，［荷］费姆克·德弗里斯．21 世纪金融监管［M］．张晓朴，译．北京：中信出版集团，2016.

② 刘鹤．《21 世纪金融监管》序言［M］//［荷］乔安妮·凯勒曼，［荷］雅各布·德汉，［荷］费姆克·德弗里斯. 21 世纪金融监管. 张晓朴，译. 北京：中信出版集团，2016.

一、什么是宏观审慎监管

对金融机构的审慎监管早已有之，但传统上审慎监管的目标是防控单个机构破产的风险，主要从保护存户和投资者的角度出发，一般称为微观审慎监管。全球金融危机的一个重要启示是，审慎监管需要增加一个宏观视角，这是因为银行的信贷行为有外部性，信贷扩张短期增加银行的利差收入，坏账损失往往在中长期才显现，而且坏账越大政府被迫介入承担损失的可能性也越大。金融机构有追求规模扩张的冲动和羊群效应，使得单个机构的健康不代表所有机构加在一起是可持续的。①

宏观审慎监管注重金融体系（而不是单个机构）的总体风险以及其和宏观经济的关系。宏观审慎监管这个表述最早在 20 世纪 70 年代末就已经出现在国际监管合作的文件里，在随后的几十年相关讨论限制在技术的小圈子里，受到市场的广泛关注是在全球金融危机之后。

时间与空间维度

宏观审慎监管有两个维度。一是时间维度，关注风险随时间的演变，即经济和金融体系相互促进带来的顺周期性。二是空间维度，关注在一个时间点风险在金融体系内的分布，以及金融机构之间的联系，那些对系统影响大的机构应该受到更加严格的监管。

---

① 巴曙松，王璟怡，杜婧. 从微观审慎到宏观审慎：危机下的银行监管启示[J]. 国际金融研究，2010（5）.

理论上讲，如果金融体系中具有系统重要性的机构得到有效监管，财务状况比较健康，能抵御来自经济内外环境的冲击，则发生全局性金融危机的可能性较小。问题是如何定义系统重要性，一般是按照金融机构的业务和规模在行业的重要性、业务和机构的复杂程度、与系统内其他机构的关联性等指标来划分，但随着金融活动的复杂性增加，尤其是影子银行的发展，系统重要性难以清晰定义与衡量。正因为如此，国际上政策层面和市场关注更多的是时间维度的审慎监管，也即试图控制金融周期的波动。

时间维度的宏观审慎监管有两个目标：一是促使金融机构在经济繁荣的时候构建足够的空间，以便在衰退的时候可以吸收损失，避免金融体系出现危机或因为财务健康问题急剧紧缩信贷，这是一种逆周期操作。二是限制资产泡沫的规模，从而减少泡沫破裂后对经济和金融体系的冲击。简而言之，前者是通过维持一个稳健的银行体系，来限制资产价格波动对金融和经济的影响；后者是通过各种措施包括规范银行体系的行为，以限制资产价格的波动幅度，两者结合起来有助于减少经济的顺周期性。

结构性与数量型特征

那么，宏观审慎监管作用的机制是什么呢？与货币政策有什么差异？货币政策和审慎监管作用于经济的一个共同的传导渠道是杠杆率，在其他条件不变的情况下，杠杆率上升增加人们消费和投资支出的能力，进而影响经济增长和物价上涨率，但杠杆率上升也意味着未来的债务违约风险增加。货币政策通过利率的变动来影响融资成本和资产价格，进而影响金融和非金融（企业和家庭）部门的杠杆率。宏观审慎监管作用的机制也是影响金融和非金融部门的杠杆率，但带有鲜明的结构性和数量型特征。

虽然宏观审慎监管注重的是系统性风险，但监管的着力点不是总量而是结构，针对某个部门、行业或者特殊的（系统重要性的）机构。这是因为债务问题是结构性的，在一个时间点不大可能一个经济体所有部门都出现高负债的情况。货币政策的着力点是总量，但带有很强的结构性效果（不同的部门受益于货币放松的程度不同），宏观审慎监管的着力点是结构，但有系统性的影响，两者是互补的。如果宏观审慎监管的着力点是总量，就可能和货币政策产生冲突，典型的例子是法定存款准备金率在新兴市场国家往往是货币政策操作的工具，近几年中国央行执行差别存款准备金率的动态调整可以被视为添加了宏观审慎管理的元素。

另外，宏观审慎监管有数量型和价格型工具，但主要是数量型工具，比如，房贷首付比例要求、流动性覆盖要求等，逆周期资本缓冲是数量和价格型工具的混合体。为什么宏观审慎监管的工具偏数量型？如上所述，宏观审慎监管本质上是结构性政策，而价格型工具作为结构性政策手段的效率并不高。一个类比是在利率受管制的时代，必然要求有数量管制的配合，没有贷款额度的管制，利率管制就难以持续。发达国家的货币政策早已经从数量型工具转化为价格型工具（利率）调控，似乎中央银行不需要使用数量型工具了，但金融危机后量化宽松是一个重大变化，宏观审慎监管是另一个。

二、新瓶装旧酒？

因为宏观审慎监管是一个相对新的领域，政策当局都还在探索其工作机制与操作工具的选择。就空间维度的监管而言，操作工具主要为对具有系统重要性的金融机构采取特殊的要求，比如额外的资本充足要求。从广义层面来讲，税收、会计准则、土地供应等政策也会影响杠杆率，但这些政策的主要目标涉及其他考虑，比如效率和公平，应该视为政策之间的协调而非宏观审慎监管本身。

三类工具

总结主要经济体的实践情况，就时间维度的操作工具来讲，基本可以分为三大类。第一类是微观审慎监管或者传统的银行监管工具的自然延伸，最重要的就是银行的资本充足率要求和拨备要求。以风险为权重的资本充足率要求是巴塞尔协议的支柱，是西方国家在经历了 20 世纪 80 年代的银行危机后在监管层面的一个创新。《巴塞尔协议Ⅰ》和《巴塞尔协议Ⅱ》对银行的资本充足率要求为监管个体金融机构提供了有力的工具，但随着对风险敏感性的提高，存在顺周期性的问题，缺乏宏观视角。[①]

全球金融危机后，一个重要的反思是逆周期资本缓冲，在信贷快速增长和系统性风险积累时期增加资本计提，使银行有足够的资本应对未来经济衰退时期可能遭受的损失，减少银行系统出现大规模压力的风险。同时，逆周期资本缓冲要求在一定程度上也有助于抑制银行在繁荣时期信贷膨胀的能力，抑制银行系统顺周期性对资产价格和宏观经济波动的放大作用。《巴塞尔协议Ⅲ》包含逆周期资

① Claessens, S. (2008). An Overview of Macroprudential Policy Tools. IMF Working Paper, WP/14/214.

本缓冲要求，而且把计提资本和宏观的、系统性指标联系在一起。[①]一个参照指标是信用总量相对于经济总量的增长速度，如当信用对GDP的比例超出其近期的趋势水平时，监管当局要求银行计提额外的资本缓冲。

第二类宏观审慎监管工具旨在限制银行的资产扩张，尤其是信贷扩张。上述的逆周期资本缓冲要求在一定程度上起到限制信贷供给的作用。从限制信贷需求的角度来看，住房按揭贷款的首付比例要求和债务占收入比例要求是重要的工具，在发达经济体的应用比较广泛。房贷首付比例要求抑制信用和房地产价格相互促进带来的顺周期性，对降低金融周期的波动幅度尤其有帮助。在借款人的收入不固定的情况下，还债负担占收入比例的要求在操作上比较困难。

第三类宏观审慎监管工具是对银行的流动性要求，分为数量型和价格型两类工具。全球金融危机后受到重视的一个数量型工具是流动性覆盖比例要求（LCR），目的在于促使银行维持足够多的流动性资产来应对未来一段时间（如一个月）可能出现的资金流出压力。流动性监管要求旨在限制银行的资产负债表的期限错配，在降低流动性风险的同时也起到抑制信贷扩张的作用。价格型工具针对银行面临的流动性风险收取费用，流动性风险越大需要缴纳的费用就越高。

在低利率的环境下，尤其是在一些发达国家中央银行实行负利率政策的情况下，批发市场资金的利率很低，但是零售的存款利率下降有限，促使银行更多地依赖批发市场的资金。德国、意大利、西班牙等国家的银行对零售存款的依赖比欧元区其他国家大，其银

---

① Basel Committee on Banking Supervision (2010). Countercyclical Capital Buffer Proposal-Consultative Document. Bank for International Settlements, Basel.

行面临利差收窄的压力更大，更有动力寻求市场资金。批发市场的资金利率虽然低但波动性高，增加了银行面临的流动性风险。在低利率和负利率的市场环境下，加强对银行体系的流动性监管显得更有必要。

对于新兴市场国家来讲，管理跨境资本流动带来的风险是宏观审慎监管的一个方面。在面临资金流出压力的情况下，中国央行近年来开始建立跨境资本流动方面的宏观审慎管理。2015 年第三季度，央行对开展代客远期售汇业务的金融机构收取外汇风险准备金，准备金率暂定为 20%。自 2016 年 1 月 25 日起，央行对境外金融机构在境内金融机构存放人民币执行正常存款准备金率政策，建立了对跨境人民币资金流动进行调节的机制。

似曾相识

与货币政策相比，这些结构性和数量型工具似乎是一种创新，但是，以利率（价格型）为工具的总量调控是货币政策自 20 世纪 80 年代以来演变的结果，在此之前，即使在西方国家，对信贷的量的控制也是重要的工具。英国议会在 1959 年发布了一篇关于货币体系工作机制的报告（本章开始的引言就摘自这篇报告），在货币政策文献中占据重要地位，这篇报告质疑单纯调控利率的货币政策能否有效维护经济稳定，在随后的二三十年中对信贷量的控制和利率政策并行，共同构成英格兰银行调控经济活动的机制。①

这些调控信贷的工具包括付息和不付息的存款准备金要求，对

① Great Britain Treasury (1959). Committee on the Working of the Monetary System: Report. London: Her Majesty's Stationery Office.

银行信贷额度的数量限制、对购买耐用消费品分期付款的数量约束等。同一时期，美国采取了类似的措施，包括存款准备金要求，对利率的管制，对贷款的首付比例要求，对银行贷款的道德劝说，等等。实际上，今天的宏观审慎监管工具和几十年前的信贷调控工具有不少类似之处。

在中国，数量型工具更不是陌生的政策操作手段。传统上，法定存款准备金要求和存贷比监管要求是控制货币信贷总量扩张速度的有力工具，随着货币政策转向价格型工具为主的调控机制，两者的重要性逐渐下降。

三、取消存贷比要求得不偿失

对商业银行的存贷比考核要求（即贷款对存款的比例不能超过75%）在2015年6月被取消，是近几年监管政策的一个重大调整。从当时的讨论看，这个变化似乎基于两个理由。一是监管套利，存贷比要求促使银行把类信贷活动从表里转向表外，达不到限制总量的目的；二是存贷比和流动性覆盖要求以及存款准备金要求的工作机制类似，都有限制贷款扩张动能的作用，从降低监管成本的角度来看没有必要同时存在。①

从取消存贷比要求后的变化来看，2015年7月开始总体的存贷比大幅上升（见图9.1）。过去受限于存贷比考核，商业银行在表外寻求扩张信贷。取消了存贷比限制之后，银行信贷由表外转向表内，

① 廖岷，林学冠，寇宏．中国宏观审慎监管工具和政策协调的有效性研究[J]．金融监管研究，2014（12）．

这在一定程度上解释了银行表内的信贷扩张，但社会融资规模也快速增长，难以用信贷由表外向表内转移解释广义信贷的扩张。问题出在什么地方？虽然流动性覆盖要求与存贷比要求有类似的方面，但还是有重要差异的，体现在两个方面。第一，流动性资产与未来30日资金净流出的定义与衡量有不确定性，有博弈空间。第二，任何政策都有路径依赖，在《巴塞尔协议Ⅲ》框架下引入流动性覆盖要求，在西方国家是加强监管，对中国来讲，从存贷比要求向流动性覆盖要求转变代表的是监管放松。

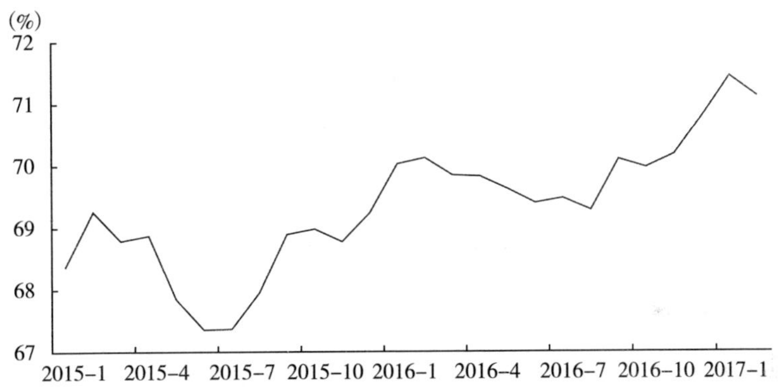

图 9.1　存贷比自 2015 年 7 月显著上升

资料来源：Wind，作者整理

从表面看，总体的存贷比并没有超过75%，似乎其反弹不是因为放松监管带来的，但总量掩盖了结构问题，一些中小银行的存贷比本来就已经在75%附近，而大银行显著低于这个水平，这个监管要求取消后，一些中小银行放贷能力不再受75%存贷比的限制了。①

另外，虽然存贷比和存款准备金要求都有限制贷款扩张的作用，

① 廖岷，冯晖. 存贷比、流动性覆盖率与净稳定资金比例的比较[J/OE]. 新金融评论，http://www.sfi.org.cn/plus/view.php?aid=331，2012-09-10.

但两者的工作机制还是有差异的。存贷比要求使得金融机构的贷款需要一定比例的零售客户的存款支持，后者是黏性比较高的资金来源。取消存贷比考核要求后，一些小的金融机构可以更多地依靠批发市场的融资来扩张贷款。批发市场的资金对利率等市场环境的变化敏感，增加了金融机构的流动性风险，也加大了批发市场的利率波动。美国次贷危机前，金融机构对批发资金的依赖增加了整个体系对利率波动的脆弱性。部分金融机构对批发市场资金的依赖也对中国的债券市场在 2016 年底的波动（所谓“债灾”）起到了放大的作用。

在西方国家，随着利率市场化的完成，存款准备金要求不断下降，甚至为零，央行主要通过公开市场操作来调控短期利率。全球金融危机后的一个反思是存款准备金要求在宏观审慎监管中可能发挥的作用。传统上存款准备金要求在中国主要起到货币信贷总量调控的作用，近两年，在资金流出的压力下，呼吁降低存款准备金率的声音增加了，这显然还是传统的调控流动性总量的视角。存款准备金要求在中国将如何演变呢？从 2011 年中国人民银行引进差别准备金率动态调整的机制以来，存款准备金要求增加了宏观审慎管理的色彩，这个机制在逐步改进，形成了宏观审慎评估体系。

四、MPA 的不可承受之重

传统上，对商业银行的信贷规模的调控是中国央行管理宏观经济和金融风险的重要手段。早期人民银行对商业银行的信贷实行具体的单个机构的规模管理，随着利率市场化的推进，货币政策向价格型调控机制转向，数量型调控工具尤其是对单个机构贷款额度管理已成过去式。近几年在宏观审慎监管的框架下，一些具有结构特征、带有数量色彩的工具重新进入我们的视野。

MPA 的内涵

央行在 2009 年第三季度《货币政策执行报告》里首次提出，逐步建立宏观审慎管理的制度，并纳入宏观调控政策框架，发挥其跨周期的逆风向调节作用，以促进金融体系的稳健。随后的几年，央行采取了一系列措施建立和改进宏观审慎管理机制。

央行在 2011 年度工作会议上引进差别准备金动态调整工具和合意贷款管理机制。合意贷款是指符合央行政策意图的贷款，央行通过差别准备金率调控银行贷款投放节奏与投放规模。具体来讲，央行将存款准备金率的调整与银行机构的资本充足率、资产质量状况、贷款增速等指标挂钩，把信贷的总量调节与逆周期的宏观审慎监管结合起来。按照动态差别准备金率的公式，那些信贷投放增速过快以及资本充足率水平过低的存款类金融机构被区别对待，增加在央行的存款准备金，以限制其进一步扩张贷款的能力。

为完善宏观审慎政策框架，适应资产多元化的趋势，央行从 2016 年起将差别准备金动态调整和合意贷款管理机制升级为“宏观审慎评估体系”（MPA）。[①]宏观审慎评估体系主要通过资本约束金融机构的资产扩张行为，重点指标是宏观审慎资本充足率。该项指标在结合中国实际的基础上，体现了《巴塞尔协议Ⅲ》资本框架中逆周期资本缓冲、系统重要性附加资本等宏观审慎要素。

---

① 张晓慧．如何理解宏观审慎评估体系？[J]．中国货币市场，2016（7）．

具体来讲，MPA 有以下几个特点。

第一，综合评估，考虑资本和杠杆、资产负债情况、流动性、定价行为、资产质量、外债风险、信贷政策执行七大方面，整体评估银行的审慎经营情况。

第二，信贷考核从狭义贷款转向广义信贷，将债券投资、股权及其他投资、买入返售资产等纳入其中，缩小金融机构腾挪资产、规避审慎监管和信贷调控的空间。央行进一步于 2017 年第一季度将表外理财纳入广义信贷范围。

第三，逆周期调节，在 MPA 框架下，逆周期资本缓冲与宏观经济形势和经济增长的合理需要等因素密切相关，一家金融机构广义信贷增速超过趋势水平（与目标 GDP 增长、CPI 通胀率相关）越多，就需要持有越多的逆周期资本。如果金融机构的实际资本水平低于宏观审慎资本要求，则意味着广义信贷增长过快，资本水平不足以覆盖其风险。在这样的情况下，金融机构要么控制广义信贷增长，要么补充资本金。在资本金要求之外，正向和负向的激励方式还有监管评估分级和实施差别化的准备金率。

关键还是政策目标

MPA 是否达到了预期的效果？从宏观审慎的目标看，似乎差强人意，一个重要的体现是广义信贷在 2016 年快速扩张。银行信贷和社会融资总量度量的广义信贷均达 16%的增长（经地方政府债务置换调整），商业银行体系总资产对 GDP 的比例在 2016 年达到 310%，比 2015 年增加 21 个百分点，扩张幅度几乎是 2005 年有数据以来的最大值。这样大规模的信贷扩张对短期的稳定增长起到了关键作用，但也加大了中期的金融风险。为什么会这样？

MPA 是一个新的政策工具，有一个完善的过程，我们对其具体设计和相关参数的设定也缺乏了解，在技术层面难以判断是 MPA 本身失效还是有其他原因。我们的一个猜测是，把贷款增速的趋势（合理）水平和 GDP、CPI 目标值联系起来可能是关键所在。在 GDP 增长面临下行压力的情况下，要实现年初确定的增长和通胀目标，MPA 的机制可能会为信贷扩张提供较大的空间。

如果是这样的话，就带来一个问题，即 MPA 机制下的逆周期调控是逆经济周期还是逆金融周期？即 MPA 应该以稳定短期增长为重还是以维护金融稳定为导向。如果是前者，MPA 就变成另一个以稳增长为导向的货币政策工具，而不是以维护金融稳定为导向的宏观审慎管理机制。

另一个可能是，正因为 MPA 具有综合评估的优势，相应的缺陷就是复杂性，针对性不足。比如，MPA 约束的是金融机构的信贷供给，而不是信贷需求。从 2016 年新增贷款的结构看，住房按揭贷款等房地产相关的信贷和地方融资平台贷款所占的比重持续增加，到了 2016 年 7 月住房按揭贷款甚至超过了新增信贷的总额。MPA 可能难以抑制房地产和信贷相互促进带来的顺周期性，后者尤其与房贷首付比例要求的放松有关。

五、被调坏了的房贷首付比

房贷首付比例要求既限制借款人的杠杆率，也约束银行的放贷能力，同时影响信贷的供给与需求。国际经验的研究显示，房贷首付比例要求是有力的宏观审慎监管工具，在某些情况下甚至比资本充足率、准备金率、拨备要求等更有效。原因就是房贷首付比例要求既约束了银行体系对房地产市场的风险敞口，也有助于控制房地产泡沫的膨胀。房贷首付比例下降，甚至零首付是美国的次贷危机形成过程中的一个重要标志。

作为一种监管手段，房贷首付比例该如何使用呢？房贷首付要求有自动稳定器的特征，一般情况下，无须频繁调整以应对经济和市场环境的变化。假设首付比例要求是 30%，房价是 100 万元人民币时，首付款是 30 万元；若房价上升到 200 万元，首付款就增加到 60 万元，在其他条件不变的情况下购房者的负担能力下降，有利于遏制地产价格进一步上升。反过来，若房价下降到 50 万元，购房者需要的首付资金则减少为 15 万元，购房者的负担能力上升，刺激购房需求。

在被动的自动稳定器之外，监管机构也可以主动调整首付比例要求。一般来讲，这种主动的调整都是逆周期的，以限制市场本身的顺周期动能。但房贷首付的逆周期调整也存在一个问题，是逆经济周期还是逆金融周期？当经济周期和金融周期错位时，降低房贷首付比例要求虽然有利于稳定经济增长，但会加大房地产价格的上升动力。即使 GDP 增长下行和房地产降温、信贷放缓同时发生，降低房贷首付比例、刺激房地产市场也不一定是合理的稳增长手段。

经济周期和金融周期的运行机制不同，一个金融周期包含多个经济周期，房地产市场小幅调整不一定代表金融周期已经转向，降低房贷首付比例可能阻碍金融周期的调整。另外，还要考虑监管措施调整的滞后性，政策部门达成共识需要时间，往往落后于市场，甚至加大市场的顺周期性。

从过去10年的演变来看，政策试图逆周期调节房贷首付比例要求的态势明显。为了应对全球金融危机的冲击，2008年10月，最低房贷首付比例调降为20%，此前为90平方米以下首套房首付比例为20%、90平方米以上首套房首付比例为30%、二套房首付比例为40%。随着经济增长V形反弹，房价也出现暴涨，为此监管当局持续上调首付比例：2010年4月，90平方米以上首套房最低首付比例调升至30%，二套房调升至50%；2010年9月，90平方米以下首套房最低首付比例也调升至30%；2011年1月，二套房最低首付比例调升至60%。

到了2014年，政策再次转向为稳增长，最低房贷首付比进入下行周期：2014年9月，一套房贷已结清的二套房首付比例调降至30%；2015年3月，一套房贷未结清的二套房首付比例调降至40%；2015年9月，在非限购城市，首套普通住房最低首付比例调降至25%；2016年2月，在非限购城市，首套普通住房最低首付比例调降至20%，将首套房贷未结清的二套房首付比例调降至30%。在一、二线城市房价大幅上升后，从2016年10月开始，监管当局再次收紧房地产的融资条件，提升房贷首付比例，降低住房按揭贷款的利率优惠。

以上描述的房贷首付比例的演变路径凸显两个问题。一是房贷首付比例的调整似乎以稳定经济周期为导向，不重视金融周期的运行规律，为了推动房地产去库存，有些地方政府甚至一度试图推出零首付政策。二是没有充分利用房贷首付要求的自动稳定器作用，频繁主动调控，但主动调控缺乏前瞻性，往往滞后于市场，甚至起到和政策的原本意图相反的作用。

表 9.1　自 2007 年以来商贷住房按揭最低首付比例要求变动情况

<table>
<tr><td colspan="2"></td><td colspan="3">首套房</td><td colspan="2">二套房</td></tr>
<tr><td colspan="2">次贷危机前</td><td colspan="2">90 平方米以下,20%</td><td>90 平方米以上,30%</td><td colspan="2">40%</td></tr>
<tr><td>应对次贷危机,下调首付比例要求</td><td>2008 年 10 月</td><td colspan="2">20%</td><td>20%</td><td colspan="2">20%</td></tr>
<tr><td rowspan="3">应对 V 形反转后的房地产泡沫,上调首付比例要求</td><td>2010 年 4 月</td><td colspan="2">20%</td><td>30%</td><td colspan="2">50%</td></tr>
<tr><td>2010 年 9 月</td><td colspan="2">30%</td><td>30%</td><td colspan="2">50%</td></tr>
<tr><td>2011 年 1 月</td><td colspan="2">30%</td><td>30%</td><td colspan="2">60%</td></tr>
<tr><td rowspan="4">为稳增长,下调首付比例要求</td><td>2014 年 9 月</td><td colspan="2">30%</td><td>30%</td><td>30%(首套房贷已结清)</td><td>60%(首套房贷未结清)</td></tr>
<tr><td>2015 年 3 月</td><td colspan="2">30%</td><td>30%</td><td>30%(首套房贷已结清)</td><td>40%(首套房贷未结清)</td></tr>
<tr><td>2015 年 9 月</td><td colspan="2">非限购城市,普通住宅 25%</td><td>其他 30%</td><td>30%(首套房贷已结清)</td><td>40%(首套房贷未结清)</td></tr>
<tr><td>2016 年 2 月</td><td colspan="2">非限购城市,普通住宅原则上 25%,可向下浮动 5%</td><td>其他 30%</td><td colspan="2">30%</td></tr>
<tr><td rowspan="2">为了避免一、二线房价上涨过快,限购限贷趋严</td><td>2016 年 9~11 月</td><td>非限购城市 20%</td><td>北京普通住宅 35%,非普通住宅 40%;上海 35%</td><td>其他限购城市 30%</td><td>北京和上海普通住宅 50%,非普通住宅 70%;上海认房又认贷</td><td>多地加入限购限贷行列</td></tr>
<tr><td>2017 年 3 月</td><td>非限购城市 20%</td><td>北京普通住宅 35%,非普通住宅 40%;上海 35%</td><td>其他限购城市 30%</td><td>北京普通住宅 60%,非普通住宅 80%,认房又认贷;上海不变</td><td>多地加入限购限贷行列</td></tr>
</table>

资料来源:作者整理

有观点认为，房贷首付比例的变动存在社会公平的问题，年轻人、低收入群体负担能力低，现金流的限制更突出，降低首付比例要求有利于满足年轻人和中低收入阶层的住房需求。但我们必须认识到，降低首付比例要求只是起到加杠杆、缓解短期流动性限制的作用，并不能真正改善居民的住房负担能力。促进住房配置的社会公平，应该通过其他更有效的政策措施来实现，包括加大土地供应、增加保障房建设、通过房产税降低住房的投资需求等。

六、创新挑战监管

房地产和信贷在2016年的相互促进不仅得益于房贷首付比例监管要求的下降，有些购房者还通过其他途径包括P2P平台获得融资，进一步加大了杠杆率。这是近几年金融创新给监管带来挑战的一个例子。加强宏观审慎监管、维护金融稳定涉及如何认识创新和管控风险的问题。

创新与风险相连

全球金融危机引发了对金融创新的反思，甚至激烈的批评。诺贝尔经济学奖获得者、《纽约时报》专栏作家保罗·克鲁格曼说："很难想到近期主要的金融创新真正对社会有益，相反他们只是提供了新的更有效的吹大泡沫、躲避监管、实施庞氏骗局的工具。"① 如果说克鲁格曼以其观点的极端闻名，备受尊敬的美联储前主席保罗·沃尔克提过一个问题则更具有挑战："谁能告诉我，对我们个人来

① 参见www.nytimes.com/2009/04/27/opinion/27krugman.html。

讲，有重要性比得上自动提款机的金融创新吗？而自动提款机更多的是机械的创新而非金融的创新。”①

实际上，金融业的发展就是不断创新的过程，今天我们习以为常的银行存款、信用卡曾经都是金融创新。金融创新使我们的生活更加便利，提高了资金融通的效率，但同时也带来了风险。在中国，近几年金融科技的进步在增加普通民众使用金融服务的同时，也给监管带来了挑战。对金融创新的监管有一个微观层面，即保护消费者利益，维护公平竞争环境。

创新强化金融的外部性，也影响系统性风险。对新产品的认识不足容易导致其风险定价不足，流动性被高估，风险集中度高并促使总债务增加。网络效应使得互联网金融的新产品容易在短期内快速增长，这种“上规模”一方面是便利消费者的一个体现，另一方面也强化了其外部性。

一个例子是建立在互联网基础上的第三方支付清算系统，提高了支付的便利和效率，受到消费者欢迎，但其杠杆率显著高于传统的银行支付系统。随着第三方支付体系规模的扩大，其系统重要性不断增加，而整个支付清算系统的稳定是金融稳定的基石。政策层面在加强相关的风险管理，2017 年 1 月，央行对第三方支付机构的备付金实行集中存管制度，备付金需按一定比例交存至央行指定银行账户，不得挪用、占用。

监管套利

金融的外部性使得金融行业受到比其他行业更严格的监管，因

① Volcker, P. (2009). Think More Broadly. The Wall Street Journal. p. R7.

此，金融创新往往和监管套利联系在一起。近年来跨市场、跨行业的交叉性金融产品不断增多，很多时候并不是创新，而是监管套利。一些机构表面上打着互联网金融创新的旗号，实际上主要是违规套利。如 P2P 的资金池模式本质上与银行业务无异，一些资产转让平台采取的份额拆分和竞价交易模式，本质上也属于证券业务。e 租宝就是典型的非法吸收公众存款的例子，最终出现巨额挪用，严重侵害了投资者的利益。

监管套利部分源自按机构分业监管与混业经营的不匹配。20 世纪末确立的分业监管格局促进了金融业专业化发展。但随着金融混业经营的深化，分业监管体制与混业经营的矛盾日趋突出。在混业经营背景下，不同金融机构可以提供相同或相似的金融产品，如果按机构进行分业监管，规则和标准不尽一致，这为监管套利提供了空间。近年来“影子银行”“大资管”以及银行、保险、信托理财产品的快速发展，就是一个典型的例子。商业银行通过银信合作绕过了贷款规模的限制，在银监会加强对银信合作的监管后，银行又先后与券商资产管理、基金子公司合作。最终，信托、券商资管、基金子公司都实现了大跨步发展，但系统性风险也同时增加。

混业经营使金融业务链条更加曲折复杂，资金常常涵盖银行、保险、证券、信托等多个行业，关联度的提升造成风险敞口加大。监管当局只有全面了解整个金融业务链条，才能准确掌握风险及其传染路径，对单体和系统性风险进行动态监测。而“铁路警察各管一段”的分业监管，无法满足上述监管要求。以 2015 年的股灾为例，如果不进行救助，不排除进一步出现基金挤兑、流动性枯竭、银行资金亏损等问题，进而引发系统性风险，但分业监管的机制增加了及时和准确评估这些风险的难度。

监管跟不上创新的步伐还和监管机构的治理机制有关，尤其是监管机构受其他经济发展目标的影响。我国金融行业发展起步较晚，长期以来，各监管部门把发展本行业市场作为自身潜在目标，有时是裁判员，有时是教练员，甚至把监管对象当成自己的下属机构，这种双重身份使得监管很难保持独立和中立。

到了金融市场日趋成熟的今天，监管部门的角色错位，不仅对促进市场发展的效应不大，反而还会破坏市场规则，成为“风险的制造者”。对监管部门工作的评价，不应是行业发展有多快、市场有多大，而是这个行业在发展中累积的风险有多大，识别和化解风险是否准确及时，以及消费者利益是否能得到有效保护。

七、监管框架改革

随着混业经营的发展，“一行三会”分业监管的局限性日益突出。2013 年 8 月，国务院批复建立由人民银行牵头，“三会”和外汇局参加的金融监管协调部际联席会议制度。但是监管协调部际联席会议只是一种行政性安排，缺乏明确的法律授权和清晰的职责划分。对于监管架构如何改革仍有较大的争议，从公开的讨论看，温和派建议在现有的框架上做改进和完善，激进派则主张动大手术，建立大一统的金融管理机构。

因时而变

我国金融监管框架的改革受到全球金融危机后国际层面的反思和改革的影响。这其中属英国的改革最激进，备受关注。在货币政策委员会之外，英格兰银行于2015年设立金融政策委员会，负责宏观审慎监管的政策制定和落实。另外，负责微观层面行为监管的机构也加入英格兰银行，中央银行集货币政策、宏观审慎监管和行为监管于一体。

这不是英国第一次的激进式改革，上一次发生在20世纪90年代后半期，当时英国政府把金融监管的功能从英格兰银行中剥离出来，维持物价稳定成为英格兰银行的单一政策目标，政府并赋予央行在政策操作上的高度独立性。这种货币政策和金融监管分开的模式当时被认为有利于中央银行更有效地维持物价稳定，不少国家效仿英国的改革，我国的“一行三会”模式的建立也受此影响。这一次英国的改革在机构框架层面可以说是在走回头路，会不会再次被其他国家效仿呢？

各国的金融监管体制，往往反映自身独特的历史路径、行业发展和法律环境，随势而变，并没有统一的最佳模式。从近几年的监管框架改革实践来看，一些国家维持货币政策和宏观审慎监管在机构设置上的分开，但设立负责金融稳定的委员会来协调政策，如澳大利亚、新西兰等。

反思与借鉴

虽然没有“放之四海而皆准”的模式，但全球金融危机后各国的反思与改革对我们有借鉴与参考意义。虽然具体的改革措施有待观察，但一些基本的原则与方向值得关注。

首先，货币政策和宏观审慎监管有着天然的联系，中央银行在维护金融稳定方面发挥了独特的作用。中央银行是本位货币的垄断发行者，扮演最后贷款人角色，是流动性的最终提供者，而宏观审慎监管的一个重要方面是金融机构的流动性管理。货币政策和宏观审慎监管的传导机制都是银行的资产负债表，涉及信贷的供给与需求。

其次，增进货币政策和宏观审慎监管之间的协调，中央银行的治理机制是重要方面。一个机构多重目标，容易带来责任不清的问题，尤其是在金融周期和经济周期走势分化时，央行如何平衡物价稳定和金融稳定之间可能的冲突是一个挑战。另外，随着职责的扩大，央行的独立性应该增加还是减少呢？如果中央银行的权力越来越大，但缺少有效的机制使其受到公众和政府的有效监督和制衡，那将带来新的问题。

再次，针对分业监管和混业经营的矛盾，关键是按功能而不是按机构进行监管。国际经验表明，对不同类型金融机构开展的类似业务实施同样的监管（按功能监管），有利于堵塞监管漏洞、防止监管套利。

最后，对中国来讲，中央和地方金融监管合理分工也很重要。从理论上讲，地方金融服务办公室具有监管地方金融机构和活动的功能，但其身份冲突日益严重。地方金融办原本的职能是联系并配合“一行三会”和全国性金融机构在当地的工作，2008 年机构改革之后，地方金融办的定位得到了提升，职能扩大，开始承担为地方政府项目协调融资等任务。地方金融办这种“管办合一”的双重身份，带来很多矛盾和冲突，改革的方向应该是分离地方金融办的金融发展和监管职能。

八、宏观审慎监管也有局限性

全球金融危机后，宏观审慎监管成了一个时髦的词，各方对其维护金融稳定的功能寄予厚望，国内外的监管机构包括官方的国际金融机构都在探索一个有效的框架。但和货币政策相比，政府部门和市场对宏观审慎监管的工作机制和有效工具还缺乏共识。现实中，宏观审慎监管在维护金融稳定方面能发挥多大作用还有待观察。目前，有以下几个层面的问题值得思考。

目标不易衡量

在政策操作层面，金融稳定的定义不清晰，而经济增长和物价稳定的衡量相对透明，容易导致政策部门把稳增长和稳物价放在比金融稳定更重要的位置。CPI 通胀率数据每个月由独立于央行的机构公布，其他宏观经济数据包括 GDP 增长也是按季度或者按月公布，公众和政府比较容易监督货币政策是否达到目标。但用什么指标来衡量金融稳定则缺乏共识。伴随经济活动的扩张，信用货币增长是正常的，但“过快”增长带来金融不稳定的风险，那么“多快”的增长是“过快”、是警示，需要政策反应吗？其他指标包括杠杆率、资产价格对判断金融风险都有参考意义，但没有一个像 CPI 那样透明的综合指标。

金融稳定难以衡量，使得监管部门在推行政策措施时遇到阻力，或者政策当局本身倾向于把短期看得清的目标放在优先位置上。在实际操作中政策有非对称的倾向，对资产价格上升的反应慢，对资产价格下跌的反应快。这是因为泡沫上升期和破裂期对宏观经济的影响不对称，在泡沫上升期，采取包括监管在内的政策措施打压资产价格往往不受欢迎，事先判断有没有资产泡沫存在争议，如何有效遏制资产价格上升更有不同意见。大多数人都支持控制一般商品和服务的价格上涨，但对房地产价格的态度有很大分歧，有房的人希望房价涨，无房的人希望房价跌，再分配的效应很大。

一个可能的结果是对经济周期的调控优先于对金融周期的调控，长期的金融稳定让位于短期的经济增长和物价稳定。这种矛盾的情况在经济周期和金融周期不一致时尤其突出。在2013年“钱荒”之后，2014~2015年广义信贷（社会融资总量）增速放缓，房地产市场明显下行，金融周期似乎开始了下半场的调整，对抑制房地产泡沫与防范金融风险都是有利的。但随着经济增长下行压力增加，政策放松，从2015年后半期开始，银行信贷大幅扩张，导致一、二线城市房地产价格在2016年快速上升，房地产投资反弹，对经济周期的稳增长有所帮助，但金融周期的风险加大了。

成本收益平衡

和货币政策相比，宏观审慎监管更多使用数量性、结构性工具，一个负面效果是结构上的扭曲影响较大。宏观审慎监管工具之间的取舍，监管工具的创新最终取决于成本/效益分析，效益是促进宏观层面的金融稳定，成本是微观层面的结构扭曲。学术界和政策当局有些已经清醒地认识到没有免费的午餐，必须有所取舍，但有些还陷在过去几十年的惯性思维中，对数量性工具的使用持怀疑态度，唯恐被指责为走回头路。

这种矛盾的一个典型的例子是美国总统特朗普对金融监管的态度。金融危机后，美国国会通过了《多德-弗兰克法案》，加强对金融机构的监管，但这个法律被认为太复杂，带来了沉重的管制成本。一个经常被提起的玩笑是金融危机后，国际投行的很多部门都裁员，但有一个部门在扩张——法律和合规部门，以应对新的监管法律的要求。特朗普要放松金融监管，到底是放松什么方面的监管还有待观察。放松监管的好处是结构扭曲下降，但代价可能是未来金融不稳定风险增加。

直面宏观审慎监管的成本/效益平衡对于我们认识金融的未来发展很重要，加强宏观审慎监管以控制银行信用扩张，在一定意义上讲就是金融压抑。但这种金融压抑是部分的、结构性的，带来了监管套利，促进了金融创新和不同形式的影子银行的发展。充分认识宏观审慎监管的局限性很重要，一个含义是货币政策必须在抑制资产泡沫、维护金融稳定中发挥关键作用，货币政策需要在短期稳增长和中期控制金融风险之间取得平衡，这是宏观审慎监管无法替代的。

第十章　财政“复辟”？

财政政策对经济的作用是直接的，又不绑住未来的政策制定者的手脚。

——保罗·克鲁格曼（2012）

谈到金融周期，一般都联想到货币政策，似乎与财政政策无关。但在现代经济中，政府是一个重要的、不同于私人机构的参与者，政府收支及结构对经济活动包括金融有重大影响。

我们应该如何看待财政政策的作用？在稳增长、调结构、控制金融风险目标的平衡中，财政政策有哪些优势和劣势？财政和货币政策是替代还是互补的关系？本章在金融周期的框架下分析财政政策的角色，财政不仅可以起到稳定经济周期的作用，也可以降低金融周期的波动幅度、控制金融风险。

一、重回聚焦点

从平熨经济周期的波动看，重视货币政策、轻视财政政策是过去40年全球的主流思维。在主流的宏观政策框架下，货币政策是逆周期调控的主要工具，财政政策则注重中长期的稳健和可持续性，货币和财政政策相对独立。全球金融危机后该框架发生了两方面的变化。

第一，财政扩张回归为西方主流的宏观政策工具，在逆周期政策操作中发挥重要作用。次贷危机爆发后，美国政府救助大型金融机构，导致财政赤字对GDP的比例从2007年的1.1%上升到2008年的 3.1%和 2009 年的 9.8%。在金融体系稳定下来后，财政扩张更多的是以刺激总需求、稳定经济为目的，赤字率在 2010 年和 2011 年分别达到 8.8%和 8.5%，仍远高于危机前的水平。欧元区国家在欧债危机后财政赤字也大幅增加。国际货币基金组织在 2008 年秋天呼吁主要经济体的政府增加财政赤字以支持经济增长，当时在政策和市场层面带来了震动，因为在这之前，基金组织强调的是财政纪律和平衡的重要性。

在经济下滑的压力减弱之后，西方国家的财政政策在近几年有所紧缩。美国的财政赤字率在 2014 年和 2015 年分别下降到 2.8%和 2.5%。在欧元区，德国不愿意为财政联盟埋单，迫使边缘国家财政减少赤字。在这种情况下，促进经济复苏重新倚重货币政策，货币政策甚至被认为是稳定经济的唯一希望，市场主要关注央行的一举一动。这样的态势在 2017 年发生了转变，美国新总统特朗普主张财政扩张，通过减税和增加基础设施投资支持经济增长。如果说全球金融危机促使财政重回宏观政策主流框架内，那么特朗普新政可能是对这个转折的确认。

第二，财政和货币政策的关系。在金融危机之前，货币和财政当局的操作相对独立，央行的公开市场操作主要以短期国债为工具，政府的债务管理则更多倚重中长期债券，两者有比较清晰的界限。危机后，以量化宽松为标志，央行开始大量购买长期国债，政府的两个部门都直接涉足长期国债市场，但目的不同，一个是降低政府的债务负担；另一个是货币政策操作，财政和货币政策的边界不是那么清晰。

特朗普的财政扩张主张是在美国经济增长加快、复苏基础更加牢固、失业率下降到自然失业率水平的情况下提出的，如果财政刺激的效果明显，通胀将上升，美联储加息的压力将增加。美国可能出现财政扩张伴随货币紧缩，宏观政策组合发生变化。但是随着政府债务的扩张，对“财政主导”（fiscal dominance）的担忧将增加，货币政策可能会因为要降低政府债务负担而受到掣肘。

中国的财政和货币政策组合似乎也在发生变化。在2015~2016年，信贷扩张支持了房地产和基建投资，2017年增长企稳的态势明朗。另外，房地产泡沫进一步吹大，企业和家庭部门杠杆率增加，2016年底的中央经济工作会议提出要使积极的财政政策更加有效，实施稳健中性的货币政策，意味着稳增长对财政政策的依赖上升，对货币政策的依赖下降。除了通胀压力有所抬头外，防控金融风险也限制了货币政策放松的空间。

二、财政关乎私人债务可持续性

在凯恩斯解释大萧条的理论中，投资持续低迷是导致大萧条的根本驱动力量。明斯基遵循凯恩斯理论的精神，把投资和内部资金（企业利润）、外部融资（负债）联系起来，讲述一个完整周期的变化。财政通过企业利润与持有资产的质量而影响私人部门债务可持续性。

利润是债务链条的关键一环

在金融周期上半场的开始阶段，企业和金融机构的财务状况都比较健康，企业利润系统性地超过债务还本付息需要的现金流，验证了过去投资项目的正确性，增加了企业对未来的信心。投资因此增加，而且通过加杠杆（外部融资）进行，带来收入扩张、利润增加，对未来预期进一步改善。随着乐观情绪的上升，人们更多地把流动性资产转化为风险资产，资产价格上升，抵押品价值上升进一步增加银行放贷的意愿和能力。

有两个因素使得资产泡沫和相关的信用扩张带来的繁荣最终难以持续。第一，随着债务负担的增加，到了一定阶段企业经营产生的利润不足以支撑债务还本付息所需要的现金流，债务偿还越来越多地依靠外部融资（借新债还旧债）。在这个阶段，企业持有的净资产可能增加（泡沫使得资产价值超过负债），但现金流不一定改善，现金流取决于利润和外部融资的可得性。第二，随着债务的扩张，外部融资的可得性出现问题。一个可能是通胀压力或者房地产市场过热导致货币政策收紧，外生货币（基础货币）供应减少，利率上升。另一个可能是金融体系运作出现瓶颈，内生货币（银行信用创造的货币）紧缩，比如，利润对债务还本付息覆盖率下降，运营出现问题的企业发生债务违约，导致金融机构增加信用供给的意愿和能力降低。

利率上升和外部融资可得性下降将削弱一些过去有投资价值项目的可行性，投资下滑，紧缩整体经济的产出和利润，企业的偿债能力恶化，外部融资条件进一步紧缩。这个时候，企业可以通过两条路来增加现金流以偿债：一是减少开支，降低投资；二是变卖资产。从个体来讲，两者都是理性的选择；从总体来讲，两者都会降低总需求，进一步削弱企业利润，同时降低投资者和金融机构的风险偏好。

那么，有什么途径可以改善企业的现金流，以控制还本付息带来的总需求紧缩压力，防止债务链断裂可能导致的系统性风险呢？一是改善融资条件，降低外部融资的难度；二是增加企业利润。从宏观层面来讲，放松货币政策虽然有利于改善融资条件，但可能导致企业负债进一步上升。改善企业利润是降低杠杆率，解决债务问题的治本之道，而政府的收支（财政）是影响企业利润的关键政策变量。[①]

财政赤字增加企业利润

财政政策如何影响企业盈利呢？我们可以从产出（收入）在不同部门之间分配的角度来分析这个问题。一个基本的宏观经济恒等式是储蓄（S）等于投资（I），我们把经济分为四个部门：家庭、企业、政府和对外部门，总储蓄等于这四个部门储蓄之和。企业储蓄是企业利润减去派发的股息，政府储蓄是财政盈余（赤字就是负的储蓄），来自外部的储蓄是贸易逆差（贸易顺差是储蓄流到境外），把这些关系代入总储蓄，可以得出如下的关系：

企业利润=投资+企业派发的股息-家庭部门储蓄+财政赤字+贸易顺差

这就是所谓的 Kalecki-Levy 利润公式。储蓄等于投资是一个恒等式，其描述的是一个结果，并没有告诉我们这个结果背后是什么样的行为关系驱动的。Kalecki-Levy 公式把利润放在左边，反映了凯恩斯理论对经济运行机制的认知，投资（需求）驱动经济波动，投资决定收入，收入带来储蓄，包括企业利润。当然，企业利润的变化反过来会影响投资，通过印证过去投资项目正确与否来影响企业对未来的信心和外部融资条件。凯恩斯理论所给的关系可以总结为

---

① 杨芹，李建强．财政赤字是企业利润的来源吗——中国财政赤字经济效应再检验[J]．经济研究导刊，2011（6）．

投资—利润—投资，是从宏观视角看利润和投资的关系。

与凯恩斯理论对照，古典经济学从单个企业的微观视角出发，遵循利润—投资—利润的逻辑，也就是先有利润，利润决定投资，投资进而带来利润。古典经济学强调供给决定需求，先有产出（供给），其代表的收入分配给劳动者和资本（利润），带来消费与储蓄，储蓄转化为投资。按照凯恩斯的理论，投资取决于人们对未来的信心，而信心的波动大并且有羊群效应，可能导致投资长时间低迷，进而降低企业的利润，影响债务的还本付息，逼迫其紧缩开支或变卖资产，加剧总需求下行的压力。

按照上述的 Kalecki-Levy 利润公式，在投资不足的情况下，有两个宏观外生变量可以改善企业利润。一个是贸易顺差（比如外部因素导致的油价下跌，降低进口成本）；另一个是财政赤字。财政赤字取决于政府政策，和非政府部门的商业行为比较，有两点不同。首先是目标不同，企业和家庭是为了赚取利润和增加收入，政府的目标不是自己赚钱，而是维持总体的宏观经济稳定；其次是政府面临的财务约束条件不同，政府有税收和印钞的能力，使得其负债能力超过非政府部门，其支出受当前收入的制约比私人部门小得多。①

基于上述的两个差异，财政在稳定金融周期中可以起到逆周期调节的作用。在繁荣时期，针对房地产价格上升、非政府部门投资快速增长、企业利润攀升，政府可以减少财政赤字（增加财政盈余）

① 按照李嘉图等价定理（Ricardian Equivalence），在完全理性的消费者眼中，债务和税收是等价的，公债只是延迟的税收。如果政府发债支持当期的支出，未来的税收会增加，消费者因此提高储蓄，总需求不变，利率不变，对私人投资不会产生挤出效应，不会增加通胀的压力。现实中，消费者不是完全理性的，政府的财政行为对总需求会产生影响。

来降低政府对非政府部门的资源转移，抑制企业利润和与此相关的对未来的预期。在房地产价格下行、非政府部门投资放缓、企业利润下降时，政府增加财政赤字，也就是增加对非政府部门的资源转移，从而稳定企业利润和预期，促进非政府部门债务偿付的可持续性。

按照 Kalecki-Levy 利润公式来看美国的情况，在金融危机之后，企业部门投资对 GDP 比例大幅下降，家庭部门储蓄增加（消费放缓），但财政赤字对企业利润的刺激作用是近几十年来最大的，2009~2011 年对企业利润的拉动相当于 GDP 的 10%（见图 10.1）。企业利润的反弹缓解了危机后资产负债表调整的痛苦，尤其是支持了美国股市上升，后者带来财富效应，支持了消费。虽然货币放松改善了融资条件，但如果没有财政扩张的支持，美国企业部门的利润可能大幅减少，投资下降和经济衰退的幅度会更大。

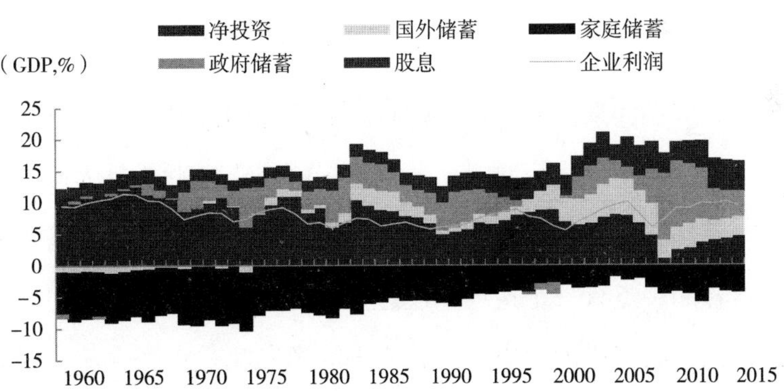

图 10.1 美国企业利润的 Kalecki-Levy 利润分解

资料来源：BEA，作者整理

用同样的方法，我们依据资金流量表数据（最新到 2014 年）估算中国企业利润的分解（见图 10.2）。估算的数据显示，投资对中国企业利润的贡献最大，但从边际变化来讲，2008 年之前，驱动企业利润增长的最大因素是贸易顺差；2008 年之后，贸易顺差的贡献大幅下降，财政赤字的贡献上升。财政在 2011~2012 年对企业利润起到紧缩作用，但在 2013~2014 年扩大，2015~2016 年财政赤字率超过 3%，对总需求有扩张的影响，对企业利润的贡献是一个增量。①

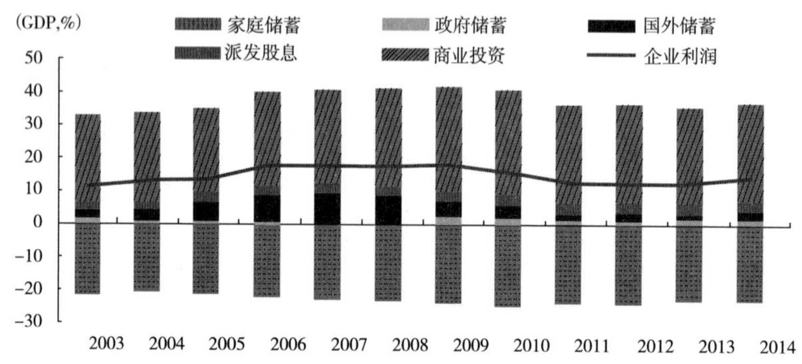

图 10.2　中国企业利润的 Kalecki-Levy 利润分解

资料来源：BEA，作者整理

需要强调的是，扩张性的财政政策是指财政赤字的上升。近年来，在讨论宏观经济形势时，一个流行的观点是财政收入面临下行压力，限制了政府增加支出的能力，进而抑制了财政对总需求的支持。这样的观点有一定道理，通过税收把资源从非政府部门转移到政府部门，政府增加支出，对总需求的净影响是扩张性的，因为在私人部门信心不足的时候，其边际支出倾向较低，100 元钱在政府手里可以全部花出去，在家庭和企业手里可能只花出 70 元。

---

① 王红茹．国企利润负增长，三年连增的财政赤字何以弥补？[J]．中国经济周刊，2015（37）．

但是，财政政策对经济的影响主要还是体现在赤字的变化上，政府负债支持的支出比税收支持的支出对总需求的拉动力度大。在经济增长下行的时候，财政收入下降是正常的，如果政府加强税收征管以增加税收，对非政府部门来讲更是雪上加霜。从金融周期的角度看，财政赤字代表资源从政府部门转移到非政府部门，对降低企业部门债务偿还负担有所帮助。

三、政府债券是安全性资产

财政影响金融周期还有另一个渠道，政府债务即对非政府部门资产负债表的作用，有助于降低私人部门风险偏好下降对经济的冲击。政府发行的债券是非政府部门持有人的资产。政府债券具有信用等级高、流动性高的特征，一般来讲是企业和家庭部门资产组合中最安全、最容易转化为购买力的资产，对持有人的财务稳健起到了支持作用。实际上，财政部发行的债券和中央银行发行的货币都是政府的负债、非政府部门的资产。

政府债券类似货币

从金融稳定的角度来看，货币功能的特殊性在于经济中需要偿还的债务、需要支付的税收，以及商品交易产生的支付都是以货币为记账单位和结算工具。持有货币能够保证这些支付承诺完成，货币起到一种保险作用，有助于金融体系的稳健运行。

政府债券也起到类似的保险作用，金融机构持有的资产中，政府债券等安全性高、流动性高的资产的比例越大，其面对外部冲击时的脆弱性就越低。20 世纪五六十年代西方商业银行持有的资产中有相当一部分是政府债券，这是当时金融压抑措施的反映（如政府要求商业银行在其资产中持有一定比例的国债），也是货币和财政紧密联系的一个体现。虽然一般认为这会影响金融配置资源的效率，但在那一时期没有发生金融危机。

全球金融危机后，美联储量化宽松，购买长期国债对应的是本位货币的投放，也就是央行基础货币的发行不仅有短期国债还有长期国债的支持。同时，宏观审慎监管加强，措施之一就是流动性比例要求，商业银行需要持有一定比例的流动性资产，政府债券是满足这个要求的主要资产类别。也就是说，审慎监管的加强降低了信贷资产对信用货币（银行存款）的支持，增加了政府债券（流动性资产）对信用货币的支持，实际上是往金融压抑的方向回归了一些，对金融稳定起到了促进作用。

政府债券的自动稳定作用

作为一个资产类别，政府债券对金融稳定的影响，尤其体现在金融周期中自动稳定器的作用。具体来讲，在繁荣时期，市场风险偏好高，对安全性资产的需求低，同时经济增长也较快，财政赤字小，国债供应减少。在不景气时期，市场风险偏好低，非政府部门对低风险、流动性高的资产的需求增加，而此时正好财政赤字上升，国债供应增加，否则投资者为追逐有限的安全性资产而竞相变卖风险资产，将会导致风险资产价格大幅下跌。

非政府部门持有的政府债券存量也因价格变化起到自动稳定器的作用。在繁荣时期，市场对资金的需求增加，货币政策也偏紧，利率上升，国债价格下跌，对私人部门带来负财富效应，部分抵消风险资产（股票）价格上升带来的正财富效应。在经济衰退时期，利率下降，国债价格上升，正的财富效应部分抵消风险资产（股票）价格下跌的影响。

政府债券的逆周期影响和土地财政形成鲜明的对比，和发行债券相同，政府卖地也增加了非政府部门的资产，不同的是资产形式的差异：一个是债券，另一个是土地。和债券的价格相反，土地的价格有很强的顺周期特征，经济增长快、房地产市场繁荣时期，土地价格上升，正的财富效应和土地作为抵押品带来的融资条件的改善，加大了房地产泡沫和经济过热的压力，而到了调整的下半场，土地价格下跌，加剧房地产市场下行和经济衰退的压力。

综上所述，储蓄转化为投资促进经济增长，但储蓄者有流动性偏好，也就是在总资产中配置一部分期限短、安全性高的资产，而投资的期限相对较长、风险较高，需要一个中介做期限转换，也就是承担期限错配的风险。传统上，期限转换一般是通过银行进行，银行一方面给家庭和企业（储蓄者）提供流动性资产，另一方面给其中的投资者提供贷款。政府也可以起到这种期限转换的作用，比如，发行债券（负债）支持基建投资（资产）。因为政府有发钞和征税的能力，所以承担期限错配的能力比一般的金融机构强，有利于降低金融不稳定的风险。

以上的叙述似乎在说政府发行的债券越多越好，现实当然不是这样的，历史上有不少国家因为财政赤字失控而带来货币危机，对内表现为通货膨胀或对外表现为汇率贬值。我们讲的是针对金融周期，在私人部门负债由过度扩张到收缩的过程中，政府债券能起到反向对冲作用。这种缓冲作用源自政府征税和发行货币的能力，实际上，政府发行的货币和债券都是政府的负债，在金融周期的下半场，如果货币放松有助于稳定金融和经济，那么国债也将起到类似的作用。

四、财政投放外生货币

既然政府债券和货币都是政府的负债，对金融周期有类似的影响，那么两者是否可以相互替代呢？从金融周期的角度看，财政和货币政策的影响有什么不同？这涉及我们如何认识货币投放的方式及其影响，有必要重温第二章阐述的本位币与信用货币的差异，也就是比较财政投放的外生货币和银行信贷创造内生货币的异同。

通过财政投放货币把财政和货币政策联系在一起，中央银行扩张资产负债表，直接或间接支持财政扩张。金融危机后，美国央行的资产大幅增加，美联储购买国债是货币投放的一个渠道。近年来中国人民银行对政策性金融机构再贷款是一种准财政行为，也是政府部门投放货币的一种形式。盘活财政存量资金，部分财政结余从央行存款转化为政府支出，也是财政投放外生货币的渠道。这些财政和准财政行为从两个方面影响经济：一方面支持了政府支出，增加总需求；另一方面是资产配置渠道，企业和家庭以商品与劳务换得政府提供的货币，增加其净资产，而且是流动性资产，促使投资者增加对风险资产的配置。

另一种投放货币的方式是银行信用扩张，贷款创造存款。近几年中国央行的资产相对于经济规模有较大幅度的收缩，而商业银行资产则大幅攀升，货币投放的主要渠道是银行信贷。[①] 商业银行信贷

① 吴晓灵．货币供给之于中央银行的特殊意义[J]//盛松成．中央银行与货币供给．银行家，2015（4）．

投放货币也通过两个渠道影响经济：首先是信贷增加了企业和家庭部门的外部融资，支持其投资和消费需求；其次是资产配置渠道，银行存款是风险低、流动性高的资产，在风险偏好不变的情况下，银行存款的增加促使投资者增加对风险资产的配置。

由此看出，财政投放货币和银行信贷投放货币影响经济的渠道类似。但两者还是有根本的区别的，主要体现在两个方面。第一，和实体经济的关联度有差别，财政赤字扩大，政府发债支持的是和实体经济紧密相关的支出，如基础设施投资，或者公共服务和社会保障支出。而银行信贷支持的可能是当期的实体投资和消费，但也可能被企业和家庭部门用来购买已经存在的资产，如土地和房产，尤其是后者往往是贷款的抵押品，引导信贷资金流向房地产市场。信贷投放货币如果过多，容易带来资产泡沫，尤其是房地产泡沫问题。

第二，银行信贷投放的是内生货币，其供给受经济内在的机制驱动，具有顺周期的特征，加长和放大经济周期的波动。财政投放的货币取决于政府的政策，是外生的。财政投放的外生货币可以对冲信贷投放的内生货币的顺周期性，实现政策的逆周期操作。

当然，政府支出过度扩张，政府主导的投资可能存在投资项目的效率不高、权力寻租、资源浪费等问题，政府也受负债率过高而不可持续的限制。但政府负债的可持续性和私人部门不一样，更多地取决于整体经济的表现，而不是本身的财务状况。对政府债务负担的一个比较现实的制约是其对实体资源的占有，政府债务越高意味着公共部门占有的资源越多，挤压非政府部门，可能导致总需求大于总供给，带来通胀压力。

五、顺周期还是逆周期

前文阐述了政府财政具有对冲非政府部门行为的能力，在实体和金融两个层面起到逆周期调节的作用，有利于稳定经济和金融周期。在非政府部门增加储蓄（减少开支）时，政府降低储蓄（增加赤字）既有利于支持总需求，又增加了市场上安全性资产的供给，满足私人部门对流动性资产的需求，缓解其风险偏好下降带来的冲击。

中央财政自动稳定器功能弱

在现代财政税收体系里，政府的这种和私人部门反其道而行之的影响包括两部分：一是财政的自动稳定器作用，也就是财政税收制度设计本身使得政府收支在经济繁荣时期自动抑制总需求，在经济衰退时期自动支持总需求；二是财政政策的积极部分，也就是政府主动调整自己的收支，进行逆周期操作，以减少经济周期的波动幅度。由于财政制度的差别，每个国家财政的自动稳定器的效率不同，在自动稳定器功能弱的国家，宏观经济调控要求财政的“积极性”更高。

自动稳定器体现在税收和政府支出两个方面。税收方面，在经济繁荣阶段，政府税收增加，在实行累进税制的情况下，税收的增长率超过国民收入增长率，而税收增加意味着居民收入转移给政府，具有遏制总需求的作用。反之，在经济衰退阶段，国民收入下降，但税收减少的速度比国民收入快。在税率不变的情况下，税收随经济周期自动地同方向变化，起着抑制经济过热或过冷的作用。财政转移支付方面，在繁荣阶段，失业率下降，失业救济金和其他福利支出会随之下降，抑制居民的可支配收入和消费需求；反之，在衰退阶段，失业救济金和其他福利支出上升，部分抵消收入下降对消费的影响。

在我国，财政的自动稳定器功能较弱，因为我国的税收制度以间接税为主，具有累退属性，而且财政支出中用于转移支付和社会保障的比例偏低。间接税占我国总体税收的比例为60%~70%，而发达经济体一般为30%~40%。[①] 由于间接税的主要构成——增值税、消费费等流转税的最终负税人是消费者，一般来讲，高收入群体的消费占其收入的比例低，低收入群体的消费占其收入的比例高，所以流转税有累退性[②]，既不能调节人群之间收入分配的差距，也不能平滑同一个人在经济周期的不同阶段的可支配收入的变化。

与美国比较能清晰地说明这个问题。美国财政的二次分配比较有效，累进税制加上财政支出主要用于对个人转移支付，带来逆周期的影响。尽管美国的初次分配造成大的贫富分化，尤其在2008年金融危机后，美国前5%高收入者与后20%收入人群的市场收入[③]之比大幅上升，但两者的可支配收入[④]之比相对平稳，反映了财政调节收入分配的作用（见图10.3）。数据显示，2007~2015年，美国财政对个人转移支付支出占财政支出的比重为34%，中国仅为6%，美国财政资本性

① 樊丽明，李昕凝．世界各国税制结构变化趋向及思考[J]．税制改革，2015（1）．

② 刘穷志．间接税归宿的累退性与居民收入不平等[J]．经济管理，2011（1）．

③ 市场收入是指工资收入、商业和农场收入、利息收入、股利和私人转移收入（包括赡养费和子女抚养费）。

④ 可支配收入=市场收入+政府转移支付（包括社会保障、失业保险和社会救济）。

支出占财政支出的比重为9%，中国高达30%（见图10.4）。①

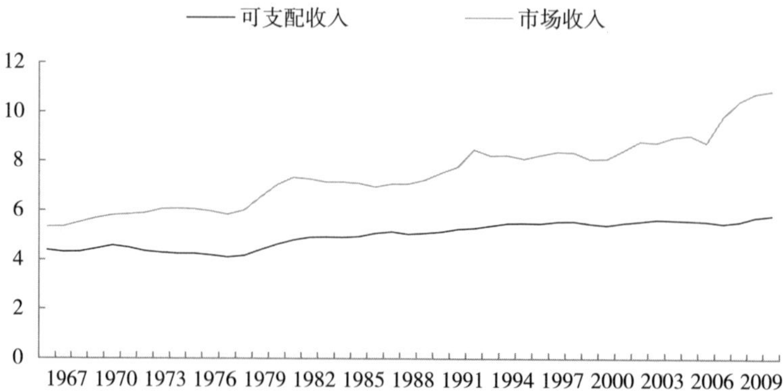

图10.3　美国高收入人群（前5%）与低收入人群（后20%）收入之比

资料来源：Perri，F.（2014）. Inequality，recessions and recoveries. 2013 Annual Report Esay. Federal Reserve Bank of Minneapolis

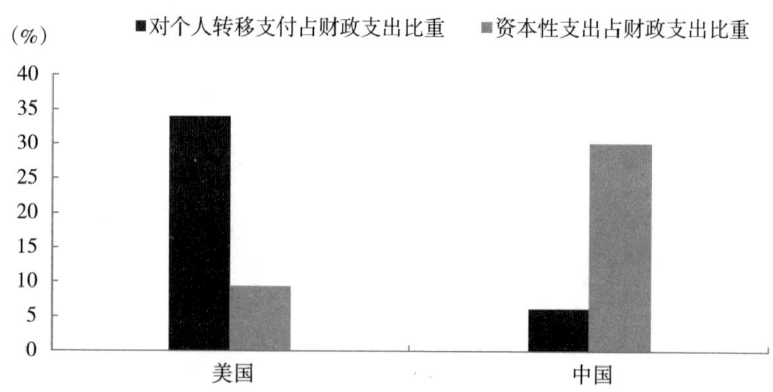

图10.4　中美财政支出结构比较（2007~2015年）

资料来源：Wind，作者整理

① 美国财政对个人的转移支付支出是指美国联邦政府和州政府中对个人社会保障金、退休军人福利、营养援助计划、黑肺病补助、退税、其他福利、公共援助等；美国财政的资本性支出主要为经济事务支出，包括交通运输、农业、能源、自然资源、邮政等。中国财政对个人转移支付支出主要为社会保障和就业支出；中国财政的资本性支出主要包括城乡社区事务支出、农林水事务支出、交通运输、资源勘探电力信息等事务支出、地震灾后恢复重建支出、住房保障支出。

地方财政顺周期性强

在我国还有一个特殊因素，即地方政府的土地财政具有顺周期特征，放大了经济和金融周期的波动。近年来地方政府收入[①]中有近20%来自土地出让金，而土地出让金取决于房地产市场的热度。在投资者预期改善的上行阶段，房价上升、土地出让量价齐升，地方政府的资金来源充足，促进支出增加；相反，经济不好的时候，土地出让也困难，地方政府资金来源减少，抑制政府投资支出。另外，地方政府融资平台负债往往是以土地为担保的，这也加大了土地财政的顺周期性。

其实，在很多国家尤其是发达国家，与房地产相关的收入是地方政府收入的重要部分，关键是该收入的形式，不同的形式，对经济的影响差别很大。如果是税收形式，比如房地产持有类税（房产税）或者交易类税（印花税、增值税），在房地产市场繁荣时期，房产和土地的价格上升，相应的税收增加，税收代表资源从家庭和企业部门转移到政府，对前者的支出有抑制作用。反过来，在经济和市场不好的时候，房价下跌，相关的税收也减少，非政府部门对政府资源的转移下降。

如果政府收入来自于卖地所得，那情况就不一样了，土地买卖是一种资产交易，政府获得现金流，开发商获得资产（土地），开发商的净财富没有受损。恰恰相反，在繁荣时期，土地价格上升增加土地所有者的净资产，财富增加促使他们扩大投资，而一旦土地价

① 广义的地方政府收入主要包括四大部分，即公共财政收入、国有资本经营收入、社会保险基金收入和政府性基金收入，其中政府性基金收入的主要构成为国有土地使用权出让收入。

格下跌，负的财富效应会紧缩投资。

除了土地财政以外，还有一个导致顺周期性的因素，就是地方政府融资条件介于政府信用与商业信用之间，带有较典型的顺周期性，经济好的时候融资条件改善，经济不好的时候融资条件恶化。这是因为地方政府及其相关的平台企业主要通过银行信贷、影子银行贷款融资，一般的政府债券发行占总融资的小部分。从 2016 年开始，PPP（公共和私人部门合伙模式）模式发展的势头强劲，有利于促进基础设施投资。但 PPP 模式也带来风险，和地方政府融资平台类似，PPP 具有公共品和商业的双重属性，带有顺周期性，而且运作透明度不够，缺乏有效监督，容易带来过度扩张的问题。

正因为财政机制缺少自动稳定器功能，甚至有顺周期的倾向，财政政策的积极部分对平滑经济的周期波动更为重要。[①] 这主要是通过调节政府主导的固定资产投资来进行，最著名的例子是政府为应对全球金融危机的冲击而采取的大规模投资。基建投资一直是中国财政逆周期操作的最主要工具，在增长下降的时候支持总需求，在经济过热的时候抑制总需求，比如，基建投资同比增速从 2010 年的 18. 5%大幅下滑到 2011 年的 3. 3%，反映政府为控制经济过热和通胀而紧缩自己的支出。

在自动稳定器缺失的情况下，财政逆周期调控过度依赖投资带来资源配置的效率问题。投资项目的建设期限比较长，在项目完成前宏观经济形势可能已经发生变化，从需求疲弱变为经济过热，但大型项目中途下马会造成较大损失。由此导致的结果是这种逆周期操作是不对称的，也就是经济疲弱时项目上的多、投资增长快，经

① 曾晓安 . 中国财政政策：顺周期还是反周期？［J］. 财政研究，2015（11）.

济过热时投资增速放缓得比较慢，带来过度投资的问题。

六、期待财税改革

增强自动稳定器的功能是财政稳定经济和金融周期的关键，而自动稳定器的功能较弱反映税收与支出结构深层次的问题，包括公平与效率。我国财税体制的问题归结起来主要体现在三个方面：税制安排不合理，间接税占比过高；财政支出中转移支付和社会保障支出占比偏低；地方政府财政行为不规范，预算监督缺失。[①] 党的十八届三中全会确立的财政税收体制改革主要围绕税制改革、预算制度改革和财政体制改革三个领域展开，涉及现有利益格局的重大调整。可以从效率和公平两个角度来看财税体制存在的问题和改革的影响。

降低间接税比重

间接税占比过高的税制对经济运行的效率不利。[②] 只要企业开工生产，发生货物和劳务交易，即使不盈利也会产生间接税，而且我国间接税中有不少划归地方政府，这会鼓励地方政府追求经济规模甚于效益，导致政府投资冲动。低效率的重复建设和制造业的产能过剩，与间接税占比过高有一定关系。另外，我国的直接税中，企业所得税占比高、财产税占比低，这也对经济产生负面影响。OECD国家的经验显示，不动产和其他财产税对就业、人力资本投资、创

---

① 高培勇．“十三五”时期的财税改革与发展[J]．金融论坛，2016（1）．

② 余红艳，沈坤荣．税制结构的经济增长绩效——基于分税制改革 20 年实证分析[J]．财贸研究，2016（2）．

新、生产等产生的负面影响较小。

调节收入分配是财政的一项重要功能①，体现了社会对公平的诉求，也是宏观政策自动稳定器功能的基础。由于居民自身禀赋、资源和财富占有的不同，市场竞争条件下形成的初次分配格局可能存在收入差距过大的问题。税收的公平原则要求税负与公民的收入成比例，甚至累进税率，而间接税具有累退性质。间接税通过价内或者价外的方式最终被转嫁给消费者，因此其主要负税人是消费者。

针对间接税占比过高的问题，税制改革的方向是降低间接税比重，提高直接税比重，涉及降低间接税税率，引入新的直接税税种，扩大直接税税基或提高直接税税率。已经推进的改革包括全面推行营业税改征增值税、资源税从量到从价征收等。

引进财产税

未来进一步改革的措施可能包括：将部分消费税从价内改为价外；降低增值税税率；全面推行房产税和引进遗产税以及资本利得税。将部分消费税从价内改到价外，以及降低增值税率都起到减少间接税比重的作用，而房产税、遗产税和资本利得税则会增加直接税。

上述税制改革措施会有先后取舍，从过去改革的经验来看，政府一般会选择迫切性较大、社会共识较高、操作难度较小的措施率先推行。推进资源税从价征收有利于节能环保，有较高的共识。从提高直接税比重看，所得税调整的空间有限。个人所得税改革的方向是将所得分类计税改为综合计税，把包括资本利得在内的更广泛

① 谢旭人．坚定不移深化财税体制改革[J]．求是，2010（7）．

的收入纳入个人所得税的范畴，大的方向是进一步减税，而非增税。增加直接税也不太可能针对企业所得税。我国企业所得税率其实不低，改革的方向应该是降低税率，尤其是降低中小企业的所得税税负。

增加直接税的主要方式是全面推行房产税，土地是特殊的生产要素，房产税是对要素征税的一个重要方面。由于我国房屋存量很大，房产税的税基规模较大，对存量征税可能是未来房产税改革的中长期目标。

另一个增加直接税的手段是开征遗产税。美国、欧洲等发达国家或地区都有遗产税，对社会的财富分配具有调节功能。经过近 40 年的改革开放和经济高速增长，我国已经形成了人数庞大的富裕群体，开征遗产税具有一定条件，预计这将成为未来税制改革的另一个方向。

改善支出结构

政府支出结构中对于个人的转移支付、医疗和养老等社会保障的支出比重偏低，也不利于缩小收入差距。美国、英国和德国等发达国家的政府支出中社会保障支出占比较高，其社会保障支出占 GDP 的比例在 9%~17%，医疗占 6%~8%。相比之下，2015 年，我国社会保障和就业支出占 GDP 的比例为 2.76%，医疗卫生与计划生育支出占 GDP 的比例为 1.73%，远远低于发达国家。

改善政府支出结构涉及预算制度改革，包括调整预算支出结构和完善财政预算体系本身。前者的方向是扩大社会保障在支出中的比例，提高政府支出的再分配功能。预算体系改革，主要涉及将广义的公共收支纳入财政预算管理。虽然预算外收入和支出在过去十几年中逐步纳入财政预算，并在 2011 年正式取消，但目前的财政预算管理仍不是全口径的：大部分的政府性基金预算、社会保险基金预算和国有资本经营预算仍没有纳入财政预算管理，而这些资金占到全部政府资金的比例超过 30%。全口径管理将提高我国公共财政预算的透明度和执行监督的效率。

七、规范地方财政

如上所述，从金融周期的角度看，地方财政的顺周期性尤其突出。土地财政与地方政府负债带有商业信用的元素这个特殊现象反映了地方政府财政机制的扭曲，其集中体现在三个方面：地方财政行为缺乏有效监督；地方政府财权与事权不匹配；地方政府存在诸多不规范的融资方式。

由于透明度不够和缺乏监督，地方政府对经济活动的干预多，政府和市场的边界模糊，影响了经济运行效率。同时，随着地方政府的事权增加，事权与财权不匹配的问题日益突出。与其他主要经济体相比，我国中央政府财政支出在全部财政支出中的比例偏低。发达国家，无论是单一制还是联邦制，中央和地方政府的事权与财权关系相对明确。以美国为例，联邦政府收入以个人所得税和社会保障税为主，州政府主要税收来源包括政府间转移支付、销售税和个人所得税三部分，州以下的地方政府收入在转移支付之外则更多地依赖财产税。

在中央和地方的财政制度安排方面，改革的方向是中央将部分重要事权收回，并通过更加规范的转移支付体系纠正地方财权和事权不匹配的问题。具体来讲，为了减轻地方政府的负担，中央政府需要承担更多的支出责任，特别是在公共安全、医疗保健和教育方面，并负责环境保护和食品安全方面的支出。

地方政府长期扭曲的财政行为造成了地方政府债务高企，对地方财政的可持续性构成威胁。整体上看，我国政府债务占 GDP 比重远低于美国、欧洲和日本等主要经济体，预算内财政赤字可控，现阶段财政的可持续性不成问题。但是，地方政府的预算缺乏有效监督、投资冲动和事权大于财权等问题导致地方政府通过融资平台积累了大量隐性债务。同时，地方政府负债介于政府信用与商业信用之间，直接与商业机构竞争，而对应的资产是基础设施投资，借短投长的期限错配问题严重。

从平台贷款等非标准工具融资到允许地方政府在市场发债（包括地方政府债务置换）是一个重大改变，政府债券透明度较高，外部监督效率较高。同时政府债券是标准化的融资工具，为非政府部门提供更多的安全性和流动性较高的资产，有助于非政府部门在金融周期下半场的资产负债表调整。但地方政府发债是一个逐步推进和完善的过程，需要财政预算体制等方面配套改革的落实。

八、财政主导还是货币主导

本章阐述了财政政策影响金融周期的渠道，与货币政策甚至宏观审慎监管相比较，财政和金融的关系在过去几十年并没有受到高度关注。谈到资产价格、信用扩张或紧缩，一般都会想到货币政策，似乎和财政没有关系，其实不然，在金融周期的某些阶段，财政政策甚至比货币政策的影响更大。那么宏观层面的三大政策工具（财政、货币和监管）之间是什么关系呢？它们之间会不会有冲突？如果有，什么样的机制有助于三者之间的协同呢？

“二战”后，在高债务的压力下，发达国家政府采取金融压抑措施和低利率政策以减轻债务负担，导致的结果是总需求过旺，通胀上升。这种状况被称为财政主导，也就是货币政策和对金融的管制从属于财政政策。弗里德曼说通胀是一个货币现象，但货币快速增长往往是财政赤字失控的结果，所以也可以说通胀是一个财政现象。在财政主导的框架下，货币和财政政策交织在一起，中央银行往往从属于财政部，一个体现是短期债券占政府融资的比重上升，货币政策维持短期利率在低水平以降低政府的债务负担。

为了治理通胀，20 世纪 80 年代以后主流的宏观政策框架发生重大变化，可以说从财政主导转为货币主导。在这个框架下，财政政策注重政府债务长期的可持续性，其作为宏观经济逆周期调控手段的功能被弱化，货币政策成为短期的总需求调控的主要工具，以控制通胀为首要目标，财政和货币政策的职能和机制有比较清晰的分隔，中央银行货币政策操作的独立性增加。长期债券在政府融资中的比重上升，但金融自由化使得资本市场的深度和广度增加，长期利率主要还是由市场供求力量决定。

这样的框架基本可以用以下的公式表述，把财政部和中央银行放在一起，政府部门收支赤字对应三个资金来源：长期国债净发行、短期国债净发行和基础货币增加。基础货币变化由货币政策操作决定；短期国债既受政府债务管理的影响，也是央行公开市场操作的工具，短期利率变化主要反映货币政策操作的意图；长期国债是政府债务管理的主要工具，但不是中央银行货币政策操作的工具，政府债券的期限管理对长期利率的影响较小，从宏观经济的角度看可以忽略不计。

在这个框架下，央行调控短期利率，通过市场的套利机制传导到中长期利率，进而影响消费和投资需求。政府的债务期限管理没有宏观经济政策的考虑，注重在再融资风险可控的前提下缓解债务负担，和一般商业机构的债务管理没有本质差别。

政府收支赤字	=	长期国债余额变化	+	短期国债余额变化	+	基础货币变化
		政府债务管理		债务管理加上货币政策操作		货币政策操作

全球金融危机后，发达国家的宏观政策操作尤其是非常规货币政策使得财政和货币政策之间的边界日益模糊。美联储等央行购买长期国债以降低长期利率，货币政策操作涉足国债市场。央行采取量化宽松的直接原因是短期利率降到了零下限，难以再通过降低短期利率来影响长期利率。但量化宽松有效的基础是不同期限国债之间的不完全可替代性，这自然带来一个问题，即使短期利率在零以上，央行在不同期限国债市场的直接干预对相应利率的影响是不是比依靠市场投资者套利更直接有效？

在货币政策紧缩的过程中，与其依靠提高短期利率，央行通过卖出长期国债来提升长期利率是不是更有效？在美联储进入加息周期后，市场关注的一个问题是美联储何时开始缩表，也就是卖出过去购买的长期国债。按照量化宽松的逻辑，央行卖出国债将提升长期利率。如果这个逻辑成立，政府的长期债券的发行也会影响长期利率，那么财政和货币政策的边界在哪儿？以降低融资成本为目标的政府债务管理和以宏观经济调控为导向的货币政策操作会不会产生冲突呢？

财政主导会不会回来呢？表面上看这似乎不太可能，但如果考虑到全球金融危机后财政扩张导致政府债务对 GDP 比例大幅上升，加上特朗普财政扩张的示范作用，主要经济体尤其是美国政府的债务负担未来几年可能进一步大幅上升。政府债务负担的加重会不会限制美联储货币政策紧缩的力度，进而加大经济复苏和通胀压力呢？

一般来讲，在货币主导的政策框架下，货币政策独立性较高，控制通胀的目标使得货币政策偏紧，短期利率较高，但正因如此，通胀预期较低，长期利率较低。相反，在财政主导的框架下，控制政府发债成本的因素使得货币政策偏松，短期利率较低，但由此导致通胀预期较高，未来短期利率的不确定性和与此相关的期限溢价较高，长期利率较高。政府债务负担增加对收益率曲线的含义、对资产价格和全球金融市场的影响值得我们关注。

发达国家的财政和货币政策关系的演变对我们也有启示。我国金融市场发展正处于这个阶段，不同资产之间的替代性相对较低，央行在不同类别资产、在同类资产不同期限直接干预的效率更高。也就是说类似量化宽松的措施在中国更有效，实际上，中国人民银行的政策性再贷款具有类似的作用，是一种准财政活动。我们在增强宏观审慎监管功能的同时，也应该关注财政、准财政活动和货币政策的协调。

一个典型的例子是地方政府债务置换和地方融资平台债券置换，两者都减轻了地方政府的债务负担，同时增加了非政府部门持有的安全性较高、利率较低的资产，对非政府部门带来资产再配置的影响，促使非政府部门配置更多的风险资产，包括房地产。也就是说，降低政府债务负担可能阻碍了货币政策与审慎监管控制通胀和抑制资产泡沫的努力。中国版的财政主导值得关注，如何促进财政政策、货币政策和宏观审慎监管之间的协调，可能涉及对整个宏观经济政策框架的重新思考（见最后一章）。

第十一章　山雨欲来“类滞胀”

见一叶落，而知岁之将暮；睹瓶中之冰，而知天下之寒。

——《淮南子·说山训》

前面十章阐述了金融周期波动在不同侧面的体现，包括房地产价格、信贷、利率、汇率，驱动金融周期的因素和机制，以及财政、货币、监管政策在其中的作用。结合其他国家的经验教训和中国自身的实际，我们分析了在金融周期由盛而衰的过程中，这些关键价格和数量指标可能的波动规律、政策取向和操作的空间。这些为我们最终评判中国金融周期未来的演变路径提供了一个框架。行文至此，我们试图回答两个问题：什么因素会触发金融周期下半场的调整？调整的机制将是怎样的？

在2013年钱荒后，金融周期在2014~2015年呈现下半场调整的迹象，房地产价格下跌、信贷放缓，金融风险有所释放。在这个过程中，经济增速下行压力加大。信贷在2015~2016年再次快速扩张，房地产价格在已经高位的水平上大幅上行，经济增长企稳了，但金融周期的上升期延长了，金融风险再次加大。传统的经济周期和金融周期波动似乎呈现跷跷板的态势，金融周期是不是在接近顶部呢？

金融周期转折的一个常见触发因素是融资条件的紧缩，政策层面有两个可能：一是通胀上升，货币政策紧缩；二是审慎监管加强，信贷节奏放慢，以符合控制金融风险的需要。① 金融不稳定的风险难以衡量，争议较大，短期内对宏观政策的约束不大，但如果资产泡

① 刘鹤．防范风险是金融工作的生命线[J]．经济导刊，2016（2）．

沫风险和一般商品与服务价格的上升压力结合在一起，则政策紧缩的争议就小。本章将阐述金融周期接近顶部时的经济周期表现，出现信贷扩张对增长刺激效果小、对通胀拉动大的情况。这种阶段性的“类滞胀”现象可能会加大政策紧缩，触发金融周期的拐点到来。

一、金融周期接近顶部之现象

其他国家的经验显示，金融周期接近顶部时，经济周期出现增长下行、通胀上行的“类滞胀”现象。美国在2004~2006年，经济增速下降伴随通胀上升，美联储连续加息17次，导致房地产泡沫破裂、次贷危机爆发，美国由此进入金融周期下半场的调整（见图11.1）。日本在1988~1990年也出现过“类滞胀”的现象，日本央行加息，房地产泡沫破裂，金融周期进入下半场调整（见图11.2）。

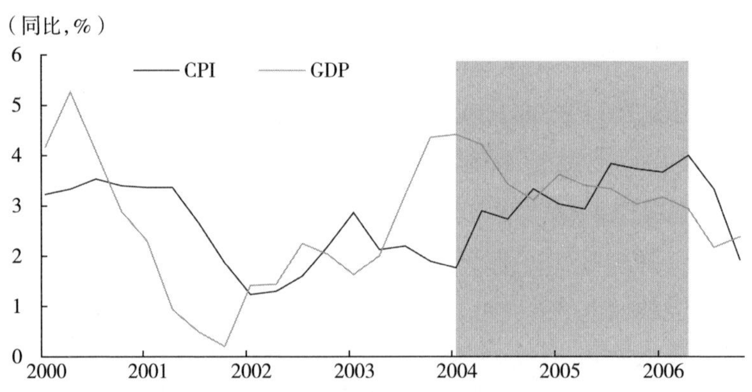

图11.1 美国金融周期顶点之前出现“类滞胀”

资料来源：Wind，作者整理

中国的经济是不是出现了“类滞胀”的现象呢？也就是增长下行和通胀上行同时发生的情况。一提到滞胀，大家可能马上想到西

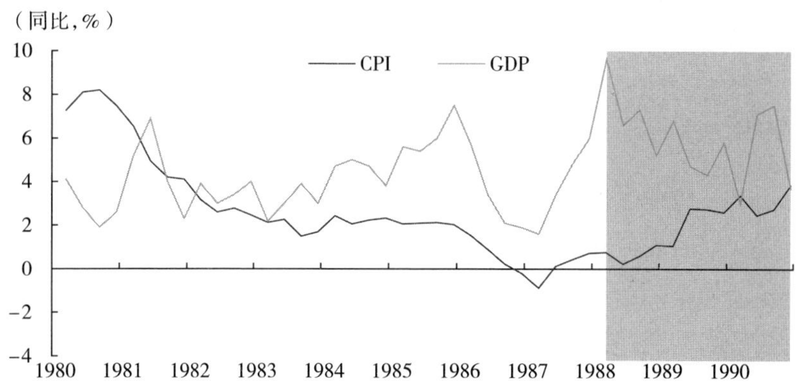

图 11.2　日本金融周期顶点之前出现“类滞胀”

资料来源：Wind，作者整理

方国家 20 世纪 70 年代的高通胀、高失业（低增长）情形。美国在 1974 年 CPI 通胀率达到 11%而 GDP 增长率为-0.5%。中国现在的宏观经济环境当然和西方国家 20 世纪 70 年代大不相同，但会不会出现类似美国在 2004~2006 年、日本在 1988~1990 年的情况呢？也就是在边际上出现通胀上升相对增长比较快的情形，或者说政策刺激带来通胀率上升的幅度显著超过经济增长率的效应。

从经济周期看，增长自 2011 年以来呈现持续下行的态势，周期的波动似乎消失了。所谓的三期叠加，即增长速度换挡期、结构调整阵痛期、前期刺激政策消化期，比较准确地描述了经济新常态下供给与需求两端所面临的放缓压力。在房地产和基建投资的拉动下，GDP 增速在 2016 年下半年企稳。通胀率经过过去几年大幅下降后，在 2016 年逆转上升。CPI 同比上涨率从 2015 年初的 0.76%上升到 2016 年 12 月的 2.1%，而 PPI 从 2015 年 12 月的-5.9%上升到 2016 年 12 月的 5.5%，经济似乎有“类滞胀”的迹象。

但在2017年初，CPI通胀率超预期下行，同时，进出口、投资等增长指标指向增长在企稳的基础上有所反弹，类滞胀被证伪了？恐怕没有这么简单，CPI超预期下降，主要是食品价格下降的结果，更能反映内在通胀压力的非食品价格继续上涨。实际上，如果看GDP平减指数，2017年1季度通胀率为4.93%，是2012年以来的新高（见图11.3）。

图11.3　增长企稳、通胀上行的“类滞胀”

资料来源：CEIC，作者整理

虽然难以准确判断时间点，但我们认为在金融周期接近顶部时，经济周期较大可能呈现“类滞胀”的迹象。也就是说，除非房价下跌、信贷放缓，通胀在未来一段时间（随着食品价格的特殊影响消退）将会上行。增长企稳，通胀上行，结合对资产泡沫的担心将导致政策收紧，体现为货币政策紧缩或审慎监管加强或两者兼有。政策的力度部分取决于“类滞胀”的程度，现阶段导致中国经济供给约束的因素有哪些呢？和金融周期有什么关系？下面我们进行进一步分析。

二、潜在增长率下降

供给约束的大背景是经济潜在增长率下降。一个根本因素是人口的变化[①]，我们在第三章讨论均衡利率时，提到的两个人口结构指标对潜在增长率都有重要含义。劳动年龄人口（20～59岁）增量于2008年达到1500万的峰值之后进入下降通道，预计2017年录得负增长。同时，低储蓄人群对高储蓄人群比例在2010年见底后回升，意味着储蓄率下降，抑制资本形成。

从金融周期的角度看，房价和信贷互相促进形成的顺周期性也对经济的潜在增长率产生负面影响。与其他国家金融周期上行阶段相比，拖累潜在增长率的既有一些共性因素，也有中国特殊的问题。土地价格上升给其所有者带来的超额利润只能靠增加其他行业的运营成本来消化，土地和房产价格攀升导致的资源错配在我国尤其突出。

从更广层面看，在非金融行业中，房地产和相关重工业受益于信贷扩张最多。近期数据显示，上市公司中房地产和产能过剩行业的杠杆率（负债与资产之比）分别达到76%和65%，而其他行业仅为57%。银行从信贷扩张中获得铸币税，获得超额利润。与一般商品和服务不同，货币是交易媒介，被人们广泛地接受，所以货币短期内主要由供应方决定，银行有能力创造更多的货币。

金融、房地产业因高额利润而“抢夺”其他行业的高端熟练劳

① 陆旸，蔡昉．调整人口政策对中国长期潜在增长率的影响[J]．劳动经济研究，2013（1）．

动力，提升了整个社会的劳动成本。根据国际清算银行（BIS）的研究，金融繁荣国家的科研密集型产业比金融不繁荣国家的科研密集型产业的生产率年增速要低近 2.5 个百分点。[①] 金融和房地产的超额收益还吸引不少企业“不务正业”，纷纷涉足房地产业务（银行业有牌照限制），例如非金属矿物业 2005 年由房地产业务带来的利润仅占利润总额的 2%，而 2015 年这一比例达到 9%，其他行业也出现类似现象，导致全社会的生产率下滑。

以上是对前文的一个简要总结。在金融周期上半场，大量资源集中到金融与房地产行业，叠加人口结构的变化，导致潜在增长率下行。在需求增长不变的情况下，供给能力下降带来通胀压力，或者说政策刺激需求的效果更多地体现在物价上涨而非增长上。但是，需求也是变化的，房地产价格上升、信贷扩张加剧贫富分化，导致消费需求不足。在这种情况下，稳增长主要靠刺激投资，但房地产投资和信贷扩张又不利于潜在增长，由此导致的供给与需求增长下行是不同步的，间歇地出现通胀和通缩压力。

在应对全球金融危机的政策刺激下，信用大幅扩张，房价快速上涨，需求强劲，导致 2009~2012 年总需求增速高于 GDP 增速（见图 11.4），供给约束突出，带来新一轮通胀上升。[②] 但 2012 年之后，总需求增速低于 GDP 增速，两者的差距在 2015 年达到最大值，经济面临低通胀甚至通缩压力。自 2016 年以来，受益于房地产与基建

---

① Stephen G Cecchetti and Enisse Kharroubi, Why does Financial Sector Growth Crowd out Real Economic Growth?, BIS Working Papers, No. 490, 2015.

② 总需求包含消费、投资和出口三部分，总供给由国内产出（GDP）和进口组成。当总需求大于国内产出时，要么价格上升，要么贸易逆差增加，或者两者同时发生；如果总需求低于国内产出，则价格下跌，或贸易顺差增加。

投资反弹，总需求与 GDP 增速之差明显收窄，供给的约束在边际上增强，导致通胀压力增加。

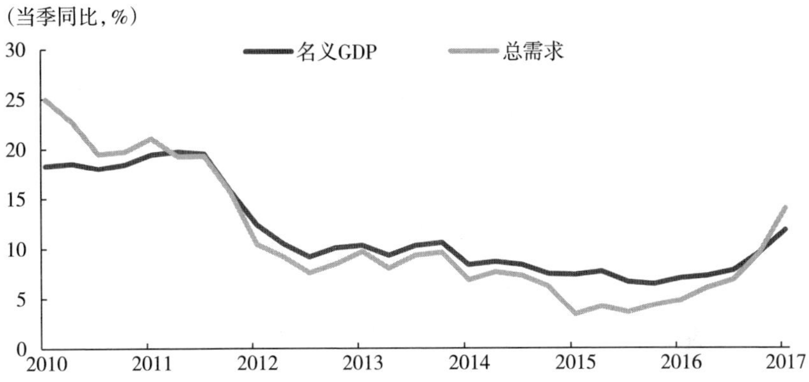

图 11.4　供给约束增强

资料来源：CEIC，作者整理

采购经理人指数（PMI）等指标显示，经济增长在 2017 年初保持了企稳反弹的势头，并没有像有些人所担心的，2016 年第四季度的房地产调控加强会很快导致需求放缓。背后的原因并不复杂，即 2016 年的信贷大幅扩张对需求有外延和滞后的支撑。这种情况下，央行在 2017 年 1 月上调中期借贷便利（MLF）半年和一年期利率，春节后在 2 月 3 日上调逆回购和常备借贷便利（SLF）利率，货币政策收紧的信号明确。在这之前，央行的公开市场操作已经提升了市场利率，同时也加大了宏观审慎监管的力度，包括提升房贷首付比例等。

货币信贷政策收紧既有抑制房地产泡沫的考虑，也是因为增长企稳、通胀回升。这一轮政策紧缩会持续多长时间，力度会有多大，会不会由此导致房地产泡沫破裂、金融周期进入下半场调整呢？这在很大程度上取决于未来通胀上行的压力有多大，持续的时间有多长。分析这个问题需要考虑外部环境和供给端一些结构性因素和政策的影响。

三、环境库兹涅茨曲线

除了人口因素、金融周期带来的资源错配之外，环境和资源约束也制约供给，导致价格上升，带来“类滞胀”的影响。实际上，自然资源可以被看作另一种生产要素，从量和质两方面对经济形成掣肘。从目前来看，量的制约（比如石油、煤炭的储量）还不突出，但质的约束越来越明显，环境污染成为中国经济不能承受之重。其他国家的经验显示，环境污染带来直接的经济损失，减少供给。环境污染影响居民健康，甚至造成人员伤亡、工厂停工。比佛报告（1954 年）指出空气污染每年给英国带来的经济损失达到 GDP 的 2%，其中 60%为直接成本，例如酸雾侵蚀；40%为效率损失，例如农业生产损失、交通运输损失、额外光照和由于疾病减少工作时间。

环境污染与人均收入呈现倒 U 形关系，即所谓的环境库兹涅茨曲线。在人均收入达到一定水平之后，环境污染问题会逐步改善。① 一方面，人们对环境质量的要求随着收入的上升而提高；另一方面，收入增长了，政府有更多财力为环保增加开支，也更有精力采取措施将污染外部性内部化。但并不是说收入提高到一定程度环境会自

---

① Grossman G. M. and Krueger, A. B. (1995). Economic Growth and the Environment. The Quarterly Journal of Economics, Vol. 110 (2), pp. 353-377.

动改善，前提是政府采取得力的措施治理环境，也就是说库滋涅茨曲线的高度（污染程度）与政策有关（见图 11.5），政府及时响应收入增长过程中居民对环境的要求至关重要。

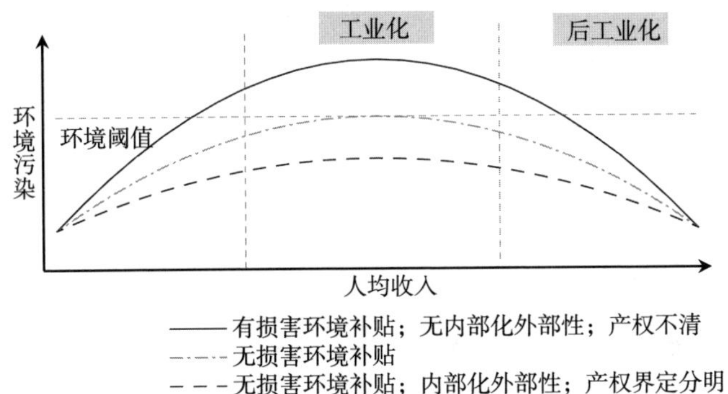

图 11.5　不同政策下环境污染和人均收入的关系

资料来源：Economic Growth and the Environment，Theodore Panayotou，Economic Survey of Europe，2003，No. 2，作者整理

环境治理，比如加征环保税、提高环保标准、改变能源结构，会制约供给、提高价格。英国在 1956~1995 年颁布了七次清洁空气相关法案，基本每次政策颁布后的 1~2 年经济增速都经历了下滑。环保政策执行力度加强可能直接减少某些产品的供应，推升其价格。以维生素为例，2014 年我国环保政策收紧，部分维生素企业停产导致供给减少，2014 年 5 月之前维生素价格持续走高。但 2014 年 6 月之后，地方政府执行力度下降，污染企业重新抬头，维生素价格下跌并持续，在 2015 年 11 月跌至谷底。2016 年，“十三五”规划启动，环境保护政策落实再次加大力度，维生素价格随之大幅上涨。随着环保力度的加大，成本上升导致价格上涨的例子将会增加，具体的行业可能包括化工、钢铁、造纸、煤炭等。

近几年环境污染日益严重，背后有多种因素，包括金融周期。房地产投资快速增长拉动钢铁、建材、化工等高污染行业。数据显示，房地产（包括建筑业）对相关行业的完全消耗系数在2012年要明显高于2005年（见图11.6）。比如，房地产（包括建筑业）对金属制品的完全消耗系数从0.3上升到0.4。也就是说，2005年房地产和建筑行业的需求增加1元带动金属制品的产出增加0.3元，但2012年房地产和建筑行业的需求增加1元带动金属制品的产出增加0.4元。

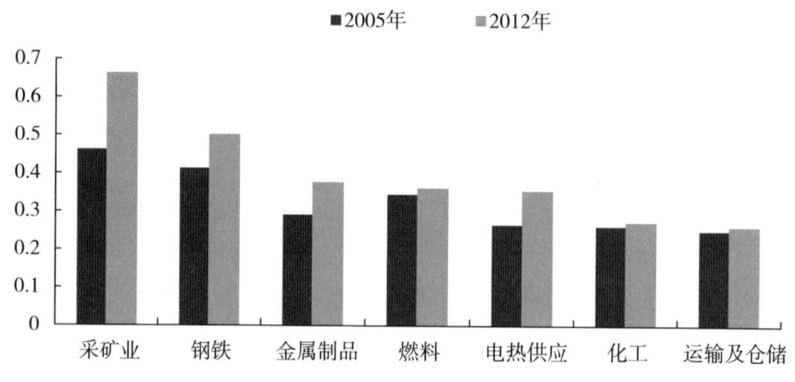

图11.6　房地产/建筑业的完全消耗系数

资料来源：CEIC，作者整理

与美、日等国的金融周期上半场相比，有一个特殊因素使得房地产扩张对中国环境的污染更为严重。美、日以二手房交易为主，而中国的金融周期叠加城市化过程，房地产市场的繁荣主要体现在新房交易。次贷危机之前，美国二手房交易是新房交易的14倍，日本1992年之前二手房交易量是新房的3倍，近几年更高，而中国二手房交易量总体上远低于新房（见图11.7）。① 也就是说，中国房地产泡沫拉动的是新建住房，相关建筑投资加重污染。

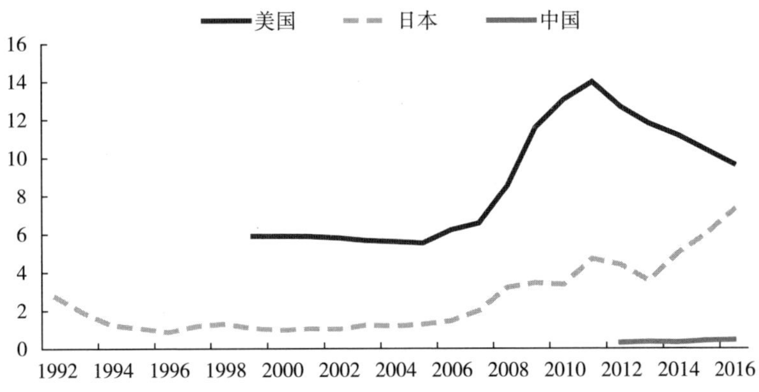

图11.7　中、美、日二手房对新房交易量之比

资料来源：Wind，作者整理

另外，金融周期加剧贫富分化，降低消费率，增加储蓄率和投资率，促进了重工业等高污染行业的扩张。如第十章所述，中国的财政政策缺乏调节收入分配的自动稳定器功能，主要靠刺激投资应对贫富分化导致的消费需求不足，尤其是基建投资和房地产投资，带动了钢铁、水泥等高污染行业的加速发展，导致环境污染加剧。也就是说，环境污染有深层次原因，包括金融周期和收入分配问题。

---

① 美国新房和二手房交易数据为全国数据，日本数据为首都圈和近畿圈数据，中国数据包含北京、深圳、杭州、苏州、南昌、厦门、长沙、无锡、扬州、南宁、西安、大连、金华、南充、常熟、柳州、张家港、江门18个城市。

四、隐性通胀显性化

金融周期影响“胀”的另一个渠道是汇率。CPI 用房租衡量居住成本，低估了通胀率，房价攀升带来隐性通胀。但房价推高内部实际汇率（非贸易品与贸易品价格之比），削弱贸易品竞争力，在一定阶段导致人民币贬值压力，推升以人民币计价的贸易品价格，使得隐性通胀转为显性通胀。

由于中国房屋租赁市场不发达，房租不能准确反映住房成本，CPI 低估了通胀压力。中国的住房自有率接近 90%，远高于其他大型经济体（见图 11.8），房价比房租更能反映居住成本。中国的租房市场不发达，同时对住房的投资需求导致房价高企，租金回报率普遍低于发达经济体，特别是北京、上海、广州、深圳的租金回报率只有 1.5%，明显低于主要国际都市。高住房拥有率加上低租金回报率，说明 CPI 变化低估了通胀压力，存在隐性通胀问题。

房价大幅上升虽然在 CPI 中没有被充分反映，但并不代表其不存在。在房地产的带动下，非贸易品价格上升幅度超过贸易品。如第六章所述，过去几年来，内部实际汇率（内部非贸易品与贸易品的相对价格）大幅升值，是导致对外实际有效汇率升值的一个因素，两者在很多情况下互相联系，但并不一一对应。

自 2015 年第三季度开始，人民币对美元贬值，导致人民币 REER 走低，房价却快速上升，带动内部实际汇率继续上升。内部实际汇率升值引导资源向非贸易品行业配置，贸易品行业成本上升，竞争力下降。也就是说，内部实际汇率升值增加外部汇率贬值压力，

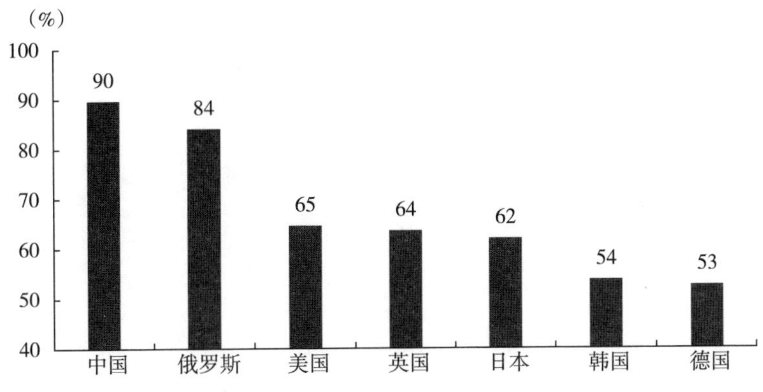

图 11.8　中国的房屋拥有率高于他国

资料来源：Wind，作者整理

注：中国是 2016 年数据，美国是 2015 年数据，其他国家都是 2014 年数据。

最终传导到以人民币计价的贸易品价格，推升 CPI 上涨率，使得隐性通胀变成显性通胀。

五、供给侧改革的影响

金融周期接近顶部的时候，经济周期会呈现类滞胀的状态，通胀上升导致货币政策紧缩、利率上升，触发房地产价格下跌，进而实体经济以及银行与信用等金融层面的调整开始，金融周期进入下半场。但是，每个国家的市场机制、政策取向、法律与监管环境不一样，导致各国金融周期调整的路径、节奏、方法与时序也存在差异（见表 11.1）。

以美国为例，2004～2006 年通胀上升，美联储紧缩货币政策，房价在 2007 年开始下跌，最终触发金融危机。金融周期下半场的调整体现为房价大幅下降，银行危机带来信用急剧紧缩、企业大量破产、失业增加、过剩产能出清；因为供给与需求同时调整，所以没有产生严重的过剩产能问题，虽然通胀比较低，但是并没有出现明显的通缩压力。

表 11.1　中国、美国、日本金融周期调整路径可能的差异

	房价	信用	产能	物价	政策
美国	下跌	紧缩	收缩	中性	全面放松
日本	下跌	维持	维持	通缩	全面放松
中国	上升	扩张	收缩	通胀	先紧后松

资料来源：作者整理

与美国比较，日本的调整路径有所差异。通胀压力加上对房地产泡沫的担忧，促使日本央行在 20 世纪 80 年代末连续加息，触发房价泡沫破裂。但是日本的政策取向和经济制度环境，使得信贷供给虽受到影响，但没有出现断崖式的下降。在信贷的支持下，日本出现了所谓“僵尸企业”。一方面，房地产泡沫破裂导致需求下降；另一方面，“僵尸企业”使得过剩产能没有得到相应调整，给日本带来了较大的通缩压力，阻碍了日本后续的经济复苏，金融周期下半场调整的时间比美国长。

中国政策层面最近两年推动去产能、去库存、去杠杆，这些调整实际上是金融周期下半场必须经历的过程。政策是在试图引导经济有序消化房地产与信贷过度扩张累积的问题，有助于避免下半场无序、急剧的调整，防止金融风险急剧释放、诱发危机。

那么，中国能否在房价不跌的情况下去产能、去库存、去杠杆，实现经济的良性循环呢？日本是房价下跌带来需求端调整，但供给端调整不够，带来产能过剩和通缩压力。如果房价维持在高位使得需求端不调整，而供给端在行政推动下明显收缩，中国就可能面临与日本相反的情况，即通胀上升。

在房价不调整的情况下，如果去产能、去库存的效果显著，则未来一两年的通胀压力可能超过现在的市场预期。这是导致中国在金融周期接近顶部时出现类滞胀压力的一个特殊因素。这使得在中国伴随产能收缩的先是货币政策紧缩，而不是像美国那样的政策放松，全面的政策放松要等到金融周期进入下半场调整后。

六、“紧信用”还是“紧货币”

综上所述，在潜在增速下降的情况下，政策放松对增长的刺激效率下降，对价格的拉动作用上升。政策往往无法预先判断，经济下滑究竟是短期波动还是潜在增速使然。在金融周期接近顶部时，潜在增长下滑的约束加大，出现“类滞胀”的现象。“类滞胀”现象对宏观政策有什么含义呢？

“类滞胀”是金融周期接近顶部时的阶段性现象，根本原因是金融周期上半场房价与信贷的顺周期性。提高利率（“紧货币”）固然可以抑制通胀，但要从根本上打破顺周期性，降低信用扩张速度（“紧信用”）可能是更优的政策选择，这需要加强宏观审慎监管。[①] 与“紧货币”的利率政策相比，“紧信用”的宏观审慎管理更具有结构性和针对性。2017 年初的动向显示，政策当局在提高利率与加强审慎监管两个方面都在采取行动。

2016 年中，中央政治局会议提出“抑制资产泡沫”，自北京

① 周小川．新世纪以来中国货币政策的主要特点[J]．中国金融，2013（2）．

“9·30”新政开始，提高首付比例成为热点城市抑制资产泡沫的重要手段。央行在2017年第一季度将表外理财纳入MPA（宏观审慎评估体系）考核，是加强宏观审慎管理的又一举措。银监会在2017年3月开始密集发文，剑指银行表外理财、同业空转套利等不规范行为，促使部分银行赎回委外资金，融资条件紧缩。紧信用的一个结果是过去累积的债务负担难以持续、违约增加，由此带来风险溢价上升，促进金融风险释放，这将是金融周期调整的一部分。

第十二章　去杠杆的路径

夫月满则亏，物盛则衰，天地之常也。知进而不知退，久乘富贵，祸积为祟。

——《史记·田叔列传》

金融周期波动的一个重要载体是杠杆率，把房地产（资产）和信用（负债）联系起来，实际上衡量的就是杠杆率。在金融周期的上升阶段，杠杆率增加，下半场的调整则体现为杠杆率下降，杠杆率的波动对实体经济和金融都有重要影响。这个影响不仅涉及经济周期的波动，也涉及经济结构和金融稳定。

展望未来，去杠杆关系到中国金融风险的化解、经济结构的调整和可持续发展问题。正因为如此，最高决策层对降低杠杆率高度重视，把去杠杆列为供给侧结构性改革的五大重点任务之一。2016年10月，国务院印发《关于积极稳妥降低企业杠杆率的意见》，为去杠杆工作提出了纲领性意见。

对于如何落实去杠杆，市场仍难以达成共识。[①] 去杠杆需要货币政策放松还是紧缩，提升通胀能否降低债务负担，家庭部门加杠杆是否帮助企业部门去杠杆，债转股能起多大作用，在房价不跌的情况下能否去杠杆，对于这些关键问题仍有较大的分歧和争议。本章从基本概念出发，讨论对杠杆问题认识的一些流行的误区，在此基础上分析去杠杆的可能路径，及其对经济的影响。

---

① 中国金融论课题组．杠杆率结构、水平和金融稳定：理论与经验[R]．中国人民银行工作论文，No. 2017. 1.

一、衡量杠杆率的两个指标

近年来，杠杆率成为一个热门词，学术界、政策部门以及市场有很多讨论，媒体也有很多报道。但去杠杆对不同的人是否意味着同一件事是值得探讨的。这里既有统计上的衡量问题，也有概念上的理解差异。

资产负债率

杠杆率通常是用来衡量一定量的净资产所“撬动”总资产的指标。之所以一定的净资产能够“撬动”更多的总资产，体现出杠杆效应，关键在于负债。如果资产的回报率高于负债的利率，则增加杠杆可以提高收益，同时也可以放大风险。一般来讲，债务的利率波动小，而资产的回报率波动大，杠杆率越高，还本付息难以维持的风险就越大。

在企业财务分析中，衡量杠杆率的具体指标有不同形式，包括总资产/净资产、总负债/净资产、总负债/总资产等，但这些指标的内涵是一致的，指标的数值增加，则意味着杠杆率上升，即单位资产的负债水平增加。一般来讲，债务的名义值容易度量，而资产的价格则比较复杂，有公开市场交易的，也有不公开市场交易的，有的即使有二级市场交易但流动性低，价格的波动大，甚至出现有价无市的现象。

资产估值的不确定性给在空间上比较不同企业、不同行业的杠杆率，在时间序列上比较同一主体的杠杆率都带来了困难。当我们试图从宏观的角度去衡量杠杆率时，估算一个经济体的资产存量更存在严重的技术问题。事实上，中国并没有权威的可用于测算杠杆率的国家资产存量数据，即便是在一些基础数据比较完备的经济体，对如何界定总资产的范围和价格，依然存在很多不确定性和争议。对于判断债务负担是否可持续，仅仅从总资产与净资产之比的变动看杠杆率，可能有误导性。

负债收入比

另一个角度是看收入（现金流）覆盖债务还本付息的能力。按照明斯基的划分，现金流能覆盖还本付息的为稳健型债务人，只能覆盖利息支出的为投机型债务人，连利息都不能覆盖的为庞氏型债务人，后者的债务是最不可持续的。当期还本付息负担取决于债务总量和债务条件（利率、期限等），后者可能比较复杂，很难把单项债务条件加总得出一个宏观的度量，一个简化的指标就是用负债与收入之比来衡量债务的可持续性。常用的宏观指标是负债对 GDP 的比例，GDP 衡量一个经济体新创造的价值（收入）。该比例（通常被称为债务率）上升，则意味着偿债压力增加。

局限性

除了数据的可得性与准确性上的差异，负债资产比和负债收入比作为两个不同角度衡量债务可持续性的指标，其变动的含义也不同。从金融周期的角度看，房地产和信贷扩张相互促进的一个结果是顺周期性，那么杠杆率的波动是不是顺周期的呢？比如杠杆率下降是否意味着下半场的调整开始？

负债收入比衡量的杠杆率具有明显的顺周期性，房地产价格上升和杠杆上升联系在一起。房地产估值没有客观基础，价格可能大幅偏离租金收入等基本面，房地产价格上升带来抵押品价值上升，给定首付比例，导致债务扩张比收入增长快，负债收入比上升。

但是在房价上升超过债务增加的幅度时，资产负债率衡量的杠杆率下降。因此，在房价快速上升时，我们观察到的资产负债率反而是下降的。这可能是假象，一旦房价泡沫破裂，金融周期进入下半场调整，资产负债率在短期内可能大幅上升，带来强劲的去杠杆动力。

也就是说，房地产作为贷款抵押品的特殊性，使得资产负债率容易低估债务压力，“滞后”周期。这不仅涉及居民的住房按揭贷款，也涉及所有以土地和房产为抵押品的债务，后者在中国宏观上的重要性可能更大。如图 12. 1 所示，过去 10 年工业企业虽然债务大幅扩张，但资产负债率是下降的，这背后可能是土地和房地产价格上升的影响。从负债收入比（债务/GDP）看，工业企业的债务负担是上升的。

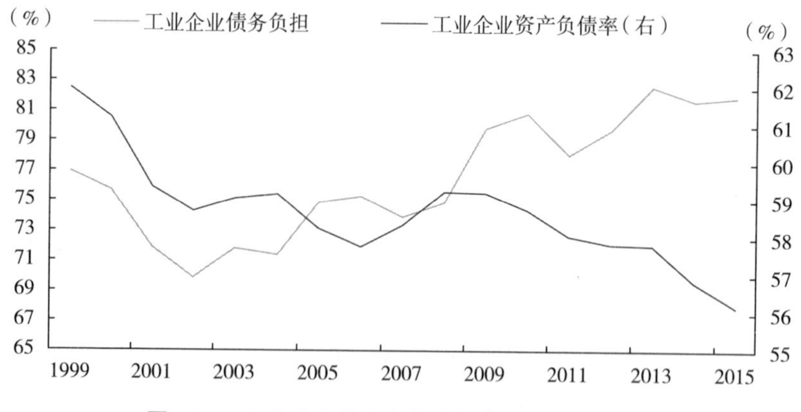

图 12. 1　工业企业资产负债率与负债收入比背离

资料来源：Wind，作者整理

基于上述问题，宏观层面一般用负债收入比来衡量杠杆率。但这个指标也不是完美的，甚至带有误导性，容易导致相关分析与政策考虑只注重债务与收入，误认为降低杠杆率就是减少债务或提高GDP，或者是两者兼有，而忽视资产的角色。其实，资产价格波动才是驱动杠杆变动的根本动力，忽略资产价格可能导致误判形势。

二、你的负债，他的资产

以上提到宏观层面一般用债务率（负债/收入比）来衡量杠杆率，这个“宏观”有多宏观呢？我们需要在多大程度上把微观主体的债务加总起来得出一个总量债务负担（杠杆率）呢？在一个经济体内（不考虑对外资产和负债），债务必然对应债权，总债务等于总资产，把各个部门的债务加总起来毫无意义。高杠杆都是结构性的，不存在所有部门加起来的高杠杆，系统性金融风险都是某一个部门（结构性）的债务不可持续带来的。在评估债务的系统性风险时，需要区分几个层次的结构性问题。

衡量一国的债务负担时，有些分析把非金融（企业、家庭、政府）和金融部门的债务加总得出一个总债务。但非金融部门的负债就是金融部门的资产，银行资产端坏账源自非金融部门的债务违约，两者相加不会带来新的信息。为了避免重复计算，一般来讲考察非金融部门的负债就可以了。在五大主要经济体中，自2009年以来，中国非金融部门的债务率快速上升，截至2015年已经超过美国，高达255%（见图12.2）。每个国家的发展阶段、制度环境、金融深化的程度不同，我们需要谨慎看待国家之间债务率绝对水平的比较，但近几年中国的债务收入（GDP）比快速上升，提示我们风险在增加。

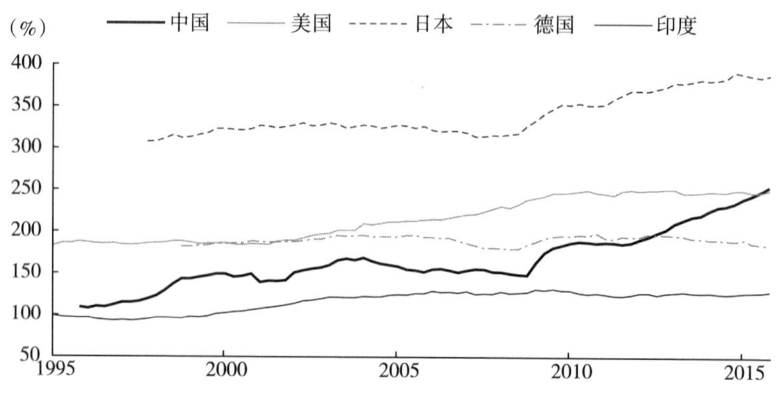

图 12.2　非金融部门债务率比较

资料来源：Wind，作者整理

区分非金融部门和金融部门还有另外一层含义，两者并非镜子的两面，背后的机制有差异，考察金融部门的稳健性对我们分析债务风险有独立的价值。金融不仅起到把储蓄转为投资的中介作用，还创造信用货币（流动性），其外部性使得金融部门有扩大资产规模的冲动。审慎监管在很大程度上就是针对金融部门的，促使外部性内部化，从供给端控制信贷增长的动力。

政府和非政府部门

政府负债对应的是非政府部门的资产，把两者的负债相加带来重复计算的问题。另外，政府的收税和印钞权使得其债务的可持续性大大高于非政府部门。如前面的章节所述，历史经验表明，政府债务过重带来的问题主要是通胀和挤压私人部门的资源，而非政府部门（企业和家庭）债务过重往往跟资产泡沫和金融不稳定风险联系在一起。

我国非金融企业和家庭部门的债务率上升速度快、绝对水平高，是宏观层面债务风险的主要来源，按照第二章的估算，广义信贷的还本付息负担已经接近剔除股权融资的社会融资（广义的新增贷款）。我国政府部门负债率较低，以 2015 年为例，按照 BIS 口径的政府债务率为44%，远低于同期日本212%、美国97%、德国71%的水平，即便加上 10 万亿元的地方政府或有债务，[①] 政府的总体债务率仅有 60%。

但我们需要关注地方政府的债务负担问题。从属性来讲，地方政府（包括融资平台）债务介于政府和非政府部门信用之间，既有政府信用的（隐性）担保，其融资条件（比如贷款的期限和利率）又类似非政府部门，而且在相当大的程度上和房地产联系在一起。这使得地方政府债务呈现顺周期特征，而一般的政府债务是逆周期的。

企业和家庭部门

就非金融、非政府部门来讲，高杠杆主要在企业部门。我国家庭部门债务负担比发达国家低，截至 2016 年总体水平仍在 50%以下，但近年来快速上升是不容忽视的问题。企业部门债务率超过 170%，在主要经济体中远高于位居第二的日本 101%的水平（见图 12. 3）。企业债务也呈现明显的结构性特征，国有企业、房地产开发企业和地方平台债务是主要问题。

① 根据公开数据显示，2014 年地方政府或有债务约 8. 6 万亿元，按照历史趋势外推，我们估计 2015 年地方政府或有债务约为 10 万亿元。

总结以上的讨论，债务问题或者高杠杆的风险是结构性的，在某一个时间点，出现所有部门的债务都快速增长的可能性较小。虽然高杠杆问题是结构性的，但其带来的风险可能是系统性的，因为无论企业还是家庭债务对应的都是银行资产，一旦出现较大规模的债务违约，银行信贷能力受损甚至发生金融危机会对整个经济造成很大的冲击。

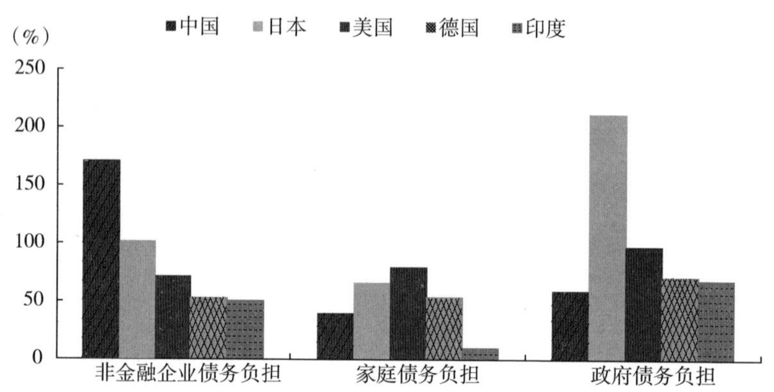

图 12.3　非金融部门债务负担比较①

资料来源：BIS，Wind，作者整理

三、去杠杆的四个认知误区

杠杆率的波动既是金融周期的载体，也是结果。在美国，上一轮金融周期波动的载体主要是家庭部门的杠杆，日本上一轮金融周期的载体是企业部门的杠杆，中国的情况更类似于日本，主要是企业债务问题。把房地产和信贷扩张放在一起看，金融周期就是一个

① 中国政府负债是 BIS 公布的政府债务加上估算的 10 万亿元政府或有债务。

从加杠杆转到去杠杆的过程。就降低杠杆的机制和政策可能起到的作用，有几个流行的认知误区值得关注。

误区一：通胀去杠杆

这种观点的逻辑是，通胀提高名义 GDP，而债务的名义值是固定的，导致债务对 GDP 的比例（债务率）下降。从微观层面看，名义 GDP 扩张增加企业盈利，提高企业的偿债能力和净资产，降低杠杆率。提升通胀降杠杆的好处是在债务的名义值（分子）不减少的情况下，通过增加分母来稀释债务负担，也就是避免无序的债务违约对经济活动的冲击。实际上，通胀作用于债务负担是一个收入再分配的过程，通过货币幻觉把资源从债权人向债务人转移，提高后者的实际收入，降低其债务负担。

这个逻辑似乎是合理的，但如上所述，高杠杆都是结构性的，在一个时间点体现在一个部门甚至只是某个部门内部的一部分。中国目前是企业部门，主要是国有企业（包括地方融资平台）和房地产相关企业的债务高。如果物价上升源自政府的财政扩张，其作用的着力点是基建投资和社会保障，多大的财政赤字才能使其外溢影响对高杠杆的部门和企业带来实质帮助呢？如果通过信用货币推升通胀，在信贷和作为抵押物的房地产紧密联系的背景下，其结果要么是信贷难以扩张（在房地产价格下降的情况下），要么是信贷扩张刺激泡沫进一步吹大，杠杆率不降反升。

这并不是说在去杠杆的过程中，货币放松没有必要。美国次贷危机后，美联储的货币政策大放松发生在房地产泡沫破裂后，去杠杆带来强大的经济下行压力，政策的逆周期操作对稳定金融、控制经济衰退的程度有帮助。需要强调的是，寄希望于“空中加油”，通过货币扩张实现无痛去杠杆是不现实的。在房地产价格没有显著下降的情况下，试图通过信用扩张推升通胀来去杠杆，只能是加大金融周期的顺周期性。

推升通胀去杠杆的根本误区在于把财政主导、金融压抑时代减轻政府债务的逻辑套用到金融自由化、资产泡沫时代降低非政府部门的债务负担上，两者是有本质区别的。政府通过增加货币发行来减轻自己的债务负担，实际上是用一种不可以被拒绝的负债（货币）替代另一种可以被拒绝的负债（政府发行的债券），非常具有针对性，使得温和通胀成为降低政府债务负担的一个有效途径。当然，历史经验显示，如果财政赤字失控带来恶性通胀，将会扰乱经济秩序，最终也是不可持续的。

误区二：增长去杠杆

推高增长去杠杆的逻辑类似通胀，都是做大分母，降低债务相对收入的比例。但这个观点也有类似的局限性，即高杠杆是结构性的、在一个部门，而经济总量的增长分布在所有或者多个部门。要实现一个部门无痛去杠杆，所需要的总量增长幅度会比较大，现实中难以达到。提高可持续的经济增长（潜在增长率）需要结构性改革，促进资源配置效率上升，而这需要时间。

更重要的是，导致结构扭曲、影响资源配置效率的往往就是高杠杆领域，高杠杆和房地产泡沫、产能过剩联系在一起，提高经济的潜在增长率就需要这些领域进行收缩和调整。如果这个调整带来总需求疲弱，宏观政策的放松包括财政扩张当然有利于控制经济增长下行的压力，是合理的政策应对，但寄希望于提高经济增长来实现无痛的结构调整有难度。

从国外的历史经验看，通过高增长降低债务对 GDP 的比例，与其说是一种切实可行的策略，不如说是一种可遇而不可求的偶然现象。有研究总结了过去上百年不同国家去杠杆的经历，发现通过经济增长解决债务问题的只是极少数，而且都是偶然的、外生的因素使然。[①] 例如，美国在 1938~1943 年的高增长被认为是化解 20 世纪 30 年代大萧条、实现去杠杆的根本驱动力，但这是与第二次世界大战联系在一起的；埃及在 1975~1979 年实现高增长的去杠杆，是受益于石油危机带来的高油价；尼日利亚在 2001~2005 年的去杠杆也是受益于原油价格的暴涨。

误区三：企业去杠杆、家庭加杠杆

面对企业降杠杆带来的总需求下行压力，一种观点认为需要居民加杠杆，以对冲企业去杠杆的影响。这种观点看似有道理，实则有偏差，房地产可能使得企业与家庭部门的共振大于替代关系。而且杠杆在家庭部门内部的分布也是不均匀的，带有明显的结构性特征，家庭部门平均比较低的负债率可能掩盖了结构性问题。

居民杠杆主要加在收入较低的家庭，富裕家庭通常现金流较为充裕，相对而言，举债消费的意愿较低。收入分布与杠杆高低错配，偿债能力弱的家庭往往杠杆率高，偿债能力强的家庭杠杆率低。例如，有研究显示，美国收入最低的 20%家庭的杠杆率要远远大于高收入家庭（见图 12.4）。收入债务结构的错配可能导致系统性的金融风险，美国次贷危机的源头就是低收入家庭通过高杠杆参与房地

① Lund, S. and Roxburgh, C. (2010). Debt and Deleveraging: The Global Credit Bubble and Its Economic Consequences. World Economics, Vol. 11.

产市场，既是房地产泡沫尾端的推动者，也是泡沫破裂后的主要受害者。

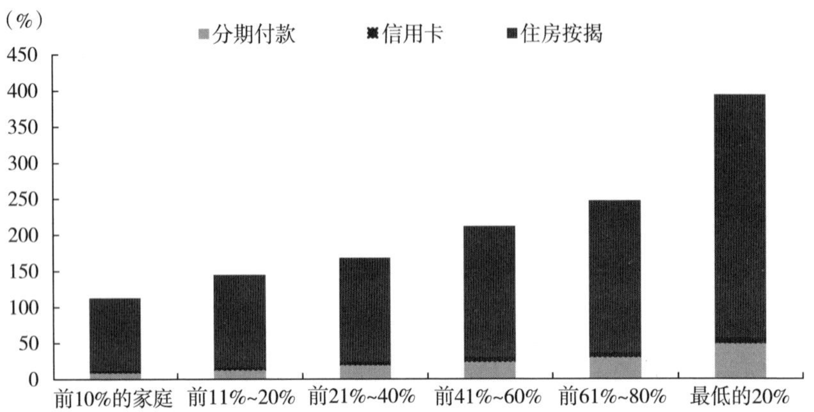

图 12.4　2004 年美国家庭债务与可支配收入之比

资料来源：Rising household debt：Its causes and macroeconomic implications—a long-period analysis，作者整理

以韩国为例，亚洲金融危机后，韩国企业去杠杆，为了控制经济下行压力，韩国政府鼓励居民加杠杆，宣称借钱和消费是爱国之举，导致 1997~2003 年家庭贷款占银行总资产的比重提高了一倍。在此期间，消费需求大但收入水平低的年轻人，通过信用卡消费等方式成为加杠杆的主力军，最终于 2003 年爆发信用卡危机。LG 信用卡公司作为当时韩国最大的信用卡公司，因违约坏账导致流动性不足，于 2003 年 11 月 23 日宣布向持卡人暂停现金支付服务，引起金融市场全面震荡，证券、保险、银行等金融业股票全面暴跌①。

居民加杠杆的另一个问题是其和房地产的天然联系，银行偏向给有房产抵押的家庭投放贷款，或者说家庭负债的大头是住房按揭

① 詹小洪．家庭债务危机困扰韩国[J]．银行家，2004（4）．

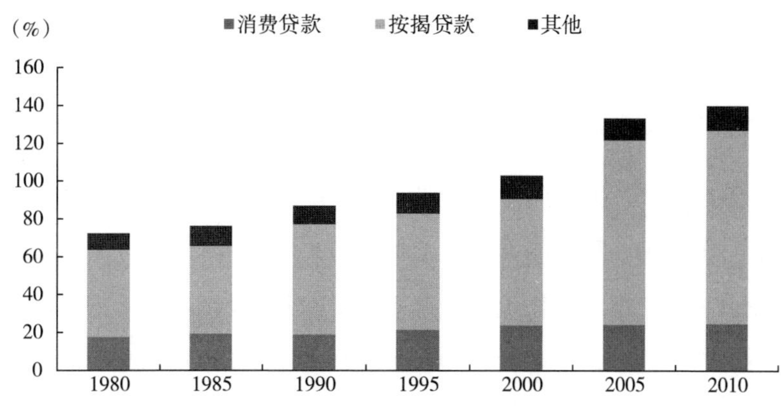

图 12.5 美国家庭债务的大部分是按揭贷款

资料来源：Rising household debt：Its causes and macroeconomic implications—a long-period analysis，作者整理

贷款。即使在消费金融比较发达的美国，住房按揭贷款也是家庭负债的主要形式，推动了房地产泡沫的扩张（见图 12.5）。中国的家庭负债在近几年快速增长，主要也与住房按揭贷款有关。中国家庭的债务率从 2008 年的 18%上升到 2015 年的 39.5%，是印度同期的 4 倍。从表面上看，2016 年住房按揭贷款快速增长，有替代企业部门加杠杆的势头，但企业（包括地方融资平台）的负债也是上升的，两者都在加杠杆，背后的共振因素还是房地产市场的火爆。

那么如果企业部门进入实质性的去杠杆，家庭部门能否加杠杆呢，两者是否有替代关系呢？美国金融危机后，家庭部门去杠杆，但在经济大幅下滑、信贷紧缩的环境下，企业部门也未能幸免，虽然其杠杆率下降的幅度小一些。日本在房地产泡沫破裂后主要是企业部门去杠杆，但家庭部门的杠杆率也下降了。视角回到中国，很难想象在房地产价格下降的环境下，可以依靠家庭部门加杠杆来抵消企业部门去杠杆的影响。这就产生一个问题，即能否在房地产价格不跌的情况下，实现企业部门去杠杆。

误区四：债务调整，资产不跌

关于去杠杆的第四个误区是，认为去杠杆只是一个债务调整问题，只要帮助高杠杆的部门降低债务负担就是去杠杆，背后隐含的一个假设是房地产价格不必调整。这是我们在思考中国金融周期演变时面对的一个重要问题，即能否在房地产价格不跌的情况下，实现去杠杆、去产能，达到结构调整的目的。这个观点的偏差在于把杠杆仅仅看成一个债务负担问题，现实中，债务对应的是资产，资产不调整，仅仅调整债务是不平衡的，难以持续。

如果债务人的债务负担下降，其购买的资产价格不变，则债务人的净资产增加，杠杆率下降，增强了其进一步负债的能力。从金融周期的角度看，即便短期通过债务重组达到了降杠杆的目的，高位运行的房价还会刺激新一轮的信用创造。这里还有一个再分配的影响，减免债务实际上意味着过去通过杠杆投资和投机的债务人得益，而谨慎的、从事实业的人受损，这实际上鼓励其进一步冒险。

地方政府债务置换是一个例子，如前所述，我国的地方政府负债的属性介于政府信用和非政府信用之间，近年来把期限短、利率高的银行贷款置换为期限较长、利率较低的债券，是向政府信用的本源回归，有利于降低地方政府的债务负担。但政策的影响都有路径依赖，过去地方政府融资的非政府信用和房地产市场紧密联系在一起。2016 年房地产市场的火爆增加了地方政府的卖地收入和总资产价值，同时置换降低了债务负担，地方政府净资产上升，使其借债的能力和意愿更大。

从更广层面来看，只注重债务调整，不调整资产，则无法缓解高房价、高地价对实体经济部门的挤压。如果将去杠杆简单等同于降低高杠杆部门的债务负担，试图避免相应的资产价格调整，则可能增强相关主体进一步参与房地产投资和投机的能力和意愿，导致经济结构更加扭曲。

以上对几个关于去杠杆问题的阐述说明，现实中难以存在没有痛苦的去杠杆，尤其不能寄希望于房地产价格不跌的情况下通过去杠杆来调整经济结构。杠杆挑起两端，一边是资产，一边是负债，缺失任何一方的调整都是不完整、不可持续的。这就是为什么我们强调金融周期（包括房地产和信用两个方面）的分析框架，而不仅仅是债务周期或信用周期。

四、降杠杆的机制

金融周期下半场去杠杆将是什么样的路径呢？我们难以做出准确的预测，但可以试图勾勒一个大致的框架，涉及触发调整的因素、调整的机制、政策的角色等几个方面。

调整触发的因素

第一个可能触发金融周期下半场调整的因素是利率上升，迫使债务人减少开支，或者抛售资产以还债，房地产泡沫破裂和去杠杆的动力由此产生。第十章分析了通胀上升的影响，在更多的情况下，驱动央行政策紧缩的压力可能是综合的，不能简单区分为控制通胀或资产泡沫。日本央行在 20 世纪 80 年代末加息，既有通胀上升的压力，也有对资产泡沫的担忧。中国央行在 2017 年初引导市场利率上行，市场的一个普遍解读是“金融去杠杆”，打击债券市场的高杠杆投资行为，这显然和2016年底的中央经济工作会议强调抑制房地产泡沫、防控金融风险的政策取向有关，但不容忽视的是，经济增长的企稳和通胀的上行也起了一定作用。货币政策从“稳健”转为“稳健中性”，未来紧到什么程度还要看增长、通胀、房地产、金融风险等因素的平衡。

第二个可能触发金融周期下半场调整的因素是政策当局出于防控金融风险的需要而加强宏观审慎监管。银监会自2017年3月底开始密集发出监管指引，促使银行委外资金赎回，金融市场风险偏好降低。更重要的是，4月25日中央政治局第四十次集体学习聚焦金融，习总书记强调做好金融工作，维护金融安全。加强金融监管，防范与化解金融风险带来紧信用的影响。

无论是紧货币（提高利率）还是紧信用（加强监管），对抑制资产泡沫有利，但短期对经济增长可能带来负面的拖累，政策是否投鼠忌器，紧缩的程度是不是足够大仍有待观察。在本书付印之际已经有迹象显示大城市的房价小幅下跌，但这种政策托底的预期使得很多人不相信房地产价格会显著下跌。

中国的房地产泡沫不会破裂吗？问题没有这么简单，过去十几年这种房价跌得少、涨得多的态势持续下去，贫富差距和结构扭曲会越来越严重，最终会导致结构性的政策出台。也就是从狭义的审慎监管到广义的审慎监管，结构性改革和相关政策可能起到触发调整的作用，这是第三个可能。

这些结构性措施包括财政税收制度改革比如降低增值税、引进房产税以及房地产健康发展的长效机制，包括土地制度改革等。前文对这些改革的内容及其影响做了阐述，简而言之，就是有利于打破驱动房地产价格和杠杆上升的深层次机制，有利于降低贫富分化，促进经济的可持续增长。

总之，虽然我们难以准确判断哪些具体因素或情形会触发调整，但结构扭曲不可能永远持续下去，未来几年金融周期出现拐点，进入下半场调整是大概率事件，房价下跌和信用紧缩将带来一个去杠杆的过程。

债务紧缩

利率上升增加债务的偿付负担，如果资产价格也下跌（受融资条件紧缩或结构性措施的影响），一些债务人可能资不抵债。在不违约的前提下，有两个渠道可以降低杠杆率以保持财务的可持续性：一是紧缩开支，增加储蓄；二是变卖持有的资产。如果很多人都这样做，在总量上会带来很大的紧缩影响，反而降低了个体还债的能力。

从理论上讲，利率上升虽然使得债务人的负担增加，但也增加了债权人的收入，存在一个收入转移，对总需求的影响可能相互抵消。但一般来讲，债务人的边际支出倾向高于债权人，加上利率变动不但带来收入效应还带来替代效应，也就是利率上升促使一部分人减少当前的消费、增加储蓄，总体效果是降低开支，导致经济增速放缓，加大债务违约的风险。

从负债/资产的渠道看，债务的名义值是相对固定的，房地产价格下跌意味着净资产下降，负债主体的偿还能力降低。如果很多人试图变卖资产偿债，资产价格就会大幅下跌。当然，资不抵债不一定就违约，债务人可以通过外部融资渡过暂时的难关，但净资产与偿债能力下降会紧缩再融资的条件，债权人要求更高的风险溢价，甚至要求债务人对现有的债务补充抵押品，这些都意味着债务可持续性进一步削弱。总之，一旦资产价格下跌至一定程度，一部分负债主体债务违约不可避免。

在现实中，收入和资产两个渠道通常是交织发生、相互影响的，但是相对来说资产价格下跌的动能更剧烈、传染性更强。这是因为，资产价格对利率变动更加敏感，而且投资者的行为往往有羊群效应。去杠杆的过程导致经济增长下行压力。一方面，债务主体紧缩开支影响总需求；另一方面，房地产价格下跌带来负面的财富效应。后者在不同经济环境下的体现不同，在美国是家庭部门消费萎缩，而中国的高负债主要在企业部门，因此房地产价格下跌的负财富效应更多的是影响企业投资。

从企业部门内部来讲，高杠杆的结构性有两个鲜明特征：一是房地产及相关行业的负债率较其他行业高；二是国企的负债率较民企高（见图 12. 6）。那是否意味着去杠杆的紧缩影响主要在这两个领域呢？房地产价格下跌促使去杠杆对房地产开发企业及相关行业的影响是显而易见的。美国次贷危机后，房地产开发企业的杠杆率大幅下降。在中国金融周期上半场的过程中，房地产开发企业的杠杆率持续上升，一旦销售的现金流不如预期，房地产开发企业尤其是一些中小企业的债务将不可持续，可能成为去杠杆调整的暴风眼。

国企会不会也因为高负债成为去杠杆的重灾区呢？问题可能没有这么简单。观察近年来的公募债券违约事件，我们发现大部分事件涉及民企而不是国企。一个解释是，国企享受政府的隐性担保或者在某些领域带有垄断性质，其负债能力比民企高，也就是说，国

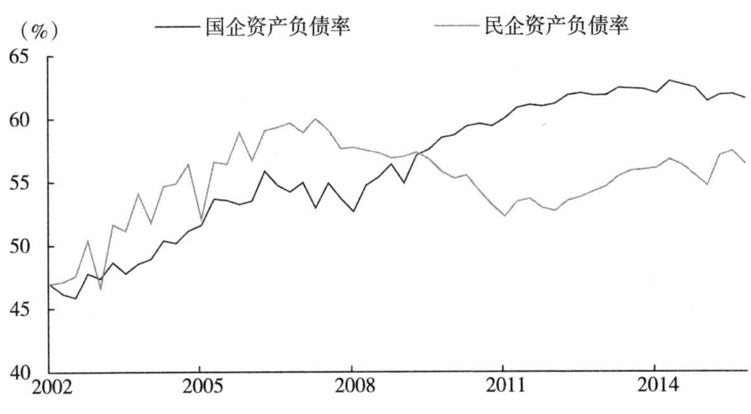

图 12.6 国企资产负债率比民企高

资料来源：Wind，作者整理

企的高杠杆有内在原因，并不意味着债务的可持续性比民企差。如果国企因为特殊的非市场化的原因而韧性较高，去杠杆调整就可能更多地落在民企身上。

金融不稳定风险

债务紧缩、资产价格下跌对总需求冲击的程度取决于金融体系的状况。债务人的违约使得银行资产端的坏账上升，同时房地产价格下跌降低了整个体系的信贷抵押品的价值，两者都导致银行惜贷。银行提高对风险溢价补偿的要求，或者直接降低信贷投放的数量，或者两者兼而有之，最终的结果都是实体部门融资条件紧缩。

如果金融只是中介，把储蓄转化为投资，去杠杆的影响应该是有限的，但现代金融体系有“凭空”创造负债的能力，房地产作为抵押品起到了关键作用。在金融周期上半场，信贷和房地产相互促进，房地产泡沫放大杠杆，到下半场房地产泡沫破裂，也加剧了杠杆的收缩。

需要区分两个情形：金融危机和没有金融危机。在没有发生金融危机的情形下，银行惜贷情绪对信贷的紧缩影响相对温和；但在发生金融危机的情形下，金融机构倒闭和恐慌引起系统性的信用紧缩，给经济活动带来很大的冲击。典型的例子就是美国2008年爆发的次贷危机，经济陷入“大衰退”，2009年第二季度美国GDP录得4%的负增长，失业率在高点接近10%。但也有金融周期下半场调整没有发生金融危机的例子，比如澳大利亚，其经济衰退的程度就相对温和些。

在讨论金融风险时，不得不提及影子银行。影子银行在美国次贷危机的形成和爆发过程中起到了重要作用。如第四章所述，影子银行信贷活动也伴随我国金融周期的上行而快速扩张，其资金投向主要和房地产有关，信用和房地产的相互促进在影子银行信贷上的体现更突出，必然是去杠杆的一个重要载体。在影子银行工具中，尤其需要关注理财产品，理财产品有点类似于美国的货币基金，都是为零售投资者提供比银行存款收益高的储蓄工具，但理财产品风险也更高，背后是更严重的期限错配。

在存款保险机制和政府隐性担保的支持下，发生存款挤兑的可能性小，面向一般存户的理财产品可能成为金融风险传播和扩散的工具。如第四章所述，打破面向众多零售投资者、预期收益率型理财产品的刚性兑付是不现实的。更大的可能是回归保本型理财产品是存款的本质，资产端的损失由中介机构承担，在这方面一些中小银行的脆弱性较高。

另一个需要关注的风险是金融机构对批发市场资金的依赖上升。

这是一个全球性的现象，使得金融风险的爆发更多地源自批发市场。在美国次贷危机引发的全球金融动荡中，唯一让人们想起传统银行危机（银行存款挤兑）的是英国的北岩（Northern Rock）银行事件，当天在北岩银行有大批零售存户排队提取存款，但真正导致北岩银行资金链断裂的是其对批发市场的依赖性过高。批发市场再融资受阻导致北岩银行不得不以惩罚性的高息向英格兰银行申请贷款，消息一经散播，零售存户信心受到冲击，导致存户挤兑。

近几年，我国的金融机构对批发市场资金的依赖也显著增加，这得益于影子银行和金融科技的发展，也有审慎监管放松（存贷比监管要求取消）的影响。无论什么原因，对批发市场的依赖都增加了金融机构的流动性风险。2013 年的钱荒和 2016~2017 年的债券市场事件都暴露了一些中小金融机构对批发市场依赖带来的脆弱性。就未来的发展而言，银行对批发市场资金依赖的增加，银行与资本市场联系的上升，是需要高度关注的金融体系的脆弱点与风险点所在。

五、政府介入的时机与方式

北岩银行后来被国有化了，美国的次贷危机最后也是靠政府介入而稳定下来。金融的调整不可避免地都有政府的影子，关键是政府的介入应该在什么时间点、到什么程度。

在金融周期下半场的调整中，政府的角色走两个极端皆不可行：一是完全不干预，放任市场出清；二是政府全面担保。前者带来金融危机；后者隐藏着很大的道德风险，加剧经济的结构扭曲和未来更大的金融不稳定风险。现实中，政府的角色介于这两个极端之间，从国际经验来看，每个国家的经济环境不同，政策的取向不同，政府干预的方式和时间点的选取有差异，没有完美的路径，而是在短期和中长期目标之间寻求平衡。

从理论上讲，即便政府不介入，经济依然可能自发走出衰退。在经过长期的失业与产能收缩之后，劳动力的价格充分下跌，商品的价格由于供给比需求收缩更多而企稳，或者企业为了生存而被“逼”出了生产率进步，企业发现生产变得有利可图，开始增加投资，失业率下降、收入上升，经济走出衰退。但是，没有人知道这个自发走出衰退的过程需要多长时间，更没有人知道系统性金融危机的冲击有多大。凯恩斯和哈耶克在 20 世纪 30 年代的争论结果是凯恩斯的主张被政府采纳，但如何控制道德风险始终是决策层考量的一个重要方面。

从美国的次贷危机来看，政府是在房价进入加速下降通道之后才开始介入的，干预的力度随着资产价格下跌而增加。美国 10 个大中城市的房价自 2006 年 6 月开始下跌，到 2007 年 9 月美联储第一次降息，房价累计下跌了约 6%。在 2008 年 11 月推出 QE（量化宽松）之时，相比于 2006 年 6 月，房价跌去了 27%，在 2009 年 3 月推出《对遗留资产的公私投资计划》时，房价累计下降 33%，此后美国房价基本上结束了快速下跌过程，进入了震荡时期。

在房价下跌的过程中，金融风险逐步暴露，美国政府容许雷曼破产，但在这之后救助了 AIG（美国国际集团），反映了政策在控制道德风险和金融不稳定风险之间的拿捏和平衡。总体来看，政策没有以稳定资产价格为目标，资产价格下跌促进了去杠杆，但政策当局在控制系统性金融风险蔓延和传播方面采取了强有力的措施，包括提供全方位（包括批发市场）的担保，显示了突破既有思维束缚的决断力。事后看，批评政府干预太多太早和太少太迟的两方面意见都有，但从经济的表现看，应该说政策干预没有带来大的问题。

就中国而言，在去杠杆的过程中如何拿捏政策的角色也是一个重要挑战。在金融受严格管制的时代，不会发生金融危机，传统上一般认为在中国发生金融危机的概率小。但改革开放后中国还没有经历一个完整的房地产周期，同时，近几年放松管制和金融创新促进了影子银行和互联网金融的发展，金融的广度和深度都与过去不可同日而语，金融的复杂性与脆弱性增加了。尽管如此，中国政府部门的负债率低，对经济资源的掌控力强，防控系统性金融风险的能力较强。更大的问题可能还是来自政策的过度保护，阻碍金融风险的暴露和化解，不利于经济结构的调整。

理论上讲，在推动去杠杆的过程中应该主要靠市场自发的力量，而不是靠行政指令来决定债权人和债务人的利益损失分配。但市场化去杠杆并非一个抽象概念，一个有效的破产制度对有序地处理债务违约很重要。中国的破产法在改进的过程中，现在仍然缺少一个统一、透明可预测、公平适用的流程，自愿破产申请困难重重。这使一些失去竞争力、无力偿还债务的公司以债滚债的方式生存下去，在维持无效产能的同时限制了银行支持有竞争力企业的能力。和其他国家相比较，中国的情况可能更难以避免政府在去杠杆的过程中发挥作用，因此防范道德风险更加重要，尤其需要降低政策托底的预期。

六、债转股：似曾相识燕归来?

在去杠杆的过程中，降低债务负担的一个方式是债转股。在亚洲金融危机之后，韩国政府通过债转股的方式对五大财团进行了救助。① 次贷危机后，美国政府通过债转股的方式，救助了通用汽车公司。2016 年 10 月 10 日，国务院发布《关于市场化银行债权转股权的指导意见》，标志着以降低企业杠杆率为诉求的中国债转股开启。② 其实，债转股并不是一个陌生的事物，20 世纪末中国政府主导了一轮债转股，减轻了国企债务负担，并促进了国企和商业银行股份制改革。新一轮的债转股面临的时空环境和上一次不同，但仍可能在促进国有企业去杠杆方面起到重要作用。

上一轮的政策性债转股

导致上一轮国企高杠杆的原因既有经营不善的问题，也有一些特殊因素的作用，包括财政拨款改贷款、税费负担高等。我国国有工业企业的平均资产负债率在 1980 年约为 19%，到 1997 年，国有大中型工业企业的平均资产负债率约为 65%。高杠杆导致国企的经营负担日益加重，在 1980 年，国企利息支出与利润的比例约为 3.3%，到 1990 年上升为 100%，1995 年进一步增加至 173%。③

---

① 黄志凌，曲和磊，唐圣玉．债转股的国际经验与中国实践应把握的方向（上）[J]．财贸经济，2001（10）．

② 宣昌能．支持发展股权融资促进降低企业杠杆率[N]．证券时报，2016-11-18．

③ 魏强．国有经济债务症结及其化解[J]．金融理论与实践，2003（12）．

虽然发达国家和新兴经济体都有债转股的案例，但在这些经济体，债转股并不是一个主要的去杠杆方式。中国上一轮债转股的特殊性在于，债转股不但是主要的去杠杆方式之一，而且是政策性债转股，也就是由政府主导设计和落实的。首先，一个根本的原因是银行与国企都属于政府，政府与国有银行、国有企业之间本质上是“父子兄弟”的产权关系，政府、银行与国企基本上可以看作一个“大企业”。国企对银行的债务本质上是同一个“大企业”内部不同部门之间的债务，如果让国企大量通过破产清算的方式去杠杆，对于整个“大企业”而言，是不利的。

其次，面对大量的不良资产，银行并没有充足的准备金进行冲抵，以1997年为例，不良资产数以万亿元计，但呆账准备金仅有450亿元。[①] 最后，“拨改贷”在缓解了财政支出压力的同时，也改变了国企资产负债表的结构，原本可以成为资本金的财政资金注入，变成了来自银行的债务。从银行的角度看，这些因“拨改贷”形成的不良资产是政策的结果，不是自身经营不善的问题。总之，当时政府作为国企和银行的所有者，对于国企高杠杆和银行高不良资产是有责任的，有必要推动政策性债转股。

在整个政策性债转股期间，政府发挥了主导作用，主要体现在：（1）中央政府确定债转股的范围和条件；（2）具体由经贸委协调各部委、各省政府以及银行、国企，确定候选名单；（3）财政部出资设立的四大资产管理公司对候选债转股名单进行评审确认。

① 胡海峰，曲和磊．中国不良资产处置与金融资产管理公司发展研究［M］．北京：中国市场出版社，2009.

新一轮债转股面临的问题

债转股是一个有序的债务重组方式，是在地方政府债务置换之后推动去杠杆的进一步举措。债转股降低杠杆率，减轻企业财务负担，同时加速银行风险释放，有利于化解金融风险。这种有序的债务重组，有助于避免两个极端的调整方式：一是危机式的无序出清；二是银行个体缺乏进行风险暴露和处理的内在动力，把问题拖延，导致债务负担长期成为经济增长的拖累。

从宏观的角度看，本轮去杠杆与上一轮最大的不同之处在于金融周期。这一轮的负债背后，资产直接或间接与房地产相关，而上一轮是实体资产。在房价不跌的情况下，推动债转股并不能解决房地产泡沫带来的结构扭曲问题。

另外，在上一轮债转股中，国企和银行都是国有独资，经过20年的改革，绝大多数国企和银行都已经成为股权多元化的市场主体，政府、国企与银行之间的“父子兄弟”产权纽带已经有了很大的弱化，沿用过去的方式可能严重损害银行与企业股权所有者的权益，大规模推进政策性债转股的合理性下降。

在操作上，推进债转股需解决好三个问题。一是如何提高银行的积极性。债转股可能加速隐性不良资产暴露、降低银行当期利润，银行的业务模式也决定了其更倾向于保留对企业的债权属性而不是转股。二是如何减少信息不对称带来的道德风险。银行是最了解不良债权本身的，而其他参与方信息不足，道德风险和逆向选择可能阻碍市场交易。三是如何实现债转股退出，特别是非上市公司债转股或通过基金方式认购的债转股，未来股权或基金的退出问题。

另外，提高银行的积极性并不代表债转股应该由银行来主导。债转股可能使金融机构成为相关企业的重要股东，带来“混业”经营的风险，银行有没有足够的相关行业管理能力、如何设立银企之间的风险隔离机制，都是实际操作面临的问题。另外，银行同时持有股权和债权，可能带来关联交易问题。对企业的债权转成股权后，债权收益和股权损益存在跷跷板效应，银行的不良贷款问题可能被掩盖，利益纠葛难以厘清。

选择哪些企业实施债转股是另一个关键问题。在供给侧结构性改革的背景下，债转股要服务于去产能和产业转型升级等宏观目标。一方面，把符合经济结构调整方向、债务高的企业列为优先转股对象；另一方面，需要防止把过剩产能、僵尸企业、不符合环保要求的企业纳入债转股范围。政策的取向清楚，但如何有效落实仍是一个挑战。

七、宏观政策：紧信用、松货币、宽财政

在去杠杆的过程中，政府的角色不仅在于处理风险事件、采取结构性措施，还在于提供一个有利的宏观政策环境，在打破信用与房价的顺周期性的同时，避免无序的大规模债务违约，防止总需求剧烈收缩。从金融周期的逻辑和其他国家的经验来看，宏观政策的一个较为理想的组合是“紧信用、松货币、宽财政”。

紧信用既是去杠杆的载体也是结果，背后有市场自发和政策推动两个因素。市场自发层面，一是债务违约增加银行的坏账，降低银行的资本充足率和风险偏好，导致银行惜贷；二是经济增长下行

也会带来信贷需求的下降。政策层面，审慎监管的加强可能在供给和需求两个方面限制信贷的扩张。美国次贷危机后，紧信用态势明显，在价格上体现为信用利率或者风险溢价大幅上升，提高了企业尤其是低信用等级企业的融资成本，在量上则体现为信贷数量的下滑，银行体系总资产对 GDP 的比例从 2008 年的 84%下降到 2010 年的 79%。

在信用紧缩的情况下，美联储大幅放松货币政策，短期利率很快降到零下限附近，然后美联储通过扩张资产负债表购买长期国债（量化宽松）的方式来降低长期利率。量化宽松在降低长期利率的同时，投放了基础货币，增加了银行的可贷资金，有利于限制去杠杆下信用收缩与经济衰退的负反馈。

次贷危机后，私人部门去杠杆带来经济下行压力，作为应对举措，美国财政政策大幅扩张，体现在增加支出和减税两个方面。美国家庭部门债务率从 2008 年第三季度顶部的 97%，下降到 2015 年底的 79%；非金融企业部门债务率从 2008 年第四季度 73%的高点，经过近四年的去杠杆过程，于 2012 年第二季度见底，约为 66%；美国政府部门的债务负担则从 2008 年第三季度的 58%上升到 2015 年底的 97%（见图 12. 7）。目前，美国非金融企业已恢复加杠杆，截至 2015 年底，美国非金融企业债务负担已经恢复到 71%，基本与前期高点持平。

对于中国而言，金融周期下半场的理想宏观政策组合也是“紧信用、松货币、宽财政”，这是一个有助于我们判断宏观经济走势的参照体系。从过去几年的情况看，宽财政的态势比较清晰，对稳定经济增长起到了重要作用。在企业部门杠杆率在高位的情

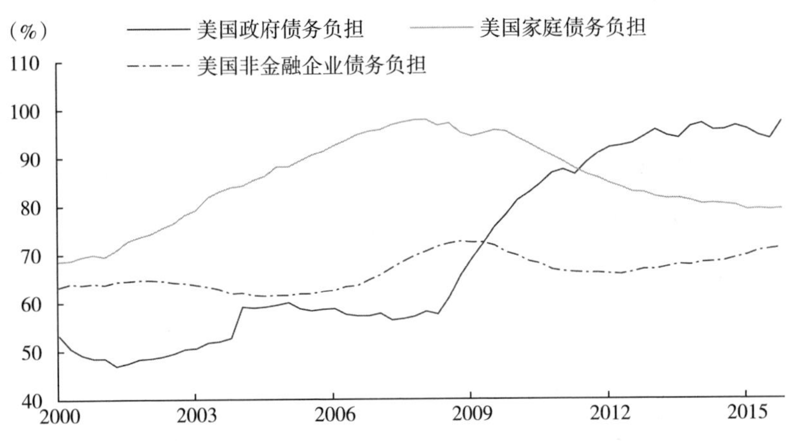

图 12.7　美国家庭、企业与政府负债率此消彼长

资料来源：Wind，作者整理

况下，最有能力通过加杠杆来扩张需求的就是政府，财政扩张是未来几年的大趋势。

如第十章所述，在去杠杆的背景下，财政扩张对稳定经济和金融的作用体现在三个方面：改善企业部门利润和现金流，缓解债务偿付压力；政府债券类似央行发行的本位货币，有助于金融体系的稳定；财政或者准财政活动投放的货币具有外生性，对冲银行信贷投放的内生货币的顺周期性。

“宽财政”是“紧信用”环境下“松货币”的有效渠道。“宽财政”的方式和金融周期有关系，基础设施投资为载体的财政扩张往往和土地财政、土地抵押的信用扩张联系在一起。要打破房地产和信用的顺周期性，“宽财政”应该结合财政税收体制改革，降低流转税税率，开征房产税，在支出方面增加公共服务和社会保障投入。

就“紧信用”而言，过去几年有所反复，进而影响了货币政策。

2013年到2015年上半年，中国的宏观政策基本上符合“紧信用、松货币、宽财政”组合，但从2015年第三季度以后，“紧信用”转向“宽信用”。背后的一个原因是宏观审慎监管放松，包括存贷比考核要求取消和房贷首付比例下调，刺激了2016年的信用快速增长，尤其是居民加杠杆突出。

信贷大幅扩张促进了经济增长企稳，但房地产泡沫和金融风险加大，促使2017年初货币政策在边际上紧缩，也就是说，宽信用带来了紧货币。中国更需要加强宏观审慎监管来实现新增信贷放缓，2016年第四季度开始的包括上调房贷首付比例在内的房产调控新政，加上银监会等监管机构增强监管力度，对遏制房价与信用顺周期性应该有帮助。信用显著紧缩才能为货币放松创造空间。

紧信用的前提下松货币意味着央行的资产负债表扩张。对政府和公共部门债权的增加是央行扩张资产负债表的主要渠道，也就是投放基础货币支持财政赤字和准财政活动。央行资产负债表扩张影响经济的另一个渠道是汇率，需要增加汇率弹性。汇率具有金融属性，在内外市场环境不稳的情况下，短期有必要借助于资本管制和外汇储备干预来防止汇率大幅贬值，但不应把短期干预行为常态化，也不应将汇率长期保持在与宏观经济不匹配的水平。配合去杠杆的汇率贬值，有利于化解金融风险和调整经济结构。

第十三章　未来的货币

从长远考虑，我们是自己命运的创造者。但如果从短期着眼，我们就是我们所创造的观念的俘虏。我们只有及时认识到这种危险，才能指望去避免它。

——哈耶克《通往奴役之路》（1944）

中国在经历第一个金融周期，房地产和信用过度扩张损害经济的潜在增长率，扭曲经济结构，加剧贫富分化和环境污染等问题，是不可持续的。下半场调整终将到来，意味着房地产去泡沫、非金融部门和金融部门去杠杆，经济增长将在一段时间面临下行压力，但经济结构将得以改善。美国处在新一轮金融周期的上升阶段，经济复苏提速，美联储进入加息周期。中美两大经济体的金融周期走势是未来几年影响全球经济和金融环境的重要变量。

金融周期之所以成为影响宏观经济波动的重要因素，与过去几十年的金融自由化、政府对私人财富的隐性担保、宏观政策对货币政策过度依赖的大环境有关。全球金融危机后的应对和反思涉及货币、财政、金融监管和结构性改革，但总体来讲主要还是技术层面的突破，比如非常规货币政策和宏观审慎监管，金融自由化大趋势下形成的基本框架并没有改变。一个具体的例子是《巴塞尔协议Ⅲ》是在技术层面对《巴塞尔协议Ⅱ》风险权重为基础的资本充足率的调整，提高了原有的系数，但是并没有改变风险计量的框架。

未来中国金融周期下半场的调整有多深、美国新的一轮金融周期有多疯狂，还取决于更深层次的变革。在本书最后一章，我们回到基础性的概念和框架，探讨几个对货币信用制度发展有重大含义的问题，包括比特币（黄金）等类商品工具能否成为真正意义上的货币，财政主导是否回归，狭义银行还是全能银行是未来发展的模式，资本市场对限制杠杆起多大作用，普惠金融等。在此基础上，围绕降低金融的顺周期性、促进包容增长，提出一个框架性的政策建议思考。

一、比特币（黄金）不是货币

全球金融危机打击了人们对现有货币制度的信心，能否找到一个独立于政府、对货币增长有硬性约束的机制呢？有人怀念黄金作为货币的时代。作为候选人，特朗普在2016年总统竞选中曾经说，虽然回到金本位制不容易，但如果能做到将是好事。共和党内有一小部分人主张恢复金本位制，这些人的政治理念注重传统。无独有偶，金融危机后，在被国会议员问到黄金是不是货币时，当时的美联储主席伯南克的回答是"黄金不是货币"，当被追问黄金的价值何在，伯南克的回答是"传统"。

另外，随着金融科技和互联网的发展，虚拟货币受到越来越多的关注。可以说，人们对以比特币为代表的虚拟货币的期待甚至超过金本位制的回归。那么比特币或者说黄金是不是货币？未来会不会成为货币呢？这不仅对大类资产配置来讲是一个有争议的问题，更是我们思考货币金融制度演变的一个重要方面。从货币的功能看，黄金和比特币现在都不是货币，很少有人用其作为支付工具，它有一定的储值功能，但波动性大，更像商品而不是货币资产。

比特币（黄金）未来有没有可能成为货币呢？对这个问题的看法取决于我们对货币起源的认知，也就是第一章提到的金属（商品）

货币学说和国家货币学说之争。看好黄金或比特币的基本逻辑在于，货币是市场交易中不同支付手段竞争的结果，货币本身也是一个商品，历史上黄金等贵金属因为价值稳定和节省交易成本脱颖而出。按照这个逻辑，黄金和比特币的共同特征是供给弹性低，供给有限意味着保值，同现在的法定货币和信用货币相比有优势，高通胀最终会导致现有的货币制度崩溃和商品货币的回归。在商品货币中，黄金的优势是传统，比特币等虚拟货币的优势是创新。

但任何事物都有两面性，供给弹性低有利于限制供给，但不利于应对货币需求的波动。无论是经济增长还是人们风险偏好下降带来货币需求增加，货币供给的限制就成为实体经济需求的约束，带来通缩压力。历史上，金本位制度并不能保证物价稳定，只是物价不稳定的形式有差异，金本位制下通常是通缩压力，纸币制度下通常是通胀压力。20 世纪初的 20 年美、英等国的物价基本稳定，不是金本位制限制货币供给的作用，反而是放松金本位制纪律约束的结果，1913 年美联储的建立增加了货币供给的弹性，缓解了通缩压力。换句话说，正是通缩压力的不可承受之重最终结束了金本位制。

货币供给的硬性限制不仅导致经济需求波动，还影响经济的供给。假设在金本位制下货币需求增加，出现黄金供给不足，黄金价格上升（体现为一般商品价格下降），就会吸引更多的劳动力和资本投入金矿的开采。这就带来一个问题，为什么社会要投入大量的资源去生产一种支付手段？支付的功能完全可以由纸币或者电子货币这种近乎零成本的工具来完成。比特币的供给弹性比黄金更低，比特币的增加靠电脑“挖矿”，需要投入电力和人力等，“挖矿”的难度或者说投入的成本递增。假设比特币真的成为货币，越来越多的人靠“挖矿”而不是生产一般商品和服务去赚钱，是不是社会资源的浪费呢？

当然，这里有一个成本效益的比较，要看现有的货币制度对整体社会福利的危害是否超过黄金或比特币“挖矿”的成本。但是谁来做这样的比较，如何做这样的比较呢？是不是像商品货币学说（奥地利学派）认为的那样，货币的选择是市场竞争的结果，高通胀最终将使得目前的货币制度崩溃，重回供给弹性低的商品货币，比如金本位制？

对货币的起源还有另一派的认知，也就是第一章阐述的国家货币学说，认为货币是政府行为的结果，不是市场竞争带来的，金本位及其制度下的度量（1 美元值多少盎司黄金）也是政府的法律或政策确立的。重提明斯基的表述，现行的货币信用体系是一个金字塔，在顶部的是政府（财政部和央行）的负债，是安全性最高的本位币（基础货币），中间的是银行的负债（银行存款或广义货币），再下一层的是其他企业和个人的负债。银行的特殊性是其享有政府的支持，表现为央行用其负债（准备金）提供中央清算服务，央行作为最后贷款人向银行提供流动性支持，还有就是财政部或央行参与的存款保险机制。这些安排提高了银行存款的货币性，但也带来了信贷过度扩张的问题。

黄金或比特币难以成为货币金字塔的顶部，其外生、供给弹性低的属性既有优势也有劣势，并不是可行的限制信用扩张的有效工具。改进货币信用制度，弱化金融顺周期性的着力点在于规范银行信用。最根本的还是政府的行为，包括政府财政投放货币与银行信用投放货币的竞争，资本市场和银行信用的竞争，政府法规和监管对私人部门信用扩张的约束等。

二、功能财政投放货币

在法定货币的机制下，政府的角色首先在于财政收支的影响，财政支出投放货币，税收回笼货币，财政赤字意味着货币净投放。政府投放货币与其支出联系在一起，体现为公务员工资发放、社会保障支出或采购商品和服务支出等，落在家庭和企业部门手中，最后转化为流通中现金或银行存款，但由此增加的银行存款不是贷款创造的，在银行资产负债表的资产端对应的是在央行的存款（准备金）。

财政投放货币既是广义货币的一部分（流通中现金和企业、家庭在商业银行的存款），又是基础货币的一部分（流通中现金和商业银行在央行的准备金存款）。财政赤字增加的广义货币有100%本位币（准备金）的支持。银行信贷创造的货币只有部分本位币准备金的支持。非银行机构的负债在一定条件下也可以作为支付手段，比如企业开出的商业票据通过背书转让或贴现来完成支付，背后没有任何本位币准备金的支持。这是上述的货币金字塔的另一个体现，财政投放货币的"货币性"最强。

财政如何投放货币

读者可能有一个疑问，赤字投放的货币被财政为弥补赤字发行的债券回笼了，财政怎么能投放货币呢？更进一步地说，无论财政收支带来货币净投放还是净回笼，央行都可以通过货币政策操作来抵消，货币金融环境最终由货币政策决定。这是过去几十年的主流思维，可以说是货币主导的情形，宏观经济调控主要依靠货币政策。全球金融危机带来的一个反思就是重新认识财政扮演的角色，我们可以从几个层面看财政投放货币的含义。

首先，经典的财政赤字货币化情形。政府发行的货币是私人部门的资产，财政赤字投放货币代表私人部门的净资产增加，其财富效应增加消费需求，并进一步刺激实体投资。信贷是银行的资产、企业和家庭部门的负债，信贷投放货币不增加私人部门净资产，对消费和实体投资需求的刺激较小。全球金融危机后，发达国家央行的量化宽松近似财政赤字货币化，财政部还是通过发债来覆盖赤字，但国债的一部分被央行购买，在这个过程中基础货币投放增加。把财政部和央行的资产负债表联系起来看，政府的债务结构发生变化，国债比重下降，货币比重上升。量化宽松和传统的财政赤字货币化的差异在于前者的影响可能是暂时的，未来要看央行是否缩表。

其次，通过国债发行来弥补赤字，也就是现在的标准情形。国债同样是私人部门的资产，财政赤字增加私人部门的净资产，刺激消费和实体投资支出。当然，债券是要偿还的，和货币不一样，货币虽然也是政府的负债，但没有利息，本金也永远不需要偿还。按照李嘉图等价定律，政府现在的债务等同于未来的税收负担，理性预期的个人和企业会紧缩开支，财政赤字不增加总需求。但现实中，理性预期不总是存在的，尤其是私人部门与政府面临的预算约束有很大差异，政府最终还可以用发行货币这一招来避免违约。

最后，财政支出和实体的消费与投资联系在一起，直接效果也是增加对商品和服务的需求。以上三点意味着财政赤字增加对实体经济需求的刺激比信贷扩张要大，那信贷投放的货币去哪了呢？企业和家庭部门从银行获得贷款，一般用于投资，既可以新建资产，也可以购买现有的资产，比如房地产和股票。即使在中国新建住房交易大幅超过二手房交易的情况下，因为土地（现有的资产）价格是新建住房成本的大部分，住房按揭贷款支持的还是二手资产交易。

总的来讲，比较财政和信贷投放货币两个渠道，前者对实体需求刺激较大，后者对资产尤其是房地产的需求刺激较大。也就是说，前者的超发带来实体需求太强也就是通胀问题，后者的超发可能带来通胀，但也可能带来资产泡沫。假设经济增长目标是6.5%，如果信贷投放货币，对应的M2增速假定是12%，但如果财政扩张力度加大，所需要的M2增速可能是10%甚至更低，信贷投放的多余货币只刺激了资产价格。这就是财政投放货币与信贷投放货币的差异。

功能财政还是稳健财政

对财政扩张的一个常见的疑问是政府债务的可持续性，即在降低私人部门债务负担的同时，政府债务是否会成为新的危机源头。特朗普当选美国总统后美国国债收益率上升，是通胀预期带来利率上升，还是对政府债务负担的担心导致风险溢价增加？如果政府的预算约束类似于私人部门，则风险溢价的解释就比较合理。政府支出的前提是必须有收入（税收）或借债来覆盖，债务规模越大其可持续性就越低，举债的成本就会增加。

稳健财政强调对政府预算的约束，背后逻辑和私人机构的情形没有本质差别。稳健财政要求平均来讲维持收支平衡，可以在经济衰退时减税，但在经济繁荣时加税，或者在经常科目维持平衡，但允许赤字来进行资本性支出。

但是，按照国家货币学说，只要政府有发钞的能力，其面对的预算约束和私人机构就有本质差别。现实中，政府支出在先，支出促进经济增长，带来税收，支出减税收等于赤字只是事后的一个结果，不是事前的约束。一个突出的例子是日本，其国债规模在过去20年持续上升，对GDP的比例达到212%，大幅超过美国的97%，一些投资者不时表达对日本政府债务可持续性的担忧，但日本的国债收益率却大幅低于美国，低增长和低通胀似乎是更合理的解释。

国家货币学说的一个延伸是财政融资应该是功能性的，以宏观经济目标比如经济增长和控制通胀为导向。功能财政有两层含义：一是政府只应该在私人部门需求太强（有通胀压力）的情况下加税，政府不应该为了控制赤字而加税或不减税（特朗普减税计划有功能财政的影子？）。[①] 二是政府只应该在私人部门有需求的情况下才发债融资，政府不能因为有了赤字就发债（借款），而应该只在实际利率太低时（经济过热时）发债。也就是说，一般情况下，政府不通过发债回笼财政赤字投放的货币。按照功能财政的逻辑，对政府财政的约束不是债务违约风险，而是来自实体资源的制约，也就是通胀。

财政扩张带来全球再通胀

简单来讲，财政扩张容易带来通胀问题，信贷扩张容易带来资产泡沫问题。在“二战”后几十年，财政政策在总需求管理中发挥重要作用，财政赤字货币化是常见的现象，可以说是财政主导的年代，带来的通胀问题，到了20世纪70年代达到极致。弗里德曼说

① Lerner, A. P. (1947). Money as a Creature of the State. The American Economic Review, Vol. 37, No. 2, pp. 312-317.

通胀永远都是一个货币现象，而历史上高通胀的时期和国家都存在财政赤字失控的问题，两者并不矛盾，弗里德曼的话是在60年代说的，战后财政赤字是货币投放的重要形式，而信贷渠道则因为金融压抑而受到限制。

从20世纪80年代开始，财政的宏观政策功能受到约束，有些国家立法禁止财政赤字货币化，货币政策独立性增加，不少央行采取通胀目标制。过去几十年可以说是货币（信用）主导的年代，信贷成为货币投放的主要渠道，通胀不是大的问题，但有资产泡沫和私人部门债务不可持续带来的金融危机问题。若要削弱信贷和房地产的顺周期性，限制金融周期的波动幅度，财政主导和货币（信用）主导之间的轮回是否将向财政的方向有所回归呢？

特朗普主张财政扩张，是在美国经济复苏加快、通胀有所上升的环境下提出的。如果财政扩张的落实加剧了未来两年的通胀压力，则美联储的货币政策紧缩力度比现在市场预期的要大，会对信贷增长形成更大制约，有助于限制美国新一轮金融周期的扩张程度。

在中国，更多地依靠财政或准财政扩张支持经济增长，降低对信贷的依赖，有利于促进金融周期下半场的有序调整。近年来，地方政府债务置换是试图降低地方政府经济行为对银行信贷的依赖，回归其财政属性的例子。

美国的财政扩张对全球可能有示范效应和引导作用。财政扩张刺激美国的总需求，带来货币紧缩，意味着贸易逆差增加和美元强势并存，其主要贸易伙伴比如德国和中国可能出现贸易顺差增加和汇率弱势并存，增加来自特朗普的贸易保护主义压力。从宏观政策的角度看，美国的贸易伙伴采取哪些措施能够降低对美贸易顺差呢？

货币放松不可行，因为这会加剧本币对美元的贬值压力。如果中国和德国财政扩张，则可以刺激国内需求，既降低贸易顺差，又支持人民币和欧元兑美元的汇率。

因此，超越短期看远一点，我们需要关注一个可能的全球性趋势，就是财政扩张，刺激经济复苏和再通胀，导致货币政策紧缩力度加大。结果是财政对总需求的拉动增加，信贷的贡献下降，代价是通胀上升，但有助于抑制资产泡沫和金融不稳定的风险。这不是说财政扩张和通胀是好事情，而是两害相权取其轻，在财政和信贷之间、通胀和资产泡沫之间，可能存在几十年一个轮回的周期转换。

三、资本市场与银行体系之争

从引导资源配置的角度看，在财政之外还有资本市场与银行信用之间的竞争。一般认为，资本市场对整体金融体系和经济起到稳定的作用，当银行体系遇到问题、信贷功能受损时，资本市场可以继续为经济活动提供融资。在我国，发展资本市场尤其是股权融资被认为是改善金融结构、防控金融风险、促进经济可持续增长的一个重要方面。社会各界对资本市场的宏观角色的高度期待在2015年的股灾中可能起到了一定的促进作用。

从宏观周期波动的角度看，银行信用和资本市场哪个更有利于限制金融的顺周期性呢？主流的观点是发展资本市场，减少社会融资对银行信用的依赖有助于降低杠杆的顺周期性及其对经济的冲击。资本市场的波动性相对较高，其顺周期性带来的繁荣和衰退持续的时间较短，对经济的影响较小。房地产/银行信贷（金融周期）的周期波动频率较低，但扩张和衰退期持续的时间长、幅度大，与其他部门的联系更加紧密。

以美国为例，就对整体经济的影响来讲，20 世纪 90 年代末科技股泡沫产生的冲击比后来的房地产/银行信用过度扩张的冲击小，反映了后者更强的顺周期性。以美国和其他国家比较而言，资本市场的优势也有体现，虽然全球金融危机源自美国，但其危机后的经济复苏比欧元区和日本快，部分原因是以资本市场为主的金融体系的灵活性较高，顺周期性较小。欧元区对银行体系的依赖大，至今仍受累于银行的坏账问题。

近几年新兴市场的发展是另外一个例子。自布雷顿森林体系崩溃以来，美元有三次大的升值周期，前两次都是和新兴市场国家金融危机联系在一起的（20 世纪 80 年代的拉丁美洲债务危机、90 年代的亚洲金融危机），过去几年的第三次美元升值没有带来新兴市场的金融危机。这并不能排除美元继续升值给新兴市场带来较大金融冲击的可能，但有两个因素有助于限制冲击的力度。一是现在新兴市场国家汇率机制的灵活性比 90 年代大幅增加；二是新兴市场融资方式有变化。在 80~90 年代，资本流入新兴市场的主要形式是银行贷款，其透明度较低，顺周期性较高，这一次资金流入新兴市场主要是通过资本市场。

但是，对于资本市场和银行信用这两个融资渠道孰优孰劣的问题并没有确切的答案。再回到美国引发的全球金融危机的例子，之所以被称为次贷危机，是因为银行信贷过度扩张，通过低首付甚至零首付延伸到那些本来没有负担能力的住房按揭贷款人（次级贷款人），这似乎是一个传统的商业银行危机。但危机后的反思似乎更多的是对投资银行（资本市场中介）的指责，矛头指向货币市场基金、商业票据、资产证券化、信用违约互换（CDS）等和资本市场相关联的工具。到底责任在谁呢？其实，两者都有责任，资本市场加大了银行信用的顺周期性，没有上游的资产证券化和相关投融资的推动，次贷的规模就不会增长那么快，累积的金融风险也不会那么大。

资本市场要真正发挥和银行体系竞争、互补的作用，就必须要直接连接最终的储蓄者和投资者，而不是通过银行在批发市场的中介角色，这是美国次贷危机后的一个反思。[①] 美国银行混业经营的发展导致银行与资本市场的联系越来越紧密，资本市场的羊群效应增加了银行业在经济繁荣时期扩张信用的空间，一旦投资者风险偏好下降，也会给传统银行业带来的更大冲击。

这对我们思考中国资本市场的发展有一定的警示作用。近几年，我国金融行业的混业经营快速发展，传统银行业与资本市场的联系在增加，银行与资本市场的边界变得越来越模糊，实际上弱化了资本市场在金融体系中的独立性。近期的一个例子是在银行贷款的规模已经很大的情况下，资产证券化的呼声在增加，甚至有人提出要发展信用违约互换，这样做的结果是加大而不是降低金融的顺周期性。要持续有效地降低杠杆，削弱金融周期的动能，需要从根本上反思银行的业务模式和金融结构。

---

① Claessens, S. (2016, June). Regulation and Structural Change in Financial Systems. Proceedings of the ECB Forum on Central Banking, pp. 188-212.

四、狭义银行与全能银行之争

现代金融体系的一个根本问题在于商业行为背后有政府的担保，有人甚至将银行形容为公用事业和赌场的混合体，[①] 银行存款是一般民众的货币资产，银行体系提供支付和相关的金融服务是现代生活不可或缺的部分，有点类似于电力和自来水等公用事业一样，需要平稳运行。其他风险业务与投资带来较高的收益但波动大，两者结合在一起就有公用和风险事业的矛盾。政府的担保使得风险投资带有很强的外部性，增长的收益由个体获得，带来的风险由全体纳税人承担。

监管悖论

20 世纪 80 年代开始的金融自由化使得金融的外部性日益突出，政策应对是《巴塞尔协议》维护金融稳定的三大支柱，即资本充足率要求、审慎监管和市场纪律约束（信息披露等）。全球金融危机凸显了《巴塞尔协议》框架的不足，危机后的反思主要在于加强监管。但是，金融行业的基本结构没有改变，宏观审慎监管维护金融稳定的效果还有待观察，而增加监管成本已经被诟病。

在中国，近几年金融的混业经营快速发展，金融的公用事业和风险事业的矛盾也在加大。在这样的背景下，防控金融风险成为宏

---

① 公用银行（utility banking）和赌场银行（casino banking）这两个词首先由英国《金融时报》评论员马丁·沃尔夫（Martin Wolf）在 2008 年 9 月的一次公开讨论中提出，金融危机后被广泛引用。虽然没有严格的定义，但这两个词要表达的意思还是比较清楚的。金融服务有两大类：一类是所有人都需要的基本服务，比如稳定的支付结算系统；另一类是只适合一部分人的风险投资。

观政策的一个重要目标，应对之策和西方发达国家的做法基本一致，即加强监管，宏观审慎监管因而成为一个热门词。混业经营对现有的分业监管带来挑战，金融监管框架改革成为重要议题，着力点是如何让监管机制适应混业经营的发展，似乎没有人质疑混业经营的模式，甚至有观点主张发展全能银行。

为了应对监管套利，监管的广度和深度在增加。虽然审慎监管增加了宏观视角，但落地是在微观层面，涉及对金融机构内部运行管理的干预。这就带来一个悖论：一方面，发展混业经营的益处是不同类型的金融服务有协同效应，理论上讲可以提高资源配置的效率；另一方面，纠正由此带来的外部性需要监管深化，对金融机构的商业行为的干预越来越多。从对经济的最终影响来看，两者似乎有内在的矛盾。那么，混业经营到底是不是金融运行的一个好的模式呢？是不是有利于促进金融服务实体经济呢？

狭义银行模式

全球金融危机后另一个反思是改变金融的结构，通过法规来划分不同金融业务的边界，也就是说，更多地用事前的规则（regulation）而不是事中的监管（supervision）来应对金融的外部性问题。在美国，次贷危机后有人建议重回 1933 年的《格拉斯-斯蒂格尔法案》，把商业银行和投资银行分开。同时，近几年被称为芝加哥主张的狭义银行受到关注，这是芝加哥大学几位教授在 1933 年提出的关于银行业改革的建议，其中关键的一项措施是要求银行存款有 100%的安全性资产支持。

狭义银行的最严格的形式是银行存款有 100%的存款准备金（银行在央行的存款）支持。在这种模式下，银行存款是纯货币（plain money），货币和信用（金融）分开，货币创造完全来自央行的资产负债表扩张，银行只是一个渠道。所有的货币都是外生的，或者说都是基础货币，由央行的操作决定，不再有银行信用创造的内生货币，铸币税归政府，商业银行不再享有创造信用货币带来的类似铸币税的收益。信贷、证券、资产管理等金融业务则和狭义银行分开，受市场竞争纪律的约束，不再享有政府的显性或隐性担保。狭义银行就是把金融的公用属性和赌场属性区分开来。

也有柔性的狭义银行建议，比如支持银行存款的资产放宽到政府债券，对中小型企业的贷款，后者是银行的核心竞争力所在。① 但是，即使较宽的狭义银行的落实也可能对现有金融体系带来巨大冲击。这并不意味着狭义银行没有任何可行性，历史上的货币金融制度变革都有争议，分隔商业银行和投资银行的《格拉斯-斯蒂格尔法案》就是芝加哥主张的妥协版。印度在 2016 年 11 月宣布的废钞令，导致现金短缺，但短期的阵痛之后，长期的益处（打击地下经济和避税，促进金融中介发展）会逐渐显现出来。

值得关注的是，在 2016 年竞选中，共和党和民主党都把恢复《格拉斯-斯蒂格尔法案》作为政纲的一部分，两党各有一位议员已正式提案并取得特朗普政府的同情，这份名为《21 世纪格拉斯-斯蒂格尔法》要求把提供储蓄存款并享受联邦存款保险的商业银行与风险较高的金融服务业分开，后者包括投资银行、证券投资、保险等。所以不能将特朗普放松监管的主张理解为重回金融危机前的自由化。准确的理解是，特朗普要的可能是在划分金融的公用与赌场

① Kobayakawa, S. and Nakamura, H. (2000). A Theoretical Analysis of Narrow Banking Proposals. Monetary and Economic Studies.

部分边界后，对风险部分放松监管。

高存款准备金率不是坏事

狭义银行模式的逻辑对我们思考当前的货币政策也有参考意义。在美联储进入加息周期的过程中，美联储会不会通过缩表（也就是卖出长期国债，回笼基础货币）来紧缩货币条件呢？把前期购买的长期国债冻结在美联储的资产负债表上，通过提高短期利率来紧缩当前的货币条件，更有利于控制私人部门信用创造货币，降低信用的顺周期性。这实际上相当于一次性提升美国的银行业的存款准备金率。市场关注美联储开始缩表的时间与力度，但一般认为美联储资产负债表规模不可能回到危机前的水平。

中国也面临着类似的问题。过去在国际收支顺差的环境下，央行通过存款准备金要求对冲外汇占款对国内流动性的扩张影响，使得中国的银行体系有了全球主要经济体中最高的存款准备金率。在资金外流的情况下，是否应该反向操作，通过降低存款准备金率释放人民币流动性呢？一个流行的观点是持续的资金外流需要降低准备金率来稳定市场参与者的预期，而且存款准备金要求对银行来讲是一种税收，扭曲资源配置。

但是，从区分金融的公用和风险事业的角度看，高存款准备金率是一件好事。未来广义货币增长有两条路径。第一条路径是降低存款准备金率促进信贷投放，央行的资产负债表规模不变，但商业银行的资产负债表扩张。第二条路径是维持存款准备金率在高位，央行通过再贷款、政策性贷款等措施扩张资产负债表，M2 增长直接来自央行的本位币投放。第二条路径类似于上述的财政投放货币的渠道，降低增长对信用和房地产的依赖，减少金融的顺周期性。

五、央行数字货币促进狭义银行

狭义银行模式有很大的争议，在货币发展史上没有一个国家实行过完全基于央行本位币的纯货币制度，但金融科技的进步可能从下面挑战现有的金融结构，使得狭义银行在未来成为现实。如上所述，比特币这样的来自私人部门的虚拟货币难以成为真正的货币，但比特币背后的区块链技术对金融服务模式可能带来颠覆式影响，其宏观含义值得高度重视。尤其是央行发行数字货币是促进狭义银行发展、降低对银行信贷依赖的有效途径。

区块链技术削弱全能银行优势

我们从支付体系的演变来看金融科技的影响。目前的支付体系建立在上述货币金字塔的机制上，是中心化管理机制。个人和企业通过在银行存款获得支付体系的服务，同一家银行不同客户之间的支付通过在这家银行的账户上的转账完成，不同银行的客户之间的支付通过这些银行在央行的账户之间的转账完成，央行在支付体系的顶部，完成最终结算。为了维护支付体系的稳定，中央银行对商业银行进行监管，同时为银行体系提供流动性支持以及其他形式的显性或隐性担保。

享受政府安全网的代价是接受监管，监管带来银行业的准入限制，给予持有银行牌照的机构一定的垄断性产品和服务定价权。在这样的框架下，银行业存在规模经济（economy of scale）和范围经济（economy of scope），也就是规模越大、业务越多元化，就越有竞争优势，成为“大而不能倒”的系统性重要机构后更能享受政府担保隐含的公共资源补贴。金融机构都追求混业经营和规模的增长，使得公用银行和赌场银行联系在一起，这是金融不稳定的根源。

在移动通信和互联网的支持下，近几年第三方支付体系快速扩张，微信支付、支付宝在改变我们的生活。第三方支付和银行的关系微妙：一方面，移动支付链接众多小商家和消费者，起到拓展金融服务的作用，银行也间接受益；另一方面，第三方支付机构在零售支付上成为银行的重要竞争对手。依托线上与线下的跨平台优势，第三方支付机构可能在零售银行业务上对传统的机构带来挑战。

目前的第三方支付平台接入银行系统的支付体系，最终的结算还是依赖现有的中心化机制。随着规模的扩大，在途资金和沉淀资金安全问题就成为一个系统性风险。目前的解决办法也是传统的模式，即加强监管。中国人民银行在 2017 年 1 月发布支付领域的一项新规定，要求第三方支付机构在交易过程中产生的客户备付金统一交存至指定账户，由央行监管，以防止支付机构挪用、占用客户备付金。从表面看，这将降低一些第三方支付平台的盈利空间。但从长远来看，更安全的第三方支付体系将增加其对银行体系的竞争压力。

第三方支付体系只是金融科技挑战现有金融模式的一个方面，可以说只是早期的迹象，比特币背后的区块链技术对全能银行模式可能有颠覆性的影响。区块链技术改变货币记录和交易执行的方式，分布式记账使用分布式核算和存储，无须一个可信的第三方，使得去中心化支付体系成为可能。虽然区块链技术还面临很多问题，但发展的大方向是清楚的，其应用和推广将有助于分拆不同类型的金融服务，降低全能银行的竞争优势。① 下一步需要特别关注的是中央银行发行数字货币的影响。

央行数字货币是“纯货币”

世界上主要的中央银行包括中国人民银行都在研究发行数字货币的可行性。中国央行从2014年开始组建研究团队，2016年1月召开数字货币研讨会，对外宣布正在研发并争取早日推出数字人民币。据媒体报道，未来的数字货币既不是类似比特币的去中心化创造方式，也不是简单地对现有支付方式的电子化，而是一种可控范围内的分布式记账的应用，其发行和回笼可能基于“中央银行—商业银行”的二元体系来完成，央行的数字货币体系由央行的数字货币发行库、商业银行的数字货币银行库和用户端的数字钱包组成。在这个模式下，商业银行只是一个渠道，有点类似100%存款准备金要求下的银行存款。

英格兰银行的研究人员在2016年的一篇工作论文中，描述了一个类似的、介于去中心化和传统中心化之间的央行发行数字货币的机制。② 具体来讲，央行对所有人提供7×24小时开放的支付结算平台，实际上是央行的资产负债表对所有人开放，非银行的企业和个人直接通过央行发行的数字货币结算，绕过了商业银行的结算系统。英格兰银行的研究假设央行数字货币将和传统的商业银行存款（信用货币）竞争。

不同央行在数字货币的投放和管理方式上可能有差异，但一个

① 温信祥，张蓓．区块链的能与不能[J]．财经，2016（52）．

② Barrdear, J. and Kumhof, M. (2016). The Macroeconomics of Central Bank Issued Digital Currencies. Bank of England Staff Working Paper, No. 605.

根本的共同点是法定数字货币是央行发行的，不是商业银行信用创造的，这对金融结构和财政货币政策协调有深刻的含义。首先，央行发行数字货币对银行信用创造货币有挤压，虽然不一定导致银行存款下降，但其增速会比没有央行数字货币的情形低。央行发行的数字货币是纯货币，直接是央行的负债，而银行存款只有部分准备金（央行的负债和国债）的支持。随着央行数字货币的增长，支付体系的稳定性将增加，对商业银行的依赖将降低，可以说是狭义银行模式的一个现代体现。

狭义银行的发展将有利于破解银行业“大而不能倒”的问题，让风险业务真正受市场纪律的约束，降低金融的顺周期性。在向央行数字货币转换的过程中，狭义银行（纯货币）对银行信贷的挤压是路径依赖带来的风险，但央行可以控制数字货币发行的节奏，以避免对商业银行产生系统性的冲击。从过渡期风险管理的角度看，中国的商业银行体系的高存款准备金率提供了一个有效的缓冲，到时央行可以降低存款准备金率以缓解发行数字货币带来的冲击。

央行的数字货币如何发行呢？不排除免费赠送的方式，比如每年向每个公民发放一定额度的数字货币，这实际上是把货币发行和调节收入分配结合起来。更常规的方式是央行购买国债，或者对金融机构政策性再贷款以支持特定领域的发展。无论何种方式，央行的货币发行本质上都是一种财政行为，从信用货币（银行存款）向央行的数字货币转移，意味着商业银行通过信贷创造货币获得的铸币税重新回归政府，政府的收入增加，带来减税或增加支出的空间。这实际上回到前文阐述的财政投放货币和信贷投放货币的竞争，两者对资产价格、通胀、金融稳定有不同的含义。

六、普惠金融降低顺周期性

自20世纪80年代以来，全球金融自由化主要带来金融深化，也就是富裕阶层受益最多，而弱势群体获得金融服务的能力仍然落后。从金融的层面降低收入分配差距需要发展普惠金融，提升金融服务的可得性，金融科技尤其是互联网和移动通信的进步为普惠金融发展带来了新机遇。普惠金融有利于包容性增长，缩小贫富差距，从而减弱信贷扩张的动力，降低金融的顺周期性。

从其他国家的经验来看，发展普惠金融是一个难题，政策思路也有变化。在20世纪70年代，弱势群体难以获得金融服务和发展中国家金融不发达被归因于金融压抑，政府对金融体系过度干预，利用信贷配给支持特定部门和群体，其余的则被排斥在金融服务之外。按照这个逻辑，金融深化（即金融自由化）让市场力量配置信贷资源有利于金融服务的普及。但是，自80年代以来，伴随金融自由化的发展，普惠金融在全球范围内并没有取得令人满意的进展。

对于弱势群体和部门来讲，金融深化遇到两个障碍。一是自身条件的限制，包括收入低、受教育有限、居住偏远等，使得传统商业性金融机构为其提供服务的成本高、收益低。二是金融面临的信息不对称问题对弱势群体、小微企业、边远地区来讲更严重，阻碍了其获得金融服务的能力。解决信息不对称问题要么有好的信用评级，要么提供抵押品，对于自身禀赋有限的群体来讲这些都难以做到。针对这两个方面的障碍，一个解决办法是公共政策的干预。

国务院在2015年底印发的《推进普惠金融发展规划（2016~

2020年)》中,把普惠金融定义为“立足机会平等要求和商业可持续原则,以可负担的成本为有金融服务需求的社会各阶层和群体提供适当、有效的金融服务。小微企业、农民、城镇低收入人群、贫困人群和残疾人、老年人等特殊群体是当前我国普惠金融重点服务对象”。李克强总理在2017年3月5日的政府工作报告中提出,鼓励大中型商业银行设立普惠金融事业部,国有大型银行要率先做到。

通过公共政策干预促进普惠金融的发展有其合理性。如前所述,现代金融体系实际上是公用事业和有风险的投融资的结合,政府对金融体系的各种显性和隐性担保就是对已经享受金融服务的群体的补贴。从公共资源使用的公平性出发,政策层面也应该对普及金融服务有所补贴和支持。但是,如何区分金融的公用和风险属性,把握好公平和可持续发展的平衡是一种难题,处理不好会增加金融不稳定的风险。印度2010年发生的安得拉邦小额贷款危机是一个例子。美国次贷危机源自向低收入者提供的次级住房贷款的过度扩张,背后是政府在金融领域对中低收入阶层的扶持,也可以说是普惠金融的一种形式。

金融科技的发展对普惠金融是一个新的推动力,体现在三个方面。互联网和移动通信在金融领域的应用提高了现有金融机构的运营效率,降低了其拓展金融服务范围的成本。金融科技也使得不同类型的金融服务的黏性下降,比如第三方支付体系的发展减少了支付服务和传统银行服务的捆绑,降低了行业的准入门槛,提升了竞争,便利了消费者。另外,大数据的应用有助于征信体系的建立和完善,通过减少信息不对称来降低交易成本。这些都有助于降低金融服务的价格,提高低收入阶层和偏远地区金融服务的可得性。

但是，金融科技的影响并不能改变普惠金融的两面性，在便利弱势群体的同时，也可能带来金融不稳定的风险。发挥金融科技促进普惠金融的作用，趋利避害，关键还是要区分金融的公用和风险两个视角，对前者要公共政策扶持和监管并重，后者要受市场纪律约束，避免刚性兑付。普惠金融主要应该是针对公用事业部分，为大众提供可靠的基础性金融服务。

七、包容性增长：一个框架性建议思考

我们以一个框架性的政策建议思考作为本书的结尾，整体的思路是降低金融的顺周期性，促进包容性增长。金融周期带有结构和再分配效应，信用扩张加剧贫富分化，贫富分化反过来也促进信用扩张，减少金融的顺周期性和包容性增长是相辅相成的。之所以说是一个框架性建议思考：一是技术层面的可行性研究超出本书的范围；二是有一些提法与现在的主流思维不符，有一点离经叛道，我们希望能起到开拓思路、促进讨论的作用。

降低信贷投放货币，增加财政投放货币

如前面的章节所述，在金融周期下半场，典型的宏观政策组合是“紧信用、松货币、宽财政”。美国的经验显示，紧信用是去杠杆的结果，有坏账导致银行惜贷的因素，也有危机后监管加强的影响。信用紧缩带来经济增长下行压力，政策应对是财政扩张（宽财政）和货币宽松，后者既可以体现为降息，也可以是量化宽松（央行购买国债）。这样的宏观政策组合也将适用于中国进入金融周期下半场的环境。

在金融周期的上半场，比如中国在接近周期顶部的情况下，“紧

信用、松货币、宽财政”也有利于降低经济增长对信贷（货币政策）的依赖，促进房地产价格的调整，减少金融的顺周期性。“紧信用”可以通过宏观审慎监管来落实，“松货币”是指央行扩张资产负债表以支持宽财政，可以是央行的政策性再贷款，也可以是央行购买国债，支持预算赤字突破3%。这里的“松货币”是指央行扩张资产负债表，不一定体现为利率下降，利率甚至是上升的，因为“宽财政”支持经济增长，起到提升均衡利率的作用。

也就是说，我们提议的“紧信用、松货币、宽财政”不仅是针对金融周期下半场，而是一个根本方向的转变，降低信贷（商业银行）投放货币，增加财政（中央银行）投放货币。与之相配合，财政的治理机制需要改进。首先，控制通胀，传统上大家把控制通胀和货币政策联系起来，准确地讲，财政投放货币容易带来通胀问题，信贷投放货币容易导致资产泡沫。减少广义货币来自银行信贷的贡献，增加（准）财政的贡献，可以降低与经济增长目标相匹配的M2增速。其次，规范财政预算行为，以限制财政扩张对经济活动带来的扭曲影响，这包括规范地方财政预算体系，加强人大对财政支出的审议和监督等。

发行央行数字货币，大幅减税

央行发行数字货币是财政投放货币的一个新的路径。央行发行数字货币，史无前例，技术设计可能比较复杂，但我们可以勾勒宏观方面的含义。居民选择持由央行发行的数字货币，部分替代银行存款尤其是活期存款，这意味着货币增长的部分收益（铸币税）从商业银行回到央行（政府），实际上是政府用没有任何成本的货币去和私人部门交换商品和劳务。政府可以用这部分收益推进结构性改革，比如减税，也就是说，在一般的财政预算赤字之外，可以用央行数字货币的发行来弥补减税带来的财政收入下降。

从宏观角度来看，这等同于财政赤字货币化，刺激总需求，可能带来通胀压力。通胀上升带来货币政策紧缩，抑制传统的信贷创造货币（存款）的渠道。在这种情况下，包括央行数字货币在内的 M2 增速将下降。因为信贷创造存款的节奏放慢。央行发行数字货币意味着财政对货币增长的贡献上升，信贷的贡献下降，有利于抑制资产泡沫。回到上面的讨论，对财政投放货币的根本约束来自控制通胀的需要。

需要强调的是，虽然财政赤字货币化听起来有点令人紧张，但这是央行发行数字货币的必然结果，其他研究发行央行数字货币的国家也都面临这个问题。现在广义货币发行带来的收益由银行体系所得，未来央行发行数字货币的部分转归政府收益。

关键是用好这笔可观的收益，以促进结构改革。为什么说可观呢？2016 年底 M2 余额是 155 万亿元人民币，如果每年增长 10%，增量就是 15 万亿元人民币，假设其中 1/5 来自央行数字货币，也就是 3 万亿元人民币，2017 年中央和地方政府一般预算赤字总共才近 2.4 万亿元。假设央行数字货币通过改革“红利”免费发给居民，13 亿居民每人每年可获 2000 元人民币，如果落实在减税方面，可以较大幅度地降低增值税，让更多的中低收入阶层获益。

发展狭义银行：存款归存款，投资归投资

央行发行数字货币提供了一个契机，规范金融的公用事业（存款）部分，与投资部分分隔开来。央行发行的数字货币与银行存款竞争，具有金融脱媒的效应。

从更广层面看，金融科技（包括区块链技术）将促使金融向去

中心化发展，有助于分拆不同类型的金融服务，降低金融服务的准入门槛。在这种情况下，法规上不区分金融的公用与风险事业属性，将使得金融监管更加困难。也就是金融科技将为狭义银行的发展提供机遇，但在混业经营的模式下，将可能放大政府对私人财富的担保，加大金融的顺周期性。

为应对金融科技发展带来的挑战，防控金融风险，需要重新审视现有的金融结构，在监管层面未雨绸缪，促进与规范传统银行业务的发展。首先，要维持目前的高存款准备金率，货币扩张应该更多靠央行再贷款等工具，和结构性改革结合起来。其次，应该重新引入存贷比监管要求，作为流动性覆盖比率（LCR）的有力补充。存贷比在一定程度上是一个比流动性覆盖比率更有约束力的监管指标。其优势在于：简单、直接，易于实施；要求银行贷款一定要有存款作为支持；因为不计资产与负债的期限，套利机会比 LCR 小。最后，将所有保本与预期收益型理财产品回归表内，回归存款属性，接受与存款同等的监管要求。

公平导向的结构性改革

包容性增长还需要其他方面的结构性改革。就财政税收制度而言，在降低增值税的同时，需要引进财产类的税种，尤其是房地产税。如前所述，从效率和公平两个方面看，房地产税都是最优的税种，有利于降低社会的贫富分化，促进经济增长更多、更公平地惠及全体人民。

另一项重要的结构性改革涉及人口问题，需要加大力度促进生育率回升，同时延迟退休年龄。应该通过税收和补贴、增加公共资源投入、改善教育等措施扶持年轻人多生育，鼓励老年人多工作。从宏观层面来讲，这将有利于消费需求增长，降低储蓄率，减少增长对金融的依赖。

参考文献

中　文

巴曙松，王璟怡，杜婧．从微观审慎到宏观审慎：危机下的银行监管启示[J]．国际金融研究，2010（5）．

白重恩，钱震杰．我国资本收入份额影响因素及变化原因分析——基于省际面板数据的研究[J]．清华大学学报，2009（4）．

白重恩，张琼．中国生产率估计及其波动分解[J]．世界经济，2015（12）．

陈秀梅．论我国互联网金融市场信用风险管理体系的构建[J]．宏观经济研究，2014（10）．

陈雨露．人民币有望成为第三大国际货币[J]．IMI 研究动态，2014（合辑）．

樊丽明，李昕凝．世界各国税制结构变化趋向及思考[J]．税制改革，2015（1）．

高培勇．“十三五”时期的财税改革与发展[J]．金融论坛，

2016（1）.

管涛．负利率能够治通缩吗？[J]．金融论坛，2016（8）.

郭树清．人民币汇率与贸易和经济[J]．中国外汇管理，2004（9）.

郭树清．中国经济的内部平衡与外部平衡问题[J]．经济研究，2007（12）.

郭树清．不改善金融结构 中国经济将没有出路[J]．国际经济评论，2012（4）.

何东，王红林，余向荣．中国利率何处去？——利率市场化后政策利率的制定与操作[J]．新金融评论，2013（8）.

何帆，朱鹤．“消失”的民间投资——2016 年民间固定资产投资同比快速下滑原因分析[J]．国际经济评论，2016（6）.

[荷]乔安妮·凯勒曼，[荷]雅各布·德汉，[荷]费姆克·德弗里斯．21 世纪金融监管[M]．张晓朴，译．北京：中信出版集团，2016.

胡志鹏．中国货币政策的价格型调控条件是否成熟？——基于动态随机一般均衡模型的理论与实证分析[J]．经济研究，2012（6）.

黄益平．国际货币体系变迁与人民币国际化[J]．国际经济评论，2009（3）.

黄志凌．当前中国资产管理公司的若干关注焦点[J]．金融研究，1999（9）.

黄志凌，曲和磊，唐圣玉．债转股的国际经验与中国实践应把握的方向（上）[J]．财贸经济，2001（10）.

李波，伍戈．影子银行的信用创造功能及其对货币政策的挑战[J]．金融研究，2011（12）.

李波，伍戈，席钰．论“结构性”货币政策[J]．比较，2015（2）．

李郇．中国土地财政增长之谜——分税制改革、土地财政增长的策略性[J]．经济学（季刊），2013（4）．

李扬，殷剑锋．影子银行体系：创新的源泉，监管的重点[J]．中国外汇，2011（16）．

廖岷，冯晖．存贷比、流动性覆盖率与净稳定资金比例的比较[J/OL]．新金融评论．http：//www.sfi.org.cn/plus/view.php?aid=331，2012-09-10．

廖岷，林学冠，寇宏．中国宏观审慎监管工具和政策协调的有效性研究[J]．金融监管研究，2014（12）．

林毅夫．关于人民币汇率问题的思考与政策建议[J]．世界经济，2007（3）．

刘春航．金融结构、系统脆弱性和金融监管[J]．金融监管研究．2012（8）．

刘鹤．两次全球大危机的比较研究[J]．比较，2012（5）．

刘鹤．《21世纪金融监管》序言［M］//乔安妮·凯勒曼，等．21世纪金融监管．张晓朴，译．北京：中信出版集团，2016．

刘鹤．防范风险是金融工作的生命线[J]．经济导刊，2016（2）．

刘会洪，范定祥．土地财政依赖、房地产税替代及模式选择[J]．经济经纬，2016（6）．

刘尧成，周继忠，徐晓萍．人民币汇率变动对我国贸易差额的动态影响[J]．经济研究，2010（5）．

陆磊．市场结构和价格管制：对中国利率市场化的评析[J]．金融研究，2001（4）．

陆旸，蔡昉．调整人口政策对中国长期潜在增长率的影响[J]．劳动经济研究，2013（1）．

[美]保罗·R. 克鲁格曼，[美]茅瑞斯·奥伯斯法尔德．国际经济学：理论与政策（第八版）[M]．黄卫平，等，译．北京：中国人民大学出版社，2010.

牛慕鸿，张黎娜，张翔，宋雪涛，马骏．利率走廊、利率稳定性和调控成本[D]．中国人民银行工作论文，2015.

潘功胜．互联网金融监管坚持开放包容[J]．IMI 研究动态，2014（合辑）．

彭文生．渐行渐远的红利——寻找中国新平衡[M]．北京：社会科学文献出版社，2013.

彭文生．金融周期看经济[R]．中信证券宏观专题报告，2015-01-30.

彭文生．金融周期看财政[R]．中信证券宏观专题报告，2015-02-27.

彭文生，诸建芳，张文朗，等．环球不同步，历史不往复[R]．中信证券宏观专题报告，2015-04-27.

彭文生，张文朗，等．“十三五”规划宏观系列报告之三——共享经济是新的增长点[R]．中信证券宏观专题报告，2015-09-02.

彭文生，张文朗，等．拥抱逆周期[R]．中信证券 2016 年下半年宏观经济展望报告，2016-05-24.

彭文生，张文朗．金融周期带来“类滞胀”[R]．光大证券 2017 年宏观展望报告，2017-01-06.

钱忠好．征地制度、土地财政与中国土地市场化改革[J]．农业经济问题，2015（8）.

裘翔，周强龙．影子银行与货币政策传导[J]．经济研究，2014（5）.

孙国峰，贾君怡．中国影子银行界定及其规模测算——基于信用货币创造的视角[J]．中国社会科学，2015（11）.

王红茹．国企利润负增长，三年连增的财政赤字何以弥补？[J]．中国经济周刊，2015（9）.

王烁，张继伟，霍侃．专访周小川：央行行长周小川谈人民币汇率改革、宏观审慎政策框架和数字货币[J]．财新周刊，2016（6）.

魏强．国有经济债务症结及其化解[J]．金融理论与实践，2003（2）.

温信祥，张蓓．区块链的能与不能[J]．财经，2016（52）.

伍戈，李斌．货币创造渠道的变化与货币政策的应对[J]．国际金融研究，2012（10）.

吴晓灵．货币供给之于中央银行的特殊意义——盛松成等著《中央银行与货币供给》序言[J]．银行家，2015（4）.

谢旭人．坚定不移深化财税体制改革[J]．求是，2010（7）.

辛波．土地财政与土地金融耦合的风险及管控[J]．当代财经，2015（1）.

徐忠．中国稳健货币政策的实践经验与货币政策理论的国际前沿[D]．中国人民银行工作论文，2017.

宣昌能．支持发展股权融资　促进降低企业杠杆率[N]．证券时报，2016-11-18.

杨芹，李建强．财政赤字是企业利润的来源吗——中国财政赤字经济效应再检验[J]. 经济研究导刊，2011（6）.

易纲. 中国的货币化进程[M]. 北京：商务出版社，2003.

易纲，宋旺. 中国金融资产结构演进：1991～2007[J]. 经济研究，2008（8）.

易纲. 次贷危机的经验教训[J]. 资本市场，2016（3）.

易宪容. 美国次贷危机的信用扩张过度的金融分析[J]. 国际金融研究，2009（12）.

易宪容. 房地产税争议背后有玄机[N]. 人民日报（海外版），2010-06-11（005）.

余红艳，沈坤荣. 税制结构的经济增长绩效——基于分税制改革20年实证分析[J]. 财贸研究，2016（2）.

余永定，肖立晟，张斌，张明. 如何进一步推动人民币汇率形成机制改革[J]. 经济导刊，2016（10）.

曾晓安. 中国财政政策：顺周期还是反周期？[J]. 财政研究，2015（11）.

詹小洪. 家庭债务危机困扰韩国[J]. 银行家，2004（4）.

张晓慧. 如何理解宏观审慎评估体系？[J]. 中国货币市场，2016（7）.

张晓朴. 银行同业业务与金融不稳定：传导机理与风险监管[J]. IMI研究动态，2014（合辑）.

中国金融论坛课题组. 杠杆率结构、水平和金融稳定：理论与经验[D]. 中国人民银行工作论文，No. 2017/1.

周皓. 金融稳定监控是宏微观审慎监管的桥梁[J]. 清华金融评论，2014（4）.

周小川．人民币资本项目可兑换的前景和路径[J]．金融研究，2012（1）．

周小川．新世纪以来中国货币政策的主要特点[J]．中国金融，2013（2）．

朱宁．刚性泡沫：中国经济为何进退两难[M]．北京：中信出版集团，2016．

英　文

Azis, I. J. and Yarcia, D. (2015). How Capital Flows in the Midst of Excess Savings Affect Macrofinancial Vulnerability. Asian Development Review, Vol. 32, No. 2, pp. 115-152.

Barrdear, J. and Kumhof, M. (2016). The Macroeconomics of Central Bank Issued Digital Currencies. Bank of England Staff Working Paper, No. 605.

Basel Committee on Banking Supervision (2010). Countercyclical Capital Buffer Proposal-Consultative Document. Bank for International Settlements, Basel.

Bernanke, B. S. and Gertler, M. (1995). Inside the BlackBox: the Credit Channel of Monetary Policy Transmission. Journal of Economic Perspective, Vol. 9, pp. 27-48.

Bernanke, B. S. (2002). Asset Price Bubbles and Monetary Policy. Remarks made before the New York chapter of the National Association for Business Economics.

Bernanke, B. S. , Gertler, M. and Gilchris, S. (1996). The Financial Accelerator and the Flight to Quality. The Review of Economics and Statistics, 78 (1), pp. 1–15.

Blanchard, O. and Simon, J. (2001). The Long and Large Decline in U. S. Output Volatility. Brookings Papers on Economic Activity, No. 1.

Borio, C. , Kharroubi, E. , Upper, C. and Zampolli, F. (2015). Labour Reallocation and Productivity Dynamics: Financial Causes, Real Consequences. BIS Working Papers, No. 534.

Borio, C. (2016, February 10). The Movie Plays on: a Lens for Viewing the Global Economy. Speech at the FT Debt Capital Markets Outlook, London.

Cantillon, R. (1728–1730). Essay on the Nature of Trade in General. London: Frank Cass and Co. , Ltd.

Cecchetti, S. G. and Kharroubi, E. (2015). Why does Financial Sector Growth Crowd out Real Economic Growth? BIS Working Papers, No. 490.

Chamon, M. D. and Prasad, E. S. (2008). Why are Saving Rates of Urban Households in China Rising? NBER Working Paper, No. 14546.

Claessens, S. (2008). An Overview of Macroprudential Policy Tools. IMF Working Paper, WP/14/214.

Claessens, S. (2016, June). Regulation and Structural Change in Financial Systems. Proceedings of the ECB Forum on Central Banking, pp. 188–212.

Drehmann, M. , Borio, C. and Tsatsaronis, K. (2012). Characterising the Financial Cycle: Don't Lose Sight of the Medium Term! BIS working paper, No. 380.

European Central Bank (2016, May). ECB Financial Stability Review.

Friedman, M. (1969). The Quantity Theory of Money: A Restatement. In: Friedman, M., editor, Studies in the Quantity Theory of Money. Chicago: University of Chicago Press.

Geanakoplos, J. (2010). The Leverage Cycle. The NBER Macroeconomics Annual 2009, Vol. 24.

Gilchrist, S. and Zakrajsek, E. (2012). Credit Spreads and Business Cycle Fluctuations. American Economic Review, 102 (4), pp. 1692–1720.

Gorton, G. (2009). Slapped in the Face by the Invisible Hand: Banking and the Panic of 2007. Paper prepared for the Federal Reserve Bank of Atlanta's 2009 Financial Markets Conference.

Gourinchas, P. and Obstfeld, M. (2012). Stories of the Twentieth Century for the Twenty–First. Cepr Discussion Papers, 4 (1), pp. 226–265.

Graeber, D. (2011). Debt: The First 5000 Years. Brooklyn, NY: Melville House Publishing.

Great Britain Treasury (1959). Committee on the Working of the Monetary System: Report. London: Her Majesty's Stationery Office.

Greenspan, A. (2005, February 16). Federal Reserve Board's semiannual Monetary Policy Report to the Congress. Before the Committee on Banking, Housing, and Urban Affairs, U. S. Senate.

Greenwood, J. and Jovanovic, B. (1990). Financial Development, Growth, and the Distribution of Income. The Journal of Political Economy,

Vol. 98, No. 5, pp. 1076–1107.

Grossman G. M. and Krueger, A. B. (1995). Economic Growth and the Environment. The Quarterly Journal of Economics, Vol. 110 (2), pp. 353–377.

Hayek, F. A. (1967, first published in 1931). Prices and Production. New York: Augustus M. Kelly.

IMF (2014). Global Financial Stability Report: Moving from Liquidity–to Growth–driven Markets.

Keynes, J. M. (1923). Classic Analysis of the Forward Exchange Market and Covered Interest Parity. A Tract on Monetary Reform. London: Macmillan.

Keynes, J. M. (1936). The General Theory of Employment, Interest and Money. London: Macmillan.

Kobayakawa, S. and Nakamura, H. (2000). A Theoretical Analysis of Narrow Banking Proposals. Monetary and Economic Studies.

Krueger, D. and Perri, F. (2016). Does Income Inequality Lead to Consumption Inequality? Evidence and Theory. Review of Economic Studies, Vol. 73 (1), pp. 163–193.

Kydland, F. E. and Prescott, E. C. (1982). Time to Build and Aggregate Fluctuations. Econometrica, 50.

Lerner, A. P. (1947). Money as a Creature of the State. The American Economic Review, Vol. 37, No. 2, pp. 312–317.

Levine, R. (2005). Finance and Growth: Theory and Evidence. In Aghion, P. and Durlauf, S. (eds), Handbook of Economic Growth. Amsterdam:

North_Holland.

Lund, S. and Roxburgh, C. (2010). Debt and Deleveraging: The Global Credit Bubble and Its Economic Consequences. World Economics, Vol. 11.

Marvin, G. and King, R. (2001). The Case for Price Stability. NBER Working Paper, No. 8423.

Minsky, H. P. (1986). Stabilizing an Unstable Economy. New Haven, CT: Yale University Press.

Obstfeld, M. and Rogoff, K. (2002). Global Implications of Self-Oriented National Monetary Policy Rules. Quarterly Journal of Economics, 117, pp. 503-535.

Rajan, R. G. (2010). Fault lines: How Hidden Fractures still Threaten the World Economy. Princeton: Princeton University Press.

Reinhart, C. M. and Rogoff, K. (2011). This Time is Different. Princeton: Princeton University Press.

Rey, H. (2015). Dilemma not Trilemma: The Global Financial Cycle and Monetary Policy Independence. NBER Working Paper, No. 21162.

Rogoff, K. (2015). Costs and Benefits to Phasing out Paper Currency. NBER Macroeconomics Annual, Vol. 29, No. 1, pp. 445-456.

Rostagno, M., Bindseil, U., Kamnps, A., Lemke, W., Sugo Tomohiro and Vlassopoulos, T. (2016, June). Breaking through the Zero Line: The ECB's Negative Interest Rate Policy. Presentation at Brookings Institute.

Shiller, R. J. (2015). Irrational Exuberance. 3rd. Edition, Princeton:

Princeton University Press.

Sikken, B. and Hann, J. (1998). Budget Deficits, Monetization, and Central Bank Independence in Developing Countries. Oxford Economics Papers, Vol. 50, Issue 3, pp. 493–511.

Stanley, F. (2016, January 3). Monetary Policy, Financial Stability, and the Zero Lower Bound. Speech at the annual meeting of the American Economic Association, San Francisco, California.

Stiglitz, J. (2009, January). Why Inequality is at the Root of the Recession. Next Left website.

Summers, L. H. (2013). US Economic Prospects: Secular Stagnation, Hysteresis, and the Zero Lower Bound. Business Economics, Vol. 49, No. 2.

Taylor, J. B. (1993). Discretion versus Policy Rules in Practice. Carnegie–Rochester Conference Series on Public Policy, Vol. 39, pp. 195–214.

Thwaites, G. (2015). Why are Real Interest Rates so Low? Secular Stagnation and the Relative Price of Investment Goods. Bank of England Staff Working Paper, No. 564.

Volcker, P. (2009). Think More Broadly. The Wall Street Journal. p. R7.

后　记

这是我写的第二本中文书，距离第一本《渐行渐远的红利》出版的时间相隔整整四年。《渐行渐远的红利》以人口结构为主线分析经济的总量和结构走势，主要是从实体基本面和供给角度出发看问题。《渐行渐近的金融周期》则主要是从货币信用和需求的视角出发，与认为需求只作用于短期波动的主流观点不同，金融周期及其在需求和供给端的影响呈现中期波动的特征。从供给到需求、从实体到金融，这两本书记录了笔者过去十年对经济问题思考和研究的心路历程。

我在中金公司工作时带领当时的宏观团队就人口结构的宏观含义发布了一系列研究报告，受到市场关注。后来在关心中长期问题的投资者朋友建议下，在一个成体系的框架下把这几篇报告整理成书。在《渐行渐远的红利》里我试图回答的一个问题是，为什么货币大幅扩张没有带来 CPI 高通胀，实际上已经偏离主流的货币数量论，《渐行渐近的金融周期》可以说是《渐行渐远的红利》的延伸，或者说是对前一本书所提出问题的一个系统性回答。

和《渐行渐远的红利》先有研报、后整理成书不同，《渐行渐近的金融周期》是先有对相关问题的思考并形成框架。我职业生涯的头15年是在国际货币基金组织和香港金融管理局工作，这段经历给了我从宏观看金融的训练和积累。从金融周期的学术渊源来讲，国际清算银行的一系列工作论文对我的借鉴和启发意义较大，尤其是引导我研读了一些年代已远的经济学文献。如果说这本书有所创新的话，就在于它提供了一个有别于过去几十年主流思维的从金融看宏观的分析框架，系统地探讨了中国的金融和经济问题，并在此基础上提出了一些政策层面的思考。

分析经济问题，把握主要矛盾，不同的人见仁见智，同一个人的认知也会随时间而变化。在中金公司工作时，内部对货币供给过度扩张、房地产等问题有很多讨论，观点分歧也比较大。回过头来看，当时的讨论促进了我对货币金融问题认识的深化。我到中信证券工作后，在2015年初发表了几篇关于金融周期的研报，得到了市场参与者的一些反馈和建设性批评意见。2016年10月我到光大证券工作后的半年是充实框架和成书的关键时期。光大证券的领导强调研究所在支持公司其他业务线的同时，也要讲社会责任，提出研究所要办成读书人的研究所，为基本面研究提供了一个好的环境。

认真写一本书是一个系统工程，有很多人的贡献需要感谢。过去几年和我一起奋斗的团队，从中信证券到光大证券，张文朗博士带领的宏观研究团队包括谢超、黄文静、郭永斌、周子彭、邓巧锋，参与了一些框架性问题的思考，尤其是实证研究的落实，还有数据、图表、文字处理等。还有几位在不同阶段的团队成员也参与了相关的研究，包括笪笑竹、林莎、刘博阳、庄嘉赟。我也得益于何东博士（IMF）、朱锋博士（BIS）、张静春女士（2017年初从香港金融管理局加入光大证券，任首席银行分析师）对本书初稿的评论。

在本书的写作过程中，有两个特殊时期，即2014年后四个月和2016年第三季度，这是我在转换工作中的静默休假期，给了我在资本市场工作中难得的静心思考和自我进修机会。要特别感谢中国人民银行金融研究所、香港金融管理局金融研究中心在这段时间提供的访问学者安排，我在进行访问研究时就本书的部分内容做过内部讲座，得到了一些有益的批评和建议。当然，我自己对本书可能存在的错漏负责。

这本书和《渐行渐远的红利》都属于中国金融四十人论坛书系，感谢论坛秘书长王海明和廉薇女士一直以来的支持。自2014年底和海明就此书沟通后，廉薇每隔一段时间就会发电邮询问书稿进展，对我是一个鞭策和鼓励。我也要感谢中信出版集团副总编辑乔卫兵和黄静、李亚婷两位编辑，他们加班加点，在保证质量的同时超出常规速度推出此书，背后是他们的辛勤付出。

最后，我要感谢我的家人，我年迈的父母、我的妻子和孩子都在这两年提前感受到这本书的存在。在资本市场做卖方研究本来出差就多，但过去两年周末、节假日甚至春节期间我还要“爬格子”，没有家人的理解和支持，就不可能有这本书。

2017年5月于上海·光大证券